新工科物联网工程专业
新形态精品系列

智能物联网
技术与应用

林驰◎编著

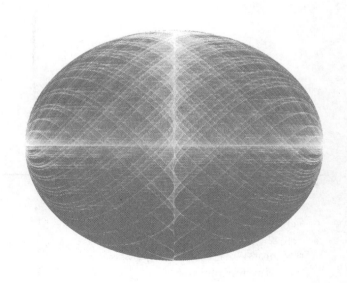

人民邮电出版社

北 京

图书在版编目（CIP）数据

智能物联网技术与应用 / 林驰编著. -- 北京：人
民邮电出版社，2025. --（新工科物联网工程专业新形态
精品系列）. -- ISBN 978-7-115-65524-0

Ⅰ. TP393.4；TP18

中国国家版本馆 CIP 数据核字第 2024M3Y519 号

内 容 提 要

本书采用理论知识和实际案例相结合的方式，详细介绍了智能物联网技术及应用。全书共 9 章，第
1 章简要介绍智能物联网的概念、涉及的核心技术、应用领域、产业链及发展趋势；第 2～8 章较为详
细地讲解智能物联网的核心技术；第 9 章结合实际案例介绍智能物联网在多个领域的应用实践。本书以
标准为基调、以技术为核心，有机地融入了作者多年来在物联网方面的研究成果，并提供教学大纲、电
子课件、习题答案等学习资料，帮助读者全面了解智能物联网的基础知识、关键技术和实际部署应用。

本书可作为高等院校物联网相关专业的本科生或研究生的教学用书，也可供从事信息技术或智能物
联网技术研究的科研人员参考，还可作为广大对智能物联网技术感兴趣的爱好者的普及读物。

◆ 编　著　林　驰

　　责任编辑　张　斌

　　责任印制　胡　南

◆ 人民邮电出版社出版发行　　北京市丰台区成寿寺路 11 号

　　邮编　100164　电子邮件　315@ptpress.com.cn

　　网址　https://www.ptpress.com.cn

三河市君旺印务有限公司印刷

◆ 开本：787×1092　1/16

　　印张：12.25　　　　　　　　2025 年 9 月第 1 版

　　字数：335 千字　　　　　　 2025 年 9 月河北第 1 次印刷

定价：56.00 元

读者服务热线：(010)81055256　印装质量热线：(010)81055316
反盗版热线：(010)81055315

前　言

　　物联网是 21 世纪的核心技术之一，与人们的日常生活息息相关，其发展日新月异。与此同时，人工智能技术也在迅速发展，各项产业的智能化程度不断提升。物联网的智能化发展是必然趋势，人工智能与物联网技术的融合也是新兴技术交互发展的必然结果，这种融合产生了智能物联网。目前，许多传统的物联网相关教材偏重理论、缺乏应用案例；或者内容陈旧滞后，跟不上技术的发展；又或者对物联网的理解还停留在传感器网络的层面。特别是关于智能物联网的教材较少，无法满足社会的需要。编者一直致力于物联网相关领域的研究，基础深厚，成果颇丰，为了更好地为教学和研究服务，编者决定编写一本全面、系统并体现智能物联网领域最新发展成果的教材。

　　本书各章主要内容如下：第 1 章简要介绍智能物联网的概念、涉及的核心技术、应用领域、产业链及发展趋势；第 2 章讲述物联网的基础——感知技术，包括 RFID 技术、传感器网络技术和定位技术；第 3 章包括物联网拓扑结构概述、最优化部署理论及拓扑透明的调度技术；第 4 章包括人工智能技术概述、人工智能在智能物联网中的应用、人工智能技术的发展趋势；第 5 章包括边缘计算技术概述、智能物联网环境下的边缘计算技术及边缘计算技术的发展趋势；第 6 章包括数字孪生技术概述、智能物联网环境下的数字孪生技术及数字孪生技术的发展趋势；第 7 章包括情景感知技术概述、智能物联网环境下的情景感知技术，以及情景感知技术的发展趋势；第 8 章介绍解决智能物联网中协同问题的协同技术；第 9 章结合实际案例介绍智能物联网在各个领域的应用实践，激发读者兴趣的同时激发读者对于智能物联网在其他领域应用的想象。

　　本书具有如下特点。

1. 体现新技术和新应用

　　本书主要内容基于编者在智能物联网领域的最新研究成果，与相关教材相比，增加了边缘计算技术、数字孪生技术、情景感知技术、协同技术等近年出现的新技术和新应用。

2. 入门要求低

　　本书介绍智能物联网的基础知识，读者只需有一定的通信及网络知识就可以使用本书，而且本书内容简单易懂，适合初学者快速学习入门。

3. 内容完整实用

　　本书内容体系完整，涉及面广，涵盖技术标准、关键技术、发展现状、开发实践等，便于读者全面、深刻地学习智能物联网技术。此外，本书还紧密结合应用，对具体的应用场景进行较详细的介绍，突出对读者专业技能的培养。

本书由大连理工大学林驰编著，崔凯审核全文。本书建议教学安排 16～24 课时。

由于编者水平有限，书中难免存在不足之处，因此由衷地希望广大读者和专家学者能够拨冗提出宝贵的建议。

林驰

2025 年 4 月

目　录

第 1 章
智能物联网概述

在科学技术高速发展的当今社会，互联网的通信机制已不能满足人们的生活需求，实现人与人、人与物、物与物之间的信息交换与通信成为信息时代的发展目标。物联网（Internet of Things，IoT）已成为与人们的日常生活息息相关的技术。在此大背景下，智能物联网的概念应运而生，它是技术发展与应用需求达到一定阶段的必然结果，是未来发展的一种趋势。智能物联网的出现将会带来新一轮的信息技术革命和经济发展浪潮，它的出现引起许多国家和地区的高度重视。自"智慧地球"概念提出以来，智能物联网的概念迅速得到全球认可，成为新一轮科技革命和产业变革的核心驱动力，各个国家和地区纷纷将智能物联网纳入国家和地区发展战略，大力加强本国或本地区的智能物联网建设。本章首先介绍智能物联网的概念，然后介绍智能物联网涉及的核心技术、应用领域和产业链，继而浅谈智能物联网的发展趋势，帮助读者搭建对智能物联网认知的整体框架，以便更加清晰、全面地学习智能物联网。

1.1   智能物联网的概念

科学技术是第一生产力。各个科学领域和产业的发展都离不开高新技术，再结合当前信息时代的背景，智能物联网的应用可以在很大程度上帮助各领域的科研人员进行相关高新技术的研究和开发。这是因为智能物联网本身突出智能化，可以有效地对当下计算机各领域技术程序进行一定程度的更新和优化，解除目前数字化编程的限制。借助智能物联网，研究人员和开发者能对计算机新领域进行更深层次的探索和研究。此外，智能物联网以其独特的智能化，让研究人员可以深入不同的研究领域中，例如人的思维、行为、基因形式等。

1.1.1   什么是智能物联网

1.   物联网

物联网是指借助各种信息传感器装备、互联网技术、定位技术、射频识别技术等，凭借各类可能的网络连接，实现物与物、物与人的连接，以实现对物品进行智能操控和管理的互连互通的网络。

物联网按照组成部分的功能可以分解为若干层次，由下层部件为上层部件提供服务，上层部件对下层部件进行控制。广为人知的物联网模型是三层的，但是目前符合实际物联网行业标准的物联网模型大多为四层。

三层物联网模型自下而上划分为感知层、网络层和应用层，如图 1-1 所示。四层物联网模型自下而上划分为感知层、网络层、平台层和应用层，如图 1-2 所示。四层物联网模型比三层物联网模型多了平台层，可以认为四层物联网模型中的平台层和应用层就是三层物联网模型中的应用层。

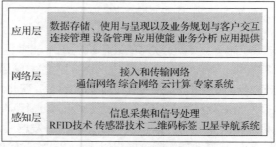

图 1-1   三层物联网模型

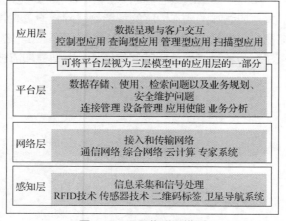

图 1-2   四层物联网模型

下面以四层物联网模型为例进行讲解。

（1）感知层位于四层物联网模型的底层，是实现物联网的基础，它由传统的 WSN（Wireless Sensor Network，无线传感器网络）、RFID（Radio Frequency Identification，射频识别）和最终控制元件组成。感知层的主要任务是收集并简单处理信息，感知层也称为感知和扩展层，可以通过 RFID 技术、传感器技术、二维码标签、卫星导航系统等对物体信息进行记录、感知和识别。感知层相当于人的眼、耳、鼻、喉及皮肤等的神经末梢，可以对外界信息进行采集获得相应数据，并将所采集到的不完整、不精确、不连续的数据与其他信息源的数据融合，以获得对被感知对象的精确描述。

（2）网络层位于四层物联网模型的第二层，为应用层提供各种数据传输服务。网络层包括各种通信网络和基于互联网的综合网络，一般被认为是最成熟的部分。此外，它还包括智能处理海量信息的部分。网络层是物联网信息的管理中心，包括云计算、专家系统等。即网络层不仅具有网络运行能力，还具有信息运行能力，相当于人的神经中枢和大脑，是建立在现有通信网络和互联网基础之上的融合网络，以实现感知数据和控制信息的双向传递。

（3）平台层在整个四层物联网模型中起着承上启下的关键作用。它不仅实现了对底层终端设备的"管、控、营"一体化，为上层提供应用开发和统一接口，构建了设备和业务的端到端通道，还提供了业务融合以及数据价值孵化的"土壤"，为提升产业整体价值奠定了基础。在物联网中，平台层也有类似的分层关系，按照逻辑关系可分为连接管理平台（Connectivity Management Platform，CMP）、设备管理平台（Device Management Platform，DMP）、应用使能平台（Application Enablement Platform，AEP）和业务分析平台（Business Analytics Platform，BAP）4 个部分，如图 1-3 所示。

图 1-3 平台层 4 个部分

4 个平台的组成关系如图 1-4 所示。

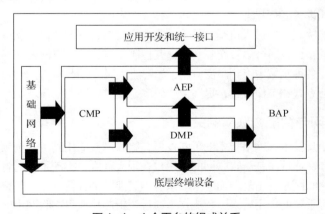

图 1-4 4 个平台的组成关系

（4）应用层的主要任务是实现数据呈现与客户交互，并通过提供各种解决方案实现广泛智能应用。应用层是物联网和用户的接口，将物联网技术与专业技术相互融合，利用分析处理后的感知数据可以为用户提供不同类型的特定服务。应用层对从网络层传输过来的数据进行信息处理，并通过各种设备解决数据处理和人机交互问题。应用层是物联网发展的目的，它与行业需求结合，实现物联网的智能化应用。物联网的智能化应用可分为控制型、查询型、管理型和扫描型等，可通过现有的手机、计算机等终端设备实现广泛的智能化应用解决方案。

2. 智能物联网

2017 年，在"万物智能·新纪元 AIoT 未来峰会"上，研究者首次公开提出了智能物联网（Artificial Intelligence of Things，AIoT）的概念。智能物联网是人工智能和物联网两种技术的融合应用，两种技术通过融合获益：一方面，人工智能帮助物联网智慧化处理海量数据，提升其决策流程的智慧化程度，改善人机交互体验，帮助开发高层次应用，提升物联网应用价值；另一方面，物联网通过"万物互连"，其无所不在的传感器和终端设备为人工智能提供了大量可分析的数据对象，使得人工智能研究落地。简而言之，人工智能让物联网拥有了"大脑"，使"物联"提升为"智联"，而物联网则给予人工智能更广阔的研究"沃土"，促使"人工智能"走向"应用智能"。短短几年内，智能物联网已在多个应用领域实现了落地。

智能物联网属于比较新的名词，业界对其定义尚未达成一致。有人认为"AIoT=AI+IoT"，即智能物联网是人工智能和物联网两种技术相互融合的产物，物联网是异构、海量数据的来源，而人工智能用于实施大数据分析，其最终目标是实现万物数据化、智联化。《2020 年中国智能物联网（AIoT）白皮书》中指出：智能物联网是人工智能与物联网的协同应用，它通过物联网系统的传感器实现实时信息采集，在终端、边缘或云中进行数据智能分析，最终形成智能化生态体系。

智能物联网主要包括以下特点。

智能感知：智能物联网通过多种传感器、识别技术和定位技术，实现对各种物理环境和物体的感知和采集。例如，智能家居中的温度探测器、湿度监测器、照明设备、安防设备等，可以通过智能传感器自动感知环境变化，进行自主控制。

大数据分析：智能物联网通过云计算、大数据分析和数据挖掘等技术，可以对从各种物理环境和设备中收集到的数据进行处理和分析，挖掘数据中的潜在价值，为用户提供智能化的服务和决策支持。例如，智能交通系统可以通过车辆监控设备、道路摄像头、交通信号灯等设备收集到的数据，实现交通拥堵预测和路线规划优化。

自动化控制：智能物联网通过自动化控制和智能决策等技术，实现各种设备和系统的自主协同和控制。例如，智能工厂中的自动化生产线可以根据生产任务和生产环境的变化，自主决策并自动调整生产流程和设备运行状态，实现高效、精准的生产。

智能交互：智能物联网通过人机交互技术，实现用户与各种智能设备和应用程序之间的智能交互。例如，智能音箱可以通过语音交互实现语音控制家居设备、查询天气等功能。

智能物联网将在各种领域中得到广泛应用，如智能家居、智能医疗、智慧城市、智能制造等。它将改变人们的生活方式和工作方式，提高生产效率，提供更好的服务。

1.1.2 物联网与智能物联网的关系

近年来，随着信息技术、网络技术的不断发展，物联网被应用到了各个领域当中，如工业、农业、教育、医疗和交通等。基于物联网的应用也在很大程度上推动了各行各业的智能化、信息化、精准化发展。物联网是一个复杂而庞大的系统，其涉及多种技术，人工智能就是其中之一，且在物联网中发挥着重要的作用。人工智能技术通过逻辑芯片使得物联网中的物品具有信息自动识别、执行以及处理能力，提高了物联网的整体水平。物联网的发展离不开人工智能技术的支持，人工智能技术可以说是物联网整个庞大系统中尤为重要的组成部分，其所发挥的作用是不可替代的。例如人工智能技术中的深度学习、信息智能处理等技术都使得物联网的应用更加智能化、人性化，在很大程度上深化物联网的智能程度。

可以说，智能物联网是物联网的一种高级形态，它不仅包括物理层面的传感器、通信设备和控制设备，还结合了人工智能、大数据分析、云计算等新技术，使物联网能够更加智能、高效地收集、传输、分析和利用数据。智能物联网的目标是通过整合多种传感器设备和应用程序，从物理世界中收集和分析数据，从而为人们提供更智能、更有效的服务和应用。

1.2　智能物联网的核心技术

智能物联网将物理世界与数字世界融合起来，通过物联网技术和人工智能技术的有机结合，实现了智能设备与云计算、大数据分析等技术的协同工作，构建了一个智能化的生态系统，实现了物与物之间、物与人之间、人与人之间的互连互通，实现了万物互连的局面。这种智能化生态体系不仅可以提高生产效率和服务质量，还可以改善人们的生活和工作环境，从而推动社会的进步和发展。除了在技术上需要不断革新外，与智能物联网相关的技术标准、测试标准的研发、相关技术的落地，以及典型案例的推广和规模应用也是现阶段物联网与人工智能领域亟待解决的重要问题。

1.2.1　物联网感知和识别技术

（1）国家传感器网络标准工作组给出的物联网定义：在物理世界的实体中部署具有一定感知能力、计算能力的各种信息传感设备，通过网络设施实现信息获取、传输和处理，从而实现广域或大范围的人与人、人与物、物与物之间信息交换需求的互连。感知技术是物联网实现智能化的重要技术基础，两者相互促进、相互依存。物联网感知技术是指在物联网环境下，利用各种传感器和感知设备采集环境数据、设备数据和用户行为数据等数据的技术。这些数据通过物联网设备传输至云端，经过分析和处理后，可以为用户提供更加智能化、高效化的服务和决策支持。

传感器将物理世界中的物理量、化学量、生物量转化成供计算机处理的数字信号，从而为感知物理世界提供最初的信息。感知的对象包括温度、压力、流量、位移、速度等。物联网感知层除了有传感器，还有执行器，可以响应从传输层转发来的数字信号，并将数字信号转化为模拟信号。目前市场上智能化、网络化传感器的种类和功能都在逐步丰富，随着技术进步，其体积和生产成本呈下降趋势。

（2）识别技术是以计算机技术和通信技术为基础的一门综合性科学技术，是数据编码、数据标识、数据采集、数据管理、数据传输的标准化手段，包括条码识别技术、RFID 技术、语音识别技术、生物特征识别技术、图像识别技术、光学字符识别（Optical Character Recognition，OCR）技术、磁识别技术等。识别技术的要素是标识与识读，物联网中用标识代表连接对象，标识具有唯一的数字编码或可辨特征，其唯一性和统一性对物联网应用至关重要。每一种识别技术的固有特性都使应用优势和限制并存，许多情况下必须多种技术、多种手段并用，以满足实际应用需求，如条码识别技术和 RFID 技术就经常联合使用。

1.2.2　人工智能技术

人工智能是计算机科学的一个分支，它是创造并运用算法构建动态计算环境来模拟人类智能过程的基础。简单来说，人工智能发展的目标是让计算机像人类一样思考和行动。要实现这个目标，需要 3 个关键要素：计算系统、数据和数据管理、高级人工智能算法（代码）。期望结果越接近人类，对数据量和处理能力的要求越高。人工智能旨在让计算机能够像人类一样地分析和理解数据，并在某种预期目的的指导下做出决策和行动。人工智能可以处理和分析大量的数据，并从中提取有价值的知识和信息，帮助人们做出更明智的决策。同时，人工智能也可以实现自主决策和自主学习，不断提高自身的智能水平，从而适应不断变化的环境和需求。总之，人工智能是一种强大的工具，可以在各个领域中发挥巨大的作用，为人类的生产、生活带来更多的便利和可能性。人工智能的核心技术主要有机器学习、人机交互、知识图谱、自然语言处理、计算机视觉、生物特征识别、虚拟现实等。人工智能近年来发展迅速，在很多行业取得了成功应用。结合其特点来看，流程、规则相对明确的工作内容更容易被人工智能所取代。

1.2.3　边缘计算技术

边缘计算（Edge Computing）指在靠近物体或数据源头的网络边缘侧，融合网络、计算、存储、应用等核心能力的开放平台，就近提供边缘智能服务，满足行业数字化在敏捷连接、实时业务、数据优化、应用智能、安全与隐私保护等方面的关键需求。在行业内有一个十分形象的比喻：边缘计算犹如人类身体的神经末梢，可以对简单的刺激进行自行处理，并将特征信息反馈给云端"大脑"。伴随智能物联网的出现，在万物智联的场景中，设备与设备间将互连互通，形成数据交互、共享的崭新生态。在这个场景中，终端不仅需要有更加高效的算力，在大多数情况下，还必须具备本地自主决断及响应能力。以智能音箱为例，其不仅需要支持本地唤醒的能力，还应该具备远程降噪的能力。而出于对实时性以及数据有效性的考虑，这方面的计算必须发生在设备端而不是云端。人工智能的蓬勃发展离不开云计算带来的强大算力，然而随着物联网及硬件的快速发展，边缘计算受到越来越多的关注。未来，智能边缘计算将与智能云计算互为补充，创造一个崭新的"智能新世界"。

智能边缘计算是一种新兴的计算模式，旨在解决云计算无法满足数据实时处理、隐私保护和网络带宽等方面需求的问题。智能边缘计算将计算资源和应用服务分布在物理位置更接近数据源的设备中，例如物联网设备、边缘服务器等，通过实时处理数据、边缘存储和应用程序支持来提高应用程序的性能和响应速度。

智能边缘计算的出现当然不止为了遵循表面上的简单规律，背后有其必然性和强大的驱动力，是计算机软硬件和新应用、新需求不断发展的必然结果。

首先，随着物联网特别是智能物联网的发展，各种新型智能设备不断涌现，产生了海量的数据。把所有这些数据都传输到云上进行处理是今天的云和网络无法承受的。其次，新的场景和应用要求在本地进行数据处理。例如，自动驾驶和工业自动化对数据处理的实时性有很高的要求。数据传输带来的网络延迟往往无法满足对实时性的要求，如果网络发生故障可能带来灾难性后果。再如，人们对个人隐私越来越关注，而很多数据（如视频、图片、音频等）都包含大量的个人隐私，保护个人隐私的最好方法就是在本地进行数据处理，不把个人数据传到网络上。另外，硬件的快速发展使得智能边缘计算成为可能。随着人工智能算法的日益成熟，人们开始设计制造专用的人工智能芯片，特别是专门用于深度学习模型推理的人工智能芯片。这些人工智能芯片不仅数据处理能力强大，而且尺寸小、功耗低、价格便宜，可以应用到各种边缘设备上，为智能边缘计算技术的实现提供坚实的硬件基础。

1.2.4　数字孪生技术

数字孪生（Digital Twin）是物联网中的一个重要概念，它通过整合物理反馈数据，运用人工智能、机器学习及软件分析等技术，构建数字化的仿真模型。这个模型可以随着物理实体的变化而自动调整，以反映出真实物理实体的状态。数字孪生通过各种传感器（如压力传感器、角度传感器、速度传感器等）获取反馈信息，并通过机器学习进行自我学习和调整模型，实现了几乎实时地呈现物理实体状态的目标。除了传感器的反馈信息，数字孪生还可以利用历史数据或者网络数据来进行学习。后者常指多个同批次的物理实体同时进行不同的操作，并将数据反馈到同一个信息化平台，数字孪生根据海量的信息反馈，进行迅速的深度学习和精确模拟。数字孪生技术的发展可以为产品的全生命周期提供支撑和指导。这项技术主要依靠传感技术、软硬件技术和计算机运算性能的提高，实现产品的实时运行监测和数据分析。

数字孪生技术在产品设计、生产制造、运行状态监测和维护、后勤保障等各个阶段都发挥着作用。在产品设计阶段，数字孪生技术可以提供全生命周期的产品健康管理数据的分析结果，帮助产品设计专家进行判断和决策，获得更加完善的设计方案。在生产制造阶段，数字孪生技术可以通过虚拟映射的方式进行制造过程的模拟，解决制造过程中存在的问题，提高产品的生产可靠性。在运行状态监测和维护阶段中，数字孪生技术可以全面监测和评估产品的各个运行参数及指标，及时反馈早期故障和部件性能退化信息，指导产品的维护工作和故障预防工作，延长产品的生命周期。在后勤保障阶段中，数字孪生技术可以通过多批次全生命周期的数据支撑和虚拟传感方式采集反映系统内部状态的变量数据，精确定位产品故障并进行分析和诊断，提高后勤保障工作的效率。综合应用数字孪生技术可以让产品的整个生命周期都变得更加智能有效。

1.2.5　情景感知技术

随着计算机技术和通信技术的快速进步，计算资源正逐渐渗透到周围环境中。这促进了情景感知（Situational Awareness，SA）技术的发展，它能够采集和智能处理传感器获得的情景信息，为用户提供自主服务。然而，在大规模的智能环境中，应对情景感知技术的挑战在于如何利用来自日常不同设备的、快速增长的数据流，挖掘出隐含、相关且有意义的信息，或者发现难以检测的行为模式。情景感知技术源于对普适计算（Ubiquitous Computing）的研究，最早于 1994 年被提出。情景感知是指计算机或智能系统具有识别和理解用户、环境和任务等上下文信息的能力，以此来提供更智能、更自适应、更人性化的服务和体验。在情景感知中，计算机或智能系统会通过传感器、定位器、网络连接等技术获取用户所处的位置、周围环境、用户的行为和偏好等信息，并利用这些信息来推断用户的需求、意图等。例如，在智能手机上，情景感知可以自动调节屏幕亮度、提醒用户出门时带伞、根据用户的偏好推荐应用等。情景感知技术广泛应用于智能家居、智能手机、智能交通、智能医疗、智能物流等领域，能够大幅提升用户体验和工作效率。

情景感知自 20 世纪 90 年代被提出以来，一直是人们关注的热点。信息技术与无线通信技术的发展实现了计算资源的广泛覆盖。情景感知技术使得人们能够在任何时间、任何地点以任何方式获得服务，大大提升了用户体验。

1.2.6　协同技术

协同技术（Collaborative Technology）是指通过计算机、网络和软件工具，支持多终端、多系统或跨群体间高效协作与资源共享的技术。物联网的主要目的是实现物品之间、人与物品之间，以及人与人之间的连接和交互，将物品也纳入互联网的范畴中，使其成为人们日常生活的一部分。这意味着物品不再是孤立的存在，而是具备了智能感知和互动能力的智能体，通过传感器、网络等技术与其他物品和人类进行交互，从而实现更高效、更便捷、更安全的生活和工作。这使物联网成为一个规模更加庞大、功能更加复杂的网络。因此，在物联网中必然存在各种协同问题，主要包括协同资源的使用、协同任务的分配和执行以及协同信息与信号处理等。这些问题的解决都离不开协同技术的支持，因此无论在执行层面还是在应用层面，协同的必要性都十分明确。

1.3　智能物联网的应用

智能物联网是物联网的升级，其核心在于将物联网与人工智能、大数据、云计算等前沿技术相融合，以实现更高效、更智能化、更自动化的生产和服务。智能物联网可以连接大量的智能化设备（如传感器、机器人等），实现海量设备的互连互通；可以通过云计算、大数据等技术，实现对海量设备数据的实时处理和分析，从而提高数据利用效率；可以通过人工智能、机器学习等技术，实现对设备运行状态、生产效率等方面的智能监测和预测，进而做出智能决策；可以通过加密、身份认证等安全机制，确保设备和数据的安全与可靠。

智能物联网的应用场景非常广泛，具体介绍如下。

1. 智能工业

在国家推进工业化和信息化融合的背景下，智能物联网将成为工业和其他信息产业的现实起点。智能工业（Intelligent Industry）也称为工业 4.0（Industry 4.0），是指利用新一代信息技术（如物联网、大数据、云计算、人工智能等）将传统工业制造与数字化技术相结合，实现智能化、自动化、高效化和可持续化生产的一种现代化工业模式，智能工业的内涵即实现管理智能化、产品智能化、装备智能化、生产智能化及服务智能化，如图 1-5 所示。

图 1-5　智能工业的内涵

智能工业的发展标志着工业向智能化、网络化和绿色化转型，是推动产业升级和经济发展的重要引擎之一。因此，智能工业的关键技术在于智能物联网。与未来先进制造技术相结合同样是智能物联网应用的生命力所在。这一制造体系仍在不断发展和完善中。概括起来，智能物联网与未来先进制造技术的结合主要体现在：泛在感知网络技术、泛在制造信息处理技术、虚拟现实技术、人机交互技术、空间协同技术、平行管理技术、电子商务技术、系统集成制造技术等。

2. 智能农业

智能农业是以物联网技术为支撑和手段的一种现代农业形态，它和计算机农业、精准农业和数字农业一样属于农业信息化的范畴，是现代信息技术发展到一定阶段的产物。在智能农业中，智能物联网技术发挥着至关重要的作用，它通过融合人工智能与物联网技术，为农业生产带来了革命性的变革。

智能物联网在智能农业中的应用包括：通过部署各类传感器实时监测土壤湿度、温度、光照强度及气温等关键环境参数，结合人工智能算法，分析传感器收集的数据，实时了解作物的生长状况；利用无人机或卫星遥感技术收集农田图像，结合图像识别技术，精准识别病虫害发生的早期迹象；根据作物生长需求和土壤条件，制订精准的施肥和灌溉计划，通过智能控制灌溉系统和施肥设备，实现水肥的精确管理，提高资源利用效率；推动农业机器人和无人驾驶农机的发展，能够在无人干预的情况下完成播种、除草、收割等作业任务，极大地提高了农业生产效率。

智能物联网技术融合大数据技术，通过云计算为现代农业提供最优生产策略，为农业生产经营活动提供实时信息筛选和采集服务。随着智能物联网关键技术不断成熟和产业链不断延长，智能物联网的软件系统可以根据环境变化和软件系统运行情况，提供智能、灵活的环境感知服务，进一步提高系统适应能力。

3. 智能交通

随着社会的不断发展，交通问题日益突出，传统交通体系已不能满足社会发展的需求，而解决这一问题的关键就在于发展智能交通。智能交通是一种新的城市交通体系，集成了信息技术、自动化技术、传感技术及计算机处理系统等。智能物联网通过融合人工智能与物联网技术，实现了交通系统的智能化升级。将其合理应用于整个地面城市交通系统之中，就可以充分发挥其智能控制的作用，促进地面城市交通系统运行效率的提升，减少交通拥堵和交通事故的发生，以及降低堵车中的燃料耗费。

智能物联网在智能交通中的应用包括：通过智能物联网技术，交通管理系统可以实时监测道路交通状况，并自动调整信号灯配时，提高道路通行能力；在交通要道、事故多发路段等关键位置的智能摄像头和传感器实时监测交通状况，结合人工智能算法，对异常行为（如闯红灯、逆行等）进行自动识别并发出预警；公共交通系统可以实时监测车辆位置、乘客数量等信息，并自动调整发车间隔和行驶路线，提高公共交通的便捷性和舒适度。

4. 智能电网

随着社会和经济的发展，电力负荷快速增长，间歇性供电接入比例居高不下，传统电网的安全稳定运行受到了极大的挑战。针对上述情况，如何发展更加智能化的电网，将先进的通信、信息和控制技术应用于传统电网，解决源侧、网侧和负荷侧的重点和难点问题，成为未来电网建设的主要任务和挑战。电网和"互联网+"技术的融合和发展，使得物联网技术在智能电网建设中的应用成为近年来的热点话题。国家电网公司将智能电网定义为：以特高压电网为骨干，以各级电网协调发展为基础的坚强电网。智能电网的建设需要在现有电网的基础上增加传感器测量技术、集成通信技术和先进的控制手段，而智能物联网本身就是这三者的有机结合，因此其可以与电网高度融合、相辅相成。智能物联网技术把电力系统的各个要素紧密有机地联系起来，不断推动电力系统的自动化、信息化和智能化。

智能物联网在智能电网中的应用主要体现在以下方面：连接智能电网中的各种传感器，实时监测电网的运行状态，实现低时延的响应，确保电网的安全稳定运行；利用智能物联网技术实现对能源的智能调度和优化，预测未来的能源需求趋势，并据此优化储能设备的充放电计划；运用机器学习算法对电网的历史数据进行分析，学习能源消耗模式和设备故障特征，预测潜在的设备故障，并提前采取预防措施，降低故障发生的概率和维修成本；实现设备的自动化运维，并结合人工智能算法，对设备的运行数据进行深度分析，发现潜在的性能问题。

随着技术的进一步发展和突破，未来智能物联网技术在电网中有着更大的应用空间。在智能物联网技术的支持下，智能电网也将朝着透明运行和泛在物联网的方向发展。

5. 智能环保

智能环保是将智能物联网技术与传统环保产业相融合的环保形式，通过数字化和智能化手段，实现对环保过程的全面管理和优化，有助于建设全面的环境保护治理体系，加快环保信息化的进程，并实现从"数字环保"向"智能环保"的转变。智能物联网技术的应用能够提高环保效率和降低环保成本，同时提升环境监测、预警和响应的能力。

　　智能物联网在智能环保领域的应用日益广泛，为环境保护提供了更加智能化、精细化的解决方案。智能物联网在智能环保中的主要应用包括：通过部署在各地的空气质量监测站，实时采集空气中的污染物数据，结合人工智能算法，分析数据趋势，预测空气质量变化，及时发布预警信息；应用于企业排污口的在线监测，实时采集排污数据，与环保标准进行对比分析，发现超标排放，系统能够发出预警；应用于能源生产和消费的全过程管理，通过实时监测能源使用情况，能够分析能源消费趋势，优化能源分配和调度，提高能源利用效率；通过智能垃圾桶、智能回收站等设备，实现垃圾的自动分类和回收，结合人工智能算法，识别垃圾种类，提高分类准确率，促进资源的循环利用。

6. 智能医疗

　　随着人们日常生活水平的提高，人们越来越注重自身的健康。然而传统的医疗手段已不能满足个人健康需求，物联网技术的发展对于现代医疗事业的发展与创新起了极大的促进作用。智能医疗是一种利用物联网、云计算、大数据、移动互联网等技术，实现患者与医务人员、医疗机构、医疗设备之间互动的医疗模式。其核心是通过信息化手段提升医疗服务的质量和效率。

　　智能物联网技术在智能医疗领域的应用涵盖了多个方面，主要应用包括：通过连接医疗设备上的传感器，实时监测设备的运行状态，利用人工智能算法对收集到的数据进行分析，可以预测设备的维护需求，提前安排维修或更换；通过可穿戴设备实时监测患者的生理指标，一旦发现异常，设备会向患者和医生发出预警，以及时采取干预措施；应用于医院的智能分诊系统，通过语音识别、自然语言处理等技术，为患者提供分诊建议，减少患者等待时间，提高就诊效率；对药品的生产、流通、使用等环节进行全程追溯，确保药品的质量和安全，同时还可以实现药品库存的智能化管理，减少浪费和过期现象。

7. 智能安防

　　智能安防就是把智能物联网及其产品与安防产品结合起来，从而使安防产品智能化，起到智能安全防护的作用。随着科技的不断进步，智能家居、智能医疗、智能交通等物联网应用逐渐走进我们的生活，而安防成为人们对物联网智能应用的必然要求。在人们对安防需求与日俱增的情况下，智能安防的高度人性化、多种服务集成将是其未来的发展方向。

　　智能物联网在智能安防中的应用主要体现在以下方面：实时监控与异常检测，智能摄像头实时捕捉视频画面，并通过内置的人工智能算法对视频内容进行智能分析，自动识别异常行为，如人员闯入、徘徊、聚集等，并及时发出警报；系统能够检测到潜在的安全威胁，如可疑人员的异常行为、非法入侵等，并及时发出预警信息等。

　　智能物联网在智能安防领域的应用极大地提升了安防系统的智能化水平和整体效能。通过融合物联网、人工智能、大数据等先进技术，安防系统能够实现实时监控、智能分析、自动预警和决策支持等功能，为人们的生命财产安全提供有力保障。

8. 智能家居

　　智能家居一直是多年来的研究热点，近年来更是受到学术界和业界的关注。智能家居的研究重点主要集中在家居系统的体系结构设计、基础设施设计、内部通信和实现等方面。智能家居是"一个包含通信网络，连接主要的电器和服务，并允许它们被远程控制、监控或访问的住宅"，如图 1-6 所示。目前我国智能家居尚处于缺乏一套通用标准和接口协议的阶段，因此，智能家居的实现还需要进行大量的研究工作，而将智能物联网技术融入家居系统设计是解决这一问题的关键。

图 1-6　智能家居

智能物联网在智能家居中的应用主要体现在以下方面：用户可以通过手机 App 等远程控制工具，随时随地查看和控制家中的智能设备，实现智能化管理；智能家居中的摄像头可以实时监控家庭环境，并通过人工智能算法识别异常行为，如入侵者、火灾等；智能温控系统可以根据室内外温度、用户习惯等因素自动调节空调等设备的工作状态，实现节能降耗和舒适度的平衡等。智能物联网在智能家居领域的应用不仅提高了家庭生活的便捷性和舒适度，还为用户带来了更加智能化、个性化的居住体验。随着技术的不断进步和应用场景的不断拓展，智能物联网在智能家居领域的潜力将得到进一步释放。

由于诸多原因，智能家居发展相对缓慢，但智能家居市场的消费潜力必然是巨大的。随着国家政策扶持与规范引导、智慧城市建设的逐步深入与完善，"家居大智能化时代"已经到来，智能家居产业前景十分广阔。

9. 智能物流

智能物流是指利用智能物联网技术，如条形码、RFID 技术、传感器和卫星定位系统等，将信息处理和网络通信技术平台广泛应用于物流业的各个环节，如仓储、包装、运输、装卸和配送等，实现物流过程的自动化运作和高效率优化管理，从而提高物流业的服务水平，减少资源消耗。智能物流的平台将传统的物流技术与智能化系统管理相结合，能够实现信息化、智能化、自动化、透明化和系统化的运作模式。智能物流的目标是实现信息的同步和共享，通过对物流数据的追踪和资源信息的传递，确保信息的准确和及时。在实施过程中，智能物流强调物流过程数据智慧化、网络协同化和决策智慧化，以提高物流效率和质量，从而推动物流产业的可持续发展。

智能物联网在智能物流中的应用主要体现在以下方面：智能货架与库存管理，在货架上安装传感器，实时监测货物的存储状态和数量变化，并通过人工智能算法优化货物存放位置，提高仓库空间利用率和货物拣选效率；利用无人搬运车和自动化分拣系统，高速、准确地识别货物信息，实现货物的自动化搬运和分拣；利用智能物联网技术，可以对运输资源进行智能调度和路径规划，根据货物的种类、体积、目的地等因素，自动匹配最合适的运输车辆和路线，降低空载率和运输成本。通过这些应用，物流行业可实现智能化、自动化和高效化的转型升级，提高物流效率和服务质量，降低运营成本和风险。

10. 水下物联网

水下物联网通过水下传感器、通信和控制技术，将水下设备、机器人、感知设备等互相连接，形成一个基于网络的系统，通过用户控制平台对水下网络进行监控与调度，实现水下环境数据的采集、传输、处理和应用。水下物联网可以应用于海洋、湖泊、河流等水域环境，以及海底油气勘探、水下管线巡检、水下生态监测等领域。通过水下物联网，人们可以实时监测水下环境，有效保护海洋生态环境，提高水下勘探、工程建设、水产养殖等行业的效率和安全性。

随着海洋探测、水下资源开发及水下环境监测等需求的不断增长，智能物联网技术为水下物联网提供了强大的技术支持。智能物联网在水下物联网中的应用主要体现在以下方面：通过水下部署的各种传感器，智能物联网系统能够实时监测水质参数，分析水质变化趋势，及时发现水质污染问题；由于水下环境的特殊性，传统的无线电通信方式无法有效应用，智能物联网技术通过引入水声通信、光通信等新技术，实现了水下设备之间的可靠通信；智能物联网技术为水下机器人提供了强大的智能支持，通过集成传感器、控制器、执行器等设备，水下机器人能够自主完成水下作业任务，同时，结合人工智能算法，水下机器人还能实现自主避障、路径规划等功能。随着技术的不断进步和应用场景的不断拓展，智能物联网技术将为水下物联网的发展提供更加智能化、精细化的解决方案。

每一个水下物理对象都伴随一个虚拟对象，在虚拟对象上包含该物理对象的当前信息与历史信息，信息的内容包含该物理对象的物理特性、起源、环境数据等。这些数据是泛在的，用户可通过多种不同的手段实时获取，这将大大降低水下资源开发与管理的难度。因此，水下物联网在海洋学、海洋经济活动、海底调查、灾害预警及救援、辅助导航及海洋石油工业等领域都有很大的应用潜力。

11. 天空地海一体化物联网

随着信息技术的不断进步，未来的信息服务行业对多元化的信息资源需求将持续增长，在国家安全、航空航天、环境监测、交通管理、医疗卫生、抗灾救援等领域需要进行多维空间的信息服务，仅凭借单一维度的信息利用已无法满足这些领域的全方位需求。当天空、地面和海洋等不同网络之间实现互连互通和互操作时，将会引发一场前所未有的信息革命。这种天空地海一体化的物联网将为信息服务行业带来更广阔的发展空间，进一步推动其向着全新的发展阶段迈进。天空地海一体化物联网由具备通信、导航、气象等多种功能的卫星网络、深空网络、空间飞行器以及地面有线和无线网络设施组成。其中，卫星网络承担大量数据的获取、传输和分发工作。

智能物联网在天空地海一体化物联网中扮演着至关重要的角色，它通过将人工智能技术与物联网技术深度融合，实现了对三维空间的全面覆盖和智能管理。智能物联网在天空地海一体化物联网中的应用主要体现在以下方面：利用卫星组成的网络，智能物联网技术可以实现对偏远地区、海洋、高山等难以覆盖区域的数据采集和传输，为决策提供及时准确的信息支持；实现跨域协同，将天空、地面、海洋的数据进行融合分析，为决策提供更加全面和准确的信息支持；在自然灾害、海洋事故等紧急情况下，智能物联网技术可以快速响应，提供实时数据和智能决策支持，减少损失并保障人们的生命和财产安全。随着技术的不断发展和应用场景的不断拓展，智能物联网将在更多领域发挥更大的作用。

1.4　智能物联网产业

智能物联网产业是实现智能物联网功能所必需的相关产业的集合，它涵盖了与智能物联网相关的各个环节。这些环节共同构成了智能物联网的产业链，形成了一个完整且复杂的系统。智能物联网产业和智能物联网的产业链是相辅相成的。智能物联网产业的发展需要智能物联网产业链的支持和保障，而智能物联网产业链的优化和完善又可以推动智能物联网产业的创新和发展。下面主要介绍智能物联网的产业链和我国智能物联网产业区域分布。

1. 智能物联网的产业链概述

四层物联网模型自下而上分为感知层、网络层、平台层、应用层。由此智能物联网的产业链大致可分为 8 个环节，如图 1-7 所示。

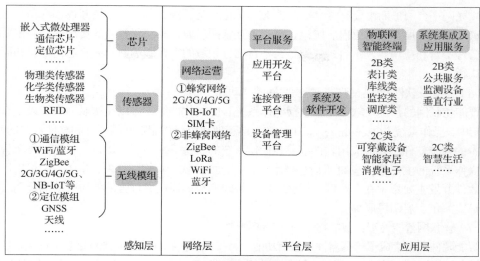

图 1-7　智能物联网产业链

（1）芯片：智能物联网的"大脑"

低功耗、高可靠的半导体芯片是几乎物联网所有环节都必不可少的关键部件之一。依据芯片功能的不同，智能物联网产业中所需芯片既包括集成在传感器、无线模组中实现特定功能的芯片，也包括嵌入终端设备中提供"大脑"功能的嵌入式微处理器。传统的国际半导体"巨头"有 ARM、英特尔、高通、飞思卡尔等；国内主要芯片提供商有华为海思、展讯、北京君正、华天科技等。

（2）传感器：塑造智能物联网的"五官"

传感器本质上是一种检测装置，是用于采集各类信息并将其转换为特定信号的器件，可以采集身份标识、压力、温度、湿度、光线、声音、气味等信息。常用的传感器可分为物理类传感器、化学类传感器、生物类传感器三大类。传感器行业目前主要由美国、日本、德国的几家公司主导，而我国传感器市场中具有代表性的企业有汉威电子、歌尔股份、高德红外、耐威科技、华工科技、远望谷等。

（3）无线模组（含天线）：实现连网和定位的关键

无线模组可以分为通信模组和定位模组两大类。常见的局域网技术有 WiFi、蓝牙、ZigBee 等，常见的广域网技术主要有工作于授权频段的 2G/3G/4G/5G、NB-IoT 和非授权频段的 LoRa、Sigfox 等技术，不同的通信技术对应不同的通信模组。目前，在无线模组方面，国外企业仍占据主导地位，包括 Telit、Sierra Wireless 等。国内厂商也比较成熟，能够提供完整的产品及解决方案，包括华为、中兴、环旭电子、移远通信、芯讯通、中移物联网等。

（4）网络运营：掌控智能物联网的通道

网络运营是目前智能物联网产业链中最成熟的环节。智能物联网是指各种通信网络与互联网形成的融合网络，包括蜂窝网络、局域自组网、专网等，因此涉及通信设备、通信网络、SIM（Subscriber Identify Module，用户识别模块）卡制造等。智能物联网很大程度上可以复用现有的电信运营商网络，如有线宽带网、移动网络等，是目前我国智能物联网发展的重要推动力。因此这个环节聚焦三大电信运营商和与之紧密相关的 SIM 卡制造商，如东信和平、恒宝股份、天喻信息等。

（5）平台服务：有效完善智能物联网的管理

物联网平台作为设备汇聚、应用服务、数据分析的重要环节，既要实现向下对终端的"管、控、营"，还要向上为应用开发、服务及系统集成提供 PaaS（Platform as a Service，平台即服务）。根据功能的不同，平台可分为设备管理平台、连接管理平台和应用开发平台 3 种。目前我国的智能物联网平台服务商主要有 3 类，一类是三大电信运营商，其主要从搭建连接管理平台方面入手；二类是百度、阿里巴巴、腾讯、京东等互联网厂商，其利用各自的传统优势，主要搭建设备管理平台和应用开发平台；三类是在各自细分领域的平台服务商，如宜通世纪、和而泰、上海庆科。

（6）系统及软件开发：打造智能物联网的"动脉"

智能物联网的系统及软件一般包括操作系统、应用软件等，可以让物联网智能设备有效运行。其中，操作系统（Operating System，OS）是管理和控制智能物联网硬件和软件资源的程序，是基本的系统软件，其他应用软件都要在操作系统的支持下才能正常运行。目前，发布智能物联网操作系统的主要是一些 IT（信息技术）厂商，如谷歌、微软、苹果、华为、阿里巴巴等。应用软件开发主要集中在车联网、智能家居、终端安全等通用性较强的领域发展的公司，如盛路通信、海尔、启明星辰等。

（7）物联网智能终端：智能物联网的智能硬件

智能硬件是指集成了传感器件和通信功能，可接入智能物联网并实现特定功能或提供特定服务的设备。按照面向的购买客户来划分，可分为 2B 类和 2C 类。2B 类包括表计类（如智能水表、智能燃气表、智能电表、工业监控检测仪表等）、库线类、监控类和调度类等；2C 类主要指消费电子，如可穿戴设备、智能家居等。智能终端生产相对集中的 2B 类厂商有三川智慧、新天科技、汉威电子等。2C 类厂商主要有苹果、三星、华为等。

（8）系统集成及应用服务：智能物联网应用落地的实施者

系统集成是根据复杂的信息系统或子系统的要求，把多种产品和技术验明并接入完整的解决方案的过程，主流的系统集成做法有设备系统集成和应用系统集成两大类。面对智能物联网的复杂应用环境和众多不同领域的设备，系统集成及应用服务提供商可以帮助客户解决各类设备、子系统间的接口、协议、系统平台、应用软件等与子系统、建筑环境、施工配合、组织管理和人员配备相关的问题，确保客户得到合适的解决方案。目前国内相关的系统集成及应用服务提供商包括华为、中兴、远望谷、汉威电子等。

2. 我国智能物联网产业区域分布

从空间分布来看，我国已初步形成分别以北京—天津、上海—无锡、深圳—广州、重庆—成都为核心的环渤海、长三角、珠三角和中西部地区四大区域集聚发展的智能物联网产业空间格局，各产业集聚区相互独立、各有特色。

以北京—天津为核心的环渤海地区是我国智能物联网产业重要的研发、设计、设备制造及系统集成基地。该地区关键支撑技术研发的实力强劲，感知节点产业化应用与普及程度较高，网络传输方式多样化，综合化平台建设迅速，智能物联网应用广泛，并已基本形成较为完善的智能物联网产业发展体系结构。

以上海—无锡为核心的长三角地区是我国智能物联网技术和应用的起源地，在发展智能物联网产业领域方面拥有得天独厚的先发优势。凭借其深厚的电子信息产业基础，长三角地区智能物联网产业发展主要定位于产业链高端环节，从智能物联网软硬件核心产品和技术两个核心环节入手，形成全国智能物联网产业核心与龙头企业的集聚中心。

以深圳—广州为核心的珠三角地区是我国电子整机的重要生产基地。在智能物联网产业发展上，珠三角地区围绕智能物联网设备制造、软件及系统集成、网络运营服务以及应用示范领域，重点进行核心技术突破与创新能力建设，着眼于智能物联网基础设施建设、城市管理信息化水平提升以及农村信息技术应用等方面。

以重庆—成都为核心的中西部地区智能物联网产业发展迅速，各重点省市纷纷结合自身优势，布局智能物联网产业，抢占市场先机。湖北、四川、陕西、重庆、云南等中西部重点省市依托其在科研教育和人力资源方面的优势，以及 RFID、芯片设计、传感传动、自动控制、网络通信与处理、软件及信息服务等领域较好的产业基础，构建智能物联网完整产业链和产业体系，重点培育智能物联网龙头企业，大力推广智能物联网应用示范工程。

我国正处于智能物联网快速发展时期，产业规模突破万亿元，产业链基本完善。各产业集聚区各有特色，在芯片制造、传感器设备制造、标签成品制造、读写器制造、系统集成、网络运营和应用示范等环节发展各有侧重，产业领域和公共服务保持协调发展。

我国各地区智能物联网产业优势如表 1-1 所示。

表 1-1　我国各地区智能物联网产业优势

地区	发展重点
江苏、上海、北京、四川、重庆、广东	芯片制造
上海、北京、广东、福建、湖北	传感器设备制造
北京、广东、福建、湖北	标签成品制造
江苏、北京、广东、福建	读写器制造
北京、江苏、广东、四川、浙江	系统集成
北京、上海、广东、江苏、山东	网络运营
北京、上海、广东、江苏、福建、重庆、湖北、山东	应用示范

1.5　智能物联网的发展趋势

作为新一代信息通信技术的关键核心，智能物联网对于促进经济、社会转型和升级，助力行业领域智能互连有着无与伦比的价值。基于此，近年来世界主要经济体都在加大对智能物联网技术的研发和产业布局，以期通过智能物联网来实现智慧城市、智能交通、智能家居的快速建设，进一步推动各大新兴市场的加速崛起。

智能物联网的发展趋势主要可分为以下两个方面。

（1）共享平台应用：共享平台把应用当作核心，实现智能物联网技术在各个领域中获取共享要素，之后把共享要素进行分类处理（分类标准可以根据技术特点划分），从而形成完整的信息体系。根据各个行业的应用需求，将分类信息充分整合，形成满足各个行业应用需求的信息共享平台。在共享平台的作用下，各个行业用户都能实现协同计算，对涉及的共享设备进行统一管理，满足行业中对数据采集、提取的要求。同时，该平台还融入了其他共享功能，能够将硬件和软件有机结合，给人们的生活提供服务。在共享平台中发布信息，可以避免各个行业之间出现"信息孤岛"现象，从而给人们提供专业化信息服务，让信息传递和共享更加便利，促进整个产业链的稳定发展。

（2）软件开发应用：在技术发展中，信息化软件开发是非常重要的。信息的发展需要对原始硬件设施进行突破处理，并且提供相对开放的软件开发环境。而智能物联网技术应用发展需要在开源软件应用发展中进行，把收集的各项信息经过数字化处理后，对其进行提取和传递。为了实现该目标，需要得到性能齐全的硬件支持，以及较少的硬件开发和生产投放成本。除此之外，还要突破时空限制的通信网络，提高网络建设质量，提升网络稳定性和安全性，从而把智能物联网技术运用到更广阔的领域中，给智能物联网技术与应用发展提供方向，提升智能物联网技术应用的专业性和时效性，使其更好地服务于各个行业。

1.5.1　智能物联网发展面临的挑战

如今智能物联网在产业发展、技术研发、标准研制等领域已经取得了一些进展，但在应用上面临多重障碍。传统的惯性、预算优先、风险规避等因素使一些企业在不久的将来无法采用智能物联网。除了面临围绕电源、时延、集成和存储的技术挑战外，智能物联网的应用还面临其他许多关键问题。不过，这些挑战也将为技术公司、中间件和工具开发人员、系统集成及应用服务提供商、设备制造商和跨平台集成公司提供新的商机。

智能物联网发展面临以下 4 个关键挑战。

1. 安全问题

随着智能物联网的发展，应用将更多设备连接在一起，为恶意软件提供了更多分散的入口，这导致在物理上易受损害的、较便宜的设备更容易被篡改。在软件、集成中间件、API（Application Program Interface，应用程序接口）、机器对机器的通信等多个层面，均会迎来更多的复杂性和新的安全风险。

2. 信任与隐私

遥感器和监测智能物联网的核心用例，将提高对控制数据访问和所有权的敏感性。与传统网络相比，智能物联网的信任与隐私问题更加突出。在智能物联网中，许多信息都包含用户的隐私，隐私保护成为一个重要的安全问题。由于物、服务和网络的结合，智能物联网安全需要覆盖比传统网络安全更多的管理对象和层次。现有的安全架构是从人类通信的角度设计的，可能不适合直接应用于智能物联网系统。使用现有的安全架构将阻塞智能物联网中事物之间的逻辑关系，因此，智能物联网需要低成本的技术解决方案，以保证隐私和安全。在许多用例中，系统的安全性被认为是一个通用特性，相关研究应集中在隐私控制方面。低成本、低时延、高能效的密码算法和相关的灵活硬件将是传感器或设备中必不可少的条件。

3. 复杂性、混乱和整合问题

随着多平台、多协议和大量 API 的出现，智能物联网系统的集成和测试将是一个挑战，不断发展的标准所产生的混乱肯定会减缓智能物联网应用的速度。首先，智能物联网的复杂性体现在其包括大量的设备和技术，及其涉及的多个领域和行业。由于各种设备和技术的异构性，这些系统难以互操作，同时由于系统的不断发展和更新，它们也面临着不断变化的挑战。其次，由于缺乏统一的标准和规范，智能物联网市场的竞争激烈，很难实现资源共享和互操作。缺乏标准化的产品和服务会导致供应商之间的差异化，使得用户难以做出决策。最后，智能物联网需要整合大量的数据和信息，这些数据和信息来自各种不同的设备、应用和平台。由于信息来源的多样性和数据结构的复杂性，数据整合和分析变得更加困难，对数据安全和隐私保护的需求也日益增长。

4. 体系结构、协议和标准的问题

智能物联网包含极其广泛的技术，涉及越来越多的智能互连设备（如摄像头，生物特征、物理和化学传感器），这些设备通常是非侵入式、透明和不可见的。由于对于任何相关服务，这些设备之间的通信可能在任何时间、任何地点发生，因此这些通信常常是以无线、自主和自组织的方式进行的，而且服务变得可移动、分散和复杂。在智能物联网中，跨环境的数据集成非常困难，但可以通过模块化互操作组件支持来克服。基础设施解决方案要求系统将各种来源的大量数据结合起来，确定相关特征、解释数据并显示它们之间的关系，将数据与历史有用信息进行比较，并支持决策。单一参考体系结构不能适用于所有应用程序，因此异构参考体系结构必须在智能物联网中共存。智能物联网体系结构应该是开放的，并且遵循标准，它们不应该限制用户使用固定的端到端解决方案。智能物联网体系结构应灵活，以适应识别（通过 RFID、标签）智能设备和智能对象（硬件和软件解决方案）等情况。

由于智能物联网系统包含许多异构的设备和技术，各种不同的协议和标准也相应出现，从而导致了协议之间的冲突和标准之间的竞争。协议之争主要表现在不同的设备和平台之间缺乏互操作性，因为它们可能使用不同的通信协议和数据格式。例如，某些设备使用 WiFi 连接，而另一些设备则使用蓝牙连接。此外，还有许多通信协议，如 ZigBee、Z-Wave、Thread 等。这些协议通常具有不同的性能、功耗、可靠性和安全性特性，因此使用不同的协议会在互操作时出现问题。这也会给用户带来不便，并且降低系统的可扩展性和可靠性。此外，在智能物联网领域存在许多竞争性的标准，例如，oneM2M、IoTivity、AllJoyn 等，这些标准代表着不同的技术和商业利益。每个标准都有其独特的特点，其支持的设备、功能、安全性、数据格式等都不同。这种竞争性标准导致了制定和实施标准的困难，给用户和供应商带来了不确定性。为了解决这些问题，业界需要制定一组共同的通信协议和标准，以确保各种设备和平台之间可以实现互操作，并为用户和供应商提供明确的指导。

智能物联网在未来的发展中将利用云、大数据、个人/移动设备和社交网络，以提供更接近"边缘"的颗粒度传感器等设备。与此同时，它将提供全新的应用程序和用例，推动形成新的商业模式和盈利机会。例如，智能物联网有可能进一步加速"共享经济"：通过提供跟踪和管理较小事物的新方法，智能物联网将能够共享房屋、飞机、汽车和自行车以外的，新的、较小的和较便宜的物品。在某些方面，智能物联网是"长尾理论"的逻辑延伸。它将设备推向更精细的层次，并支持创建以前在经济上不可行的新用途、新应用程序、新服务和新商业模式。

1.5.2　智能物联网标准化进程中面临的问题

由于智能物联网行业缺乏有效监管，从治理的角度来看，智能物联网行业的标准化是一项复杂且富有挑战性的任务。智能物联网标准化进程中面临的问题可以分为平台、连接性、杀手级应用程序和业务模型 4 类，如图 1-8 所示。

图 1-8　智能物联网标准化面临的问题

（1）平台

当前市场上存在多种不同的智能物联网平台，它们之间存在互相竞争和不兼容的问题。这使得智能物联网应用程序开发和部署变得更加复杂及困难。例如，有些平台只支持某种类型的设备，而其他平台则可以支持多种设备。这导致应用程序需要在不同的平台上进行开发和部署，使得开发和部署的成本增加。

（2）连通性

随着智能物联网设备的种类和数量不断增加，设备之间的连接方式和通信协议也在不断变化。在这种情况下，智能物联网标准需要解决设备之间的互连互通问题。此外，智能物联网设备的连接安全性和稳定性等方面也是需要考虑的。

（3）杀手级应用程序

杀手级应用程序是指具有极高用户体验价值和市场需求的应用程序。由于智能物联网设备和应用的种类繁多，制定一套适用于所有应用的标准化方案是不现实的。因此，需要在标准化工作中考虑到不同设备和应用的特性和需求，制定不同的应用程序接口和标准。在这一类问题中，有 3 个功能需要有杀手级应用程序：控制"事物"、收集"数据"和分析"数据"。智能物联网需要杀手级应用程序来推动使用统一平台的商业模式。

（4）业务模型

智能物联网应用程序的业务模型也是一个重要的标准化问题。当前，不同的业务模型正在被广泛使用，如智能家居、智慧城市、智能制造等，这使得智能物联网标准化的工作变得更加困难和复杂。同时，标准化工作还需要考虑不同行业的特殊需求和规范。

1.5.3　我国智能物联网面临的问题及发展前景

我国对于物联网的发展十分重视，对于物联网的整体发展有着全局的把控。2013 年，我国发布了《国务院关于推进物联网有序健康发展的指导意见》，针对物联网在发展过程中遇到的相关问题，以及近期和远期发展的规划，国家从全局性角度进行考虑和安排，确立了发展目标，明确了发展思路。而智能物联网作为物联网的进阶阶段，不仅包括设备的互连互通，还融合了人工智能技术，以实现更加智能化的数据分析和决策支持。我国智能物联网的发展虽然迅速，但也面临一些问题和挑战，例如：核心技术和高端产品与国外仍有差距，高端综合集成服务能力不强，缺乏龙头企业，应用水平较低且规模化应用较少等。因此，我国需要做好以下几项工作。

1. 制定完善的政策与法规

智能物联网涉及各个行业和产业，因此需要全社会力量进行整合和完善。先进技术固然重要，但国家对于智能物联网政策上的支持和立法上的完善是智能物联网能顺利发展的保障与基石。只有制定出适合行业发展的政策和法规，智能物联网才能顺利地成长。

2. 建立统一的技术标准和协调机制

智能物联网需要将物联网技术与人工智能、大数据、云计算等技术深度融合。这种融合需要跨学科的合作和创新。如果没有统一的技术标准和协调机制，各个层面自行选择不同的技术方案，大量专业网之间无法通过统一的接口互连，资源共享就是一纸空谈，高额的研发成本将是灾难性的问题。

3. 建立高效的管理平台

传感技术的研发是容易的，一个小型企业就可以自行研发传感技术。被感知的信息，如果只是孤立地存在，那么对于实现规模经济效益是没有任何帮助的。因此必须建立高效的管理平台，能够对各类信息进行收集、整理、分析、传输。管理平台的建立能够提高资源的使用率，降低开发和运营成本，加速商业模式的整合。

4. 完善商业模式

智能物联网的发展需要一个健全的商业模式。不恰当的商业模式将造成高成本运营的状态，行业壁垒、行业保护、地方保护主义、不完善的制度都将成为其发展的绊脚石。因此智能物联网商业模式有待完善。

在智能物联网的进一步发展规划中，我国对智能物联网的发展给予了高度重视和支持。通过加强网络规划建设、提升产业创新能力、深化智能融合应用等措施，智能物联网将在社会治理现代化、产业数字化转型和民生消费升级中发挥关键作用。与此同时，智能物联网的发展将带来一系列创新应用，如智慧城市管理、自动驾驶、工业自动化、智能医疗等，这些应用将深刻改变人们的生活和工作方式。智能物联网的推进也陆续需要应对关键技术挑战，包括高端传感器、物联网芯片、新型短距离通信等，以及加强数据安全和隐私保护。因此，智能物联网的未来发展将呈现规模化、协同化、智能化的趋势。随着技术、标准化、应用经验的不断成熟，智能物联网将在不同行业中扩大应用规模，吸引更多企业参与，形成强大的产业生态，并为社会和经济的全面发展做出重要贡献。

本章小结

　　智能物联网创造了全新的信息社会和知识经济体系，它的发展也暴露出许多新的问题，包括缺乏基础理论支持、体系结构不清晰、标准不成熟等。为了解决这些问题，我们给出了一个四层物联网模型。近年来，我国大力推动智能物联网的发展。我国已经完成了强化产业生态布局、完善技术创新体系、构建完善标准体系、推动物联网规模应用、完善公共服务体系、提升安全保障能力等目标。我国新一代信息技术产业持续向"数字产业化、产业数字化"的方向发展，一方面，培育壮大人工智能、物联网、大数据、区块链、云计算、网络安全等新兴数字产业；另一方面，依托新一代信息技术产业，传统产业也将在"十四五"期间深入实施数字化改造升级。智能物联网的未来将是统一的、无缝的和普遍的。因此，智能物联网作为智能系统的发展可以从互操作性、能源可持续性、隐私性和安全性等方面着手。智能物联网已成为信息产业发展的必然趋势，必将给我们的生活带来新的变化。本章对智能物联网的概念、涉及的核心技术、应用及产业链等方面进行了系统的讨论，并阐述了四层物联网模型，还对智能物联网的发展面临的挑战与机遇进行了分析，以帮助读者初步建立对智能物联网的认识，激发读者进一步学习智能物联网的兴趣。

习题

1. 什么是智能物联网？
2. 智能物联网涉及的核心技术是什么？
3. 目前全球还没有对物联网概念统一定义，你如何理解物联网的内涵？
4. 简述四层物联网模型。
5. 简述智能物联网发展可能面临的挑战。
6. 简述你知道的智能物联网在生活中的应用。

第2章
物联网感知技术

感知层是四层物联网模型的底层，其主要功能是识别物体并采集其中的信息，以此解决现实世界数据获取和连接问题，是实现物联网全面感知的核心层级。感知技术是实现"万物互连"的基础。例如把传感器装到家用电器等真实物体上收集数据时，从仿生学角度来说这些传感器就像人类的"五官"，通过分析传感器收集到的数据就可以对这些物体进行一系列的智能化控制。

本章主要介绍物联网感知技术基本概念、RFID 技术、传感器网络技术及定位技术。

2.1　物联网感知技术基本概念

感知和识别技术是物联网的基础，它负责采集物理世界中发生的物理事件和数据，实现对外部世界信息的感知和识别，包括多种发展成熟度差异性很大的技术，如传感器、RFID、二维码等。

感知技术利用传感器和多跳自组织传感器网络，协作感知、采集网络覆盖区域中被感知对象的信息。感知技术依附于敏感机理、敏感材料、工艺设备和计测技术，对基础技术和综合技术要求非常高。目前，传感器在被检测量类型和精度、稳定性和可靠性、低成本和低功耗方面还没有达到规模效应，是物联网产业化发展的重要瓶颈之一。

识别技术涵盖物体识别、位置识别和地理识别，对物理世界的识别是实现全面感知的基础。物联网识别技术是以二维码、RFID 标识为基础的，对象标识体系是物联网的一个重要技术点。从应用需求的角度，识别技术首先要解决的是对象的全局标识问题，需要研究物联网的标准化对象标识体系，进一步融合及适当兼容现有各种传感器和标识方法，并支持现有的和未来的识别方案。

2.2　RFID 技术

RFID 技术是目前最常用、最普遍的感知层技术之一。RFID 技术已应用于我们日常生活中的非接触式就餐卡、车辆防盗系统、道路自动收费系统、门禁系统、身份识别系统等。特别是随着近几年零售和物流行业信息化的不断深入，这些行业越来越依赖于应用信息技术来控制库存、改善供应链管理、降低成本、提高工作效率，这为 RFID 技术的应用和快速发展提供了极大的市场空间。RFID 技术除了能为这些行业节省成本、提高效率外，它的推广还将带动一个巨大的市场，并给人们日常生活的某些方面带来革命性变化。目前，已将 RFID 技术应用到定位系统中，并逐步提高定位系统的精度。

2.2.1　RFID 技术简介

RFID 通常也称为感应式电子晶片、感应卡、接近卡、非接触卡、电子标签、电子条码等。RFID 是一种非接触式的自动识别技术，它通过无线射频方式进行非接触双向通信，自动识别目标对象、获取相关数据并进行相关数据读或写。RFID 在进行识别时无须识别系统与特定目标之间建立机械或光学接触，也无须人工干预，可在各种恶劣环境下工作。RFID 技术可识别高速运动物体并可同时识别多个标签，操作快捷、方便。

RFID 技术涉及无线通信、芯片设计与制造、天线设计与制造、标签封装、系统集成、信息安全等方面的技术。它的主要核心部件是标签，通过相距几厘米到几米内的阅读器发射无线电波来读取标签内存储的信息，识别标签代表的物品、人或器具的身份。由于 RFID 标签能够存储 96 位的 EPCID，理论上能够标识 2^{96} 个对象，所以它彻底抛弃条形码的种种限制，使世界上每一种商品都可以拥有独一无二的标签。RFID 技术与其他自动识别技术相比有其突出的特点，表 2-1 所示为常见自动识别技术的比较。

表 2-1　常见自动识别技术的比较

系统参数	条码	光学字符	生物识别	语音识别	图像识别	磁卡	智能卡	RFID
信息载体	纸或物质表面	物质表面	—	—	—	磁条	EEPROM	EEPROM
信息量	小	小	大	大	大	较小	大	大
数据密度	低	低	高	高	高	很高	很高	很高

续表

系统参数	条码	光学字符	生物识别	语音识别	图像识别	磁卡	智能卡	RFID
读写性能	读	读	读	读	读	读/写	读/写	读/写
读取方式	CCD或激光束扫描	光电转换	机器识读	机器识读	机器识读	电磁转换	电擦写	无线通信
读取距离	近	很近	直接接触	很近	很近	接触	接触	远
识别速度	慢	慢	很慢	很慢	很慢	慢	慢	很快
通信速度	慢	慢	较慢	慢	慢	快	快	很快
方向位置影响	很小	很小	—	—	—	单向	单向	没有影响
使用寿命	一次性	较短	—	—	—	短	长	很长
人工识读性	受约束	简单	不可	不可	不可	不可	不可	不可
保密性	无	无	无	好	好	一般	好	好
智能化	无	无	—	—	—	无	有	有
环境适应性	不好	不好	—	—	不好	一般	一般	很好
光遮盖	全部失效	全部失效	可能	—	全部失效	—	—	没有影响
国际标准	有	无	无	无	无	有	有	有
成本	最低	一般	较高	较高	较高	低	较高	较高
多标签同时识别	不能	不能	不能	不能	不能	不能	不能	能

　　RFID技术以其独特的优势，逐渐地被广泛应用于生产、物流、交通、运输、医疗、防伪、跟踪、设备和资产管理等需要收集和处理数据的领域。RFID技术不仅可以大幅提升货物、信息管理的效率，还可以让销售企业和制造企业互连，从而更准确地接收反馈信息、控制需求信息，进而优化整个供应链。

　　RFID技术发展非常迅速，RFID产品种类繁多，已被广泛应用于工业自动化、商品自动化、交通运输控制管理等众多领域，如火车、汽车等交通监控，高速公路自动收费系统，停车场管理系统，物品管理，流水线生产自动化，安全出入检查，仓储管理，动物管理，车辆防盗，等等。虽然我国RFID起步较晚，但发展速度极快。我国的RFID产业大致经过了2006年之前的培育期、2006—2010年的初创期及2011—2015年的高速成长期，已经进入第四阶段成熟期。目前，RFID在金融支付、资产管理、智能物流、智能医疗及智能安防等领域都实现了不同程度的商业化落地。

　　随着大规模集成电路技术的进步以及生产规模的不断扩大，RFID芯片的小型化和高性能芯片的实用化，采用RFID技术的成本将不断降低，其应用将越来越广泛。例如，RFID标签可以促进网络家电的应用，家电如果拥有网络的功能，使用者即使在户外也能控制它们。如可以检查冰箱中的食物来帮助使用者决定需要购买什么物品，在无线操作终端上选择烹饪食物的方式，等等。RFID标签也可以应用于医院，例如，患者身上佩戴标签，标签含有患者的信息，医生和护士可以通过标签内的信息来识别患者的身份，查看已有病例；标签和阅读器也能帮助医生和护士确认所使用的药物是否合适，从而减少医疗事故的发生。RFID技术在未来发展中可以结合其他高新技术，由单一识别向多功能识别方向发展，同时还可以结合现代通信及计算机技术，实现跨地区、跨行业应用。

　　典型的RFID系统一般包括标签、阅读器和天线等若干组成部分。其中，标签也称为应答器（Transponder），根据工作方式可分为主动式（有源）和被动式（无源）两大类。由于被动式RFID系统是目前研究的重点，因此本章出现的标签和RFID系统均指被动式标签和被动式RFID系统。

　　RFID技术的难点与问题可以概括为4个方面：RFID反碰撞防冲突问题；RFID天线研究；工作频率的选择；安全与隐私问题。

2.2.2　RFID 技术发展历史

RFID 的应用最早可以溯源至第二次世界大战时期。当时，英国开发出战斗机的敌我识别系统（Identification of Friend or Foe，IFF），通过接收雷达信号并以自动反馈信号的方式区分敌我战斗机，这就是早期的主动式 RFID 系统。RFID 技术的早期发展和应用可以归结为雷达技术的发展和应用，虽然雷达的发明使得远距离发现空中的敌机成为可能，然而仍然无法判断远方的飞机是否为敌机。

20 世纪 40 年代，射频技术的改进和应用催生了 RFID 技术。1948 年，哈利斯·托克曼（Harless Tokmen）发表《利用反射功率的通信》一文，奠定了 RFID 技术的理论基础。20 世纪 50 年代，为早期 RFID 技术的探索阶段，主要处于实验室研究状态。20 世纪 60 年代，随着集成电路和可编程存储器、微处理器的出现，RFID 的理论得到发展，一些实验室也开始对 RFID 进行基础研究和一些应用尝试；同时，IFF 成为世界空中交通管制系统的基本组成部分。20 世纪 70 年代，RFID 技术及产品研发处于大发展时期，出现了一些最早的 RFID 应用。其中于 1975 年发表的《使用调制射频反向散射技术的短距离无线电遥测电子识别系统》论文，标志着被动式标签原型的诞生。20 世纪 80 年代，RFID 技术及产品进入商业应用阶段，各种规模的应用开始出现。大量的 RFID 专利出现，并在动物识别、电子收费系统中得到商业应用。20 世纪 90 年代，随着计算机小型化的发展，RFID 得到广泛的应用，RFID 技术标准化问题得到重视，RFID 产品逐渐成为人们生活中的一部分。至今，RFID 标准化问题更为人们所重视，RFID 产品种类更加丰富。有源电子标签、无源电子标签及半无源电子标签均得到发展，电子标签成本不断降低，规模应用行业扩大。同时单芯片电子标签、多电子标签识读、无线可读可写、无源电子标签远距离识别、适应高速移动物体的 RFID 正在成为现实。尤其是物联网概念的兴起，RFID 技术已经成为目前最有发展前途的信息技术之一。

2.2.3　RFID 技术工作原理

RFID 系统包括阅读器、天线和标签。如前文所说，RFID 技术源于雷达技术，其工作原理是阅读器通过天线发出交流连续波，标签收到信号后，从信号中获取直流电源和时钟，再通过自身天线发送标签内部存储信息，最后阅读器通过天线接收标签发送的信息。图 2-1 所示为后向散射（Backscatter）RFID 系统架构。

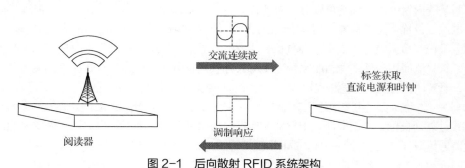

图 2-1　后向散射 RFID 系统架构

1. 阅读器

阅读器是用于读取（或写入）标签信息的设备，由传送器、接收器和微处理器组成，是 RFID 系统中比较复杂的一个组件，可设计为手持式或固定式。它利用射频技术读取或写入标签的信息来完成与标签的数据交换，之后数据被传输到微处理器进行管理和分析来完成与后台计算机通信的任务。具体过程是：阅读器首先从后台计算机接收命令，然后将命令数据按照 ISO（International

Organization for Standardization，国际标准化组织）标准进行编码调制并通过天线发射出去，在阅读器工作区域内的标签接收命令数据并发射响应信息，阅读器通过天线接收标签的响应信号，进行解调解码后传给上位机做进一步处理。除此以外，阅读器还包括电源和时钟模块，分别用于给无源电子标签供电和确定射频通信时的同步信息。通常阅读器发送数据时所使用的频率被称为RFID系统的工作频率，基本上划分为3个范围：低频（30kHz～300kHz）、高频（3MHz～30MHz）和超高频（300MHz～3GHz）。常见的工作频率有低频125kHz、134.2kHz及高频13.56MHz等。此外，阅读器按照工作方式可以分为全双工和半双工阅读器；按照通信方式可以分为阅读器先发言和标签先发言阅读器；按照应用方式可以分为固定式、便携式和一体式阅读器。

2. 天线

天线内置于阅读器，用于在标签和阅读器间传递射频信号，即标签的数据信息。RFID系统通过天线来发射能量，进而形成电磁场，从而对标签进行识别。天线的大小因工作频率不同而不同。天线形成的电磁场的范围就是阅读器的可读区域。

3. 标签

标签又称为射频卡或者非接触式集成电路（Integrated Circuit，IC）卡，由存储数据的RFID芯片、射频天线以及相关电路组成，一般附着在物体表面。每个标签内有全球唯一的电子编码，也就是用户身份证明（User Identification，UID），UID是在制作芯片时放在只读存储器（Read-Only Memory，ROM）中的，无法改造、无法伪造；标签内还有一个电子标签和一个身份标识。标签可以用于各行各业，由于它体积非常小，可以印刷到纸张、塑料纺织品等包装上，因此，标签可以附着在物体上用来标识目标对象，其中一般存有约定格式的电子数据，在实际应用中，一般附着在待识别物体的表面。标签通过自动标签机来印刷或者粘贴。标签具有如下特征。

（1）非接触操作，具有可穿透性，无须人工干涉。

（2）体积小，形状多样。

（3）可以识别多个运动中的标签。

（4）耐环境性，可以工作于有油渍、灰尘等的环境及黑暗的环境。

（5）可以重复使用。

（6）数据通信具有安全性。

（7）可以批量生产和印刷。

按照是否内置电源，标签可以分为被动式标签、主动式标签和半自动式标签。被动式标签没有内置电源，也称为无源标签，所需能量由阅读器产生的电磁场以电感耦合的方式提供，一般可以做到免维护、质量轻、体积小、寿命长、低成本，但是工作距离较短，一般只有几十厘米，且存储受限，只能应用于低端RFID系统。主动式标签内置电源，也称为有源标签，使用卡内电池的能量，通常体积较大，传输距离比较远，存储空间也较大，但是价格比较昂贵，而且寿命较短，一般只有3～10年寿命，主要应用于高端RFID系统；其工作模式分为主动模式和唤醒模式，其中唤醒模式可以延长标签使用寿命。半自动式标签内部携带电池，为标签内部计算提供电能，但是与阅读器通信时和被动式标签一样，靠阅读器产生的电磁波获得通信能量。

按照标签的工作频率范围，标签可分为低频标签（30kHz～300kHz）、高频标签（3MHz～30MHz）和超高频标签（≥300MHz），典型的工作频率包括125kHz、13.56MHz、400MHz、868MHz、715/922MHz、2.45GHz、5.8GHz等。其中低频标签的特点是内存保存的数据量较少、外形多样、阅读天线方向性不强、阅读距离较短，通常低频标签的通信距离小于1m，波长大约为2500m。低频标签通过电感耦合方式从阅读器耦合线圈的辐射场中获得能量，低频的数据传输速率比较慢，但比较均匀。另外，天线匝数多会导致低频标签成本较高。高频标签适用于需传输大量数据的工作场景。高频标签的通信距离通常大于 1m，波长约为 22m。高频标签可以通过腐蚀活字印刷的方式制作标签内的天线，所以价格相对便宜。超高频标签的特点是天线和阅读器的成本均较高，标签内保存的数据量较大，阅读距离较远，超高频标签通信距离可以超过 10m，波长在 30cm 左右，具有很高的读取速率，对高速移动物体适应性较强，但是抗干扰能力比较差。

低频标签成本低、保存数据量比较少、读写距离比较短，一般适用于门禁、电子计费、考勤、停车场收费等情况。我国的第二代居民身份证和校园卡都使用其余两种标签。

标签根据读写功能分为只读标签、一次写入多次读取标签及可读写标签 3 类。还可以根据形状进行分类，例如信用卡标签、吸管标签、圆形标签等。

4. 具体工作过程

阅读器一般作为计算机终端，用来实现对 RFID 卡的数据进行读写和存储，它由控制单元、高频通信模块和天线组成。RFID 卡是一种无源的应答器，主要由一块 IC 芯片及其外接天线组成。其中 IC 芯片通常集成了射频前端、逻辑控制、存储器等电路，有的甚至集成了天线。

当装入无源电子标签的物体进入阅读器的射频场后，RFID 系统的阅读器会发出微波查询信号。物体表面的标签收到阅读器的查询信号后，会将此信号与标签中的数据信息合成一体，再由标签读取装置发射出去。该信号已携带标签数据信息，阅读器接收到该信号后，经阅读器内部微处理器处理后即可将标签中存储的识别代码等信息分离、读取出来。

2.2.4 RFID 技术标准体系

目前 RFID 技术已经得到广泛应用，且有 ISO 10356、ISO 14443、ISO 15693、ISO 18000 等几种国际标准。这些标准除规定通信数据帧格式外，还着重对工作距离、频率、耦合方式等与天线物理特性相关的技术规格进行了规范。

RFID 技术相关国际标准化机构主要有 ISO、国际电工委员会（International Electrotechnical Commission，IEC）等。全球主流的 RFID 技术标准体系主要有 ISO 标准体系、EPCglobal 标准体系和 Ubiquitous ID 标准体系等。另外，一些区域性标准化机构也在制定相关标准，试图提升为国际标准。

除了这些标准化组织，与 RFID 技术相关的产业联盟是 EPCglobal。EPCglobal 是美国和欧洲相关委员会，即统一代码委员会（Uniform Code Council，UCC）和欧洲物品编号（European Article Number，EAN）协会（现称国际物品编码协会）成立的非标准化组织，主要推动 RFID 投入实际应用，例如超高频 RFID 纸箱标签。同时，EPCglobal 还负责 EPCglobal 号码注册管理。

各国际标准化组织在 RFID 技术的空中接口方面形成了多个标准。现有的 RFID 技术工作在多个无线频率范围内，常见的工作频率有：低频 125kHz～134kHz，高频 13.56MHz，超高频 433MHz、860MHz～960MHz、2.45GHz。在相同的频率下也有多种 RFID 技术标准共存，例如 13.56MHz 就有 ISO 14443 Type A/Type B、ISO 15693、ISO 18000-3 等技术标准。不同的标准采用的无线调制方式、基带编码格式、传输协议和传输距离各有差异，不同标准的标签和阅读器无法互通。根据不同频率，ISO 标准定义不同频率下 RFID 技术的不同应用，如表 2-2 所示。

表 2-2 不同频率下 RFID 技术的不同应用

频率	关键应用	标准
125kHz	低价的无源射频标签，用于识别动物	ISO 1800-2
13.56MHz	低价的无源射频标签，用于识别物体，如书籍、衣服等	ISO 14443
400MHz	用于汽车中控系统	ISO 18000-7

续表

频率	关键应用	标准
868MHz、915MHz、922MHz	有源和无源的射频标签，用于欧洲、美国、澳大利亚的物流	Auto-ID Class 0、Auto-ID Class 1、ISO 18000-6
2.45GHz（微波）	是一个 ISM 频段频率，采用有源和无源的射频标签，用于温度传感器和卫星定位等	ISO 18000-4
5.8GHz（微波）	用于长距离读取无源和有源射频标签，如车辆识别和高速公路收费	ISO 18000-5

在 RFID 技术标准体系中，EPC（产品电子代码）作为产品信息的标识，通过标签，利用互联网实现系统应用。EPC 由版本号加上域名管理、对象分类、序列号组成，如图 2-2 所示。96 位的 EPC 可以被 2.68 亿家公司使用，每家公司可以创建 1600 万个类别，每个类别可以包含 6800 亿串数字。

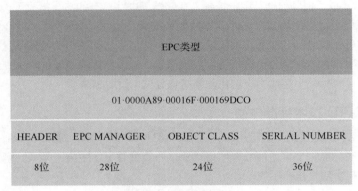

图 2-2　EPC 组成

下面主要介绍 ISO 11784 和 ISO 11785 技术标准。ISO 11784 和 ISO 11785 分别规定物体识别的代码结构和技术准则，标准中没有对应答器样式和尺寸加以规定，因此可以设计成适用于多种物体的各种样式。ISO 11784 和 ISO 11785 标准代码结构为 64 位，如表 2-3 所示，其中 27～64 位可由各个国家和地区自行定义。技术准则规定应答器的数据传输方式和阅读器规范等：工作频率为 134.2kHz，数据传输方式为全双工和半双工两种，阅读器数据以差分双向代码表示，应答器采用 FSK（Frequency-Shift Keying，频移键控）调制和 NRZ（Non-Return-to-Zero，不归零编码）。

表 2-3　ISO 11784 和 ISO 11785 标准代码结构

位序号	信息	说明
1	为 1 表示动物应用，为 0 表示非动物应用	应答器是否用于动物识别
2～15	保留	未来应用
16	为 1 表示后面有数据，为 0 表示没有数据	识别代码后是否有数据
17～26	国家和地区代码	说明使用国家和地区
27～64	国家和地区自定义	唯一的专有的登记号

2.2.5　RFID 技术应用

作为物联网的基本组成部分，RFID 技术相关应用无处不在。当前 RFID 技术应用最热门的领域之一就是供应链管理。同时，供应链管理领域也因为 RFID 技术在该领域中的应用而出现一些新的研究热点，而信息在供应链当中传递的流畅性和准确性以及信息传递对供应链运作的影响，一直是供应链管理的研究热点。RFID 这种无线技术可以加速供应链各个环节之间的信息传达，使供应链的透明化有从概念到真正实现的可能性。RFID 技术产生的经济效益是巨大的，目前，RFID 技术已经广泛应用于交通、零售、服装、食品、物流、智能制造、安保、医疗、娱乐等领域。目前我国 RFID 技术在各个领域的应用市场占比中，金融支付占据了超过 1/5 的市场，成为我国 RFID 行业市场的第一板块。其在身份识别、交通管理和军事与安全领域的应用也占据了 10% 以上的市场份额。

（1）在交通领域，目前 RFID 技术已经在停车场车辆管控系统、高速公路、铁路等方面获得广泛应用。装有 RFID 标签的汽车能被自动识别，无须停车缴费，提高了行车速度和效率。利用 RFID 技术的不停车高速公路自动收费系统发展迅速，人工收费包括 IC 卡的停车收费方式终将被淘汰。

（2）在零售领域，RFID 技术也有了新应用。RFID 新零售智能零售柜、二维码门禁无人超市、RFID 智慧门店及仓库管理、电子标签拣货系统等产品也已经得到了市场的认可。

（3）在智能制造领域，RFID 无线作业管理、超高频 RFID 生产线管理、RFID 工厂库存管理、海马 RFID 系统等应用实现了生产的自动化，提高了工厂生产和管理的效率。

（4）在食品溯源领域，目前已经可以通过物联网来解决食品安全的问题，通过食品溯源系统等可以有效地对食品进行溯源。

（5）在支付领域，数字化校园一卡通、城市一卡通应用等大多都属于 RFID 技术应用。

（6）在安保领域，应用 RFID 技术的门禁管理系统、电气控制系统、上下班管理系统等为人们生活安全保驾护航。

（7）在物流领域，超市使用 RFID 物流跟踪和通信信息系统，使供应链的透明度大大提高，物品能在供应链的任何地方被实时追踪，同时消除以往各环节上的人工差错。基于 RFID 技术的物流配送中心信息系统可以通过安装在工厂、配送中心、仓库及商场货架上的阅读器自动记录物品从生产线到最终消费者的整个供应链上的流动。

RFID 技术的安全性和相关产业的保密性被业界认为是目前 RFID 发展的一大障碍。因为 RFID 技术本身是不安全的，但是只要 RFID 技术的数据符合相关数据安全和保护协议，从技术角度来说系统便是安全的。RFID 系统只存储和传送少量的数据，大量工作通过后台系统进行智能处理。只要将唯一的序列号转移，后台系统便会产生异常处理，从这个角度说，RFID 技术带来的安全风险可忽略不计。

随着时间的推移，无所不在的 RFID 应用将会给人们的生活带来更多的便利，使世界进入新的智能时代。

2.3　传感器网络技术

传感器网络技术涉及传感信息获取、信息处理和识别的规划设计、开发、制造、测试、应用及评价改进活动等内容，是从自然信源获取信息并对获取的信息进行处理、变换、识别的一门多学科交叉的技术。

物品总是在流动中体现它的价值或使用价值的，如果要对物品的运动状态进行实时感知，就需要用到传感器网络技术。传感器网络通过散布在特定区域的成千上万的传感器节点，构建具有信息收集、数据传输和数据处理功能的复杂网络，通过动态自组织方式协同感知并采集网络覆盖区域内被查询对象或事件的信息，用于跟踪、监控和决策支持等，"自组织""微型化""对外部世界具有感知能力"是传感器网络的突出特点。传感器网络技术的发展体现在 3 个方面：感知信息、智能化、网络化。

传感器是物联网的"神经末梢"，是物联网感知世界的终端模块，也是许多装备和信息系统必备的信息获取单元，用来采集物理世界的信息，实现最初信息的检测、交换和捕获。传感器网络是物联网的核心，主要解决物联网中的信息感知问题。传感器网络由大量的传感器组成，而传感器有3个关键问题：一是物品的种类繁多、千差万别，作为物联网终端的传感器也种类繁多；二是物品的数量巨大，远远多于地球上人的数量，导致其统一编址的数量巨大，IPv4地址已经枯竭，而IPv6地址是针对人用终端设计的，对传感器来说，其复杂度是有待解决的问题；三是成本问题，互联网终端针对人的应用，成本较低，而传感器数量巨大，对成本、功耗等都有更加苛刻的要求。

传感器是传感器网络的基本单元，负责数据的初步采集，为网络提供丰富的数据源；传感器网络是由多个传感器节点组成的系统，能够实现更广泛的数据收集和处理；传感器网络技术是支撑传感器网络设计、实现和优化的一系列技术集合。总的来说，传感器是智能物联网中感知外界信息的硬件单元，传感器网络是这些传感器的集合，它们共同工作以收集和传输数据，而传感器网络技术则是确保这一切能够顺利进行的软件和协议集合。这三者共同构成了智能物联网实现智能感知和数据收集的基础。因此，下面主要介绍传感器的工作原理、传感器的特点及传感器网络。

2.3.1　传感器工作原理

传感器节点包括4个基本单元，即传感单元（由传感器和模数转换功能模块组成）、处理单元（由嵌入式模块组成，包括CPU、存储单元、嵌入式操作系统等）、通信单元（由无线通信模块组成），以及电源模块，以此来实现以信息的采集、传输、处理和控制为目的的信息收集网络。此外，可以选择的其他功能单元包括执行器、定位系统、动力系统及发电装置等。传感器节点结构如图2-3所示。单个传感器节点的尺寸可以大到像一个鞋盒，小到像一粒尘埃。传感器节点的成本也是不固定的，这主要取决于传感器网络的规模以及单个传感器节点的集成复杂度。传感器节点尺寸与集成复杂度的限制决定能量、存储、计算速度与频宽也受限。

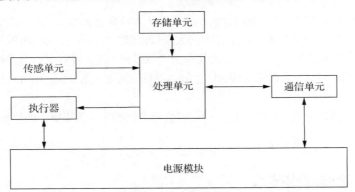

图 2-3　传感器节点结构

（1）传感单元监测物理、化学、空间、时间和生物等非电量参数信息，并将监测结果按照一定规律转化为电信号或其他所需信号。它主要负责对物理世界参数信息进行采集和数据转换。

（2）执行器主要用于实现决策信息对环境的反馈控制。因此执行器并非传感器网络的必需模块，无须实现反馈控制、只需监测的传感器网络无须执行器模块。

（3）处理单元是传感器节点的核心单元。它通过运行各种程序来处理感知数据，利用指令设定发送数据给通信单元，如果有必要的话会将收到的数据传递给执行器来执行指令的动作。

（4）存储单元主要实现对数据以及代码的存储功能。其主要分为随机存取存储器（Random Access Memory，RAM）、ROM、电擦除可编程只读存储器（Electrically-Erasable Programmable Read-Only Memory，EEPROM）、闪存（Flash Memory）4类。

（5）通信单元主要实现各传感器节点数据的交换，通信方式可分为有线通信和无线通信两类。有线通信包括现场总线 Profibus 通信、LonWorks 通信、CAN 通信等；无线通信主要包括射频通信、大气光通信和超声波通信等。

（6）电源模块主要为传感器网络各单元的可靠运行提供电能。

上述单元和模块共同作用可实现物理世界的信息采集、传输和处理，为实现万物互连奠定基础。

在传感器网络中，大量传感器节点通过各种方式部署在感知对象的内部或者附近。这些节点通过自组织方式构成无线网络，以协作的方式感知、采集和处理网络覆盖区域中特定的信息，可以实现对任意地点信息在任意时间的采集、处理和分析。传感器网络系统通常包括传感器节点、汇聚节点（Sink Node）和远端服务中心。传感器节点以自组织方式形成网络，并将感知数据通过多跳的方式传输至汇聚节点，进而通过网关（Gateway）完成与网络的连接。

2.3.2　传感器特点

传感器将软件与硬件（嵌入式软件及嵌入式微处理器）相结合，具有以下优点。

（1）功耗低，仅需要较少能量即可工作。

（2）体积小、集成度高。随着技术的进步，传感器的尺寸越来越小，便于集成到各种设备和系统中，提高效率，减少人工干预，降低成本。

（3）效率高、可靠性高，可以获得较大的变化量，从而具有相对较高的信噪比和系统稳定性；结构简单，可以在恶劣环境下工作，应用较广。

（4）具有多样性、种类繁多。目前市场上有各种各样的传感器，可以检测温度、湿度、压力等多种参数。

（5）具有一定的通信能力。许多现代传感器具有无线通信能力，可以远程传输数据，方便数据的收集和分析。

（6）具有自适应能力。一些高级传感器集成了微处理器，能够进行自我校准、诊断和数据处理。

这些优点使传感器有非常广泛的应用前景，可推动智能物联网的实现，成为我们生活中不可缺少的一部分。但传感器还有以下不足。

（1）电池能量有限

传感器的体积小，携带的电量有限，同时传感器的数量庞大、成本要求低廉、分布区域广，而且部署环境复杂，有些区域甚至人员不能到达。因此，在应用环境中大量使用的情况下，通过更换电池的方式来补充传感器的电量代价太高，几乎不现实。传感器的能量主要消耗在无线通信上，尤其在发送信号时其能量消耗最大；在空闲状态和接收状态时能量消耗小；在睡眠状态时能量消耗最小。

（2）通信能力有限

无线通信的能量消耗与通信距离的关系参见式（2-1）。

$$E = kd^n \qquad (2-1)$$

式中，E 是消耗的能量；k 是常数；d 是通信距离；参数 n 满足关系 $2<n<4$，n 的取值与天线质量、传感器的部署环境等因素有关。由式（2-1）可知，随着通信距离 d 的增加，无线通信的能量消耗将剧烈增加。因此，在满足无线通信的前提下应该尽量缩短单跳的通信距离。由于传感器的能量限制和网络覆盖区域大，很多无线传感器网络采用多跳路由的传输机制。

（3）计算和存储能力有限

大多数传感器（特别是低成本的小型传感器）通常搭载的是嵌入式微处理器，计算能力相对较弱，无法处理复杂的计算任务或执行高级算法。因此，在传感器端进行的数据处理往往是基础且简单的，如数据滤波、阈值判断等。此外，大多数传感器本身并不具备大量的内置存储空间来长期保存采集到的数据，它们通常只具备有限的缓存或临时存储能力。这意味着传感器无法长期保存大量的原始数据，而只能在必要时进行短暂存储，或者通过数据压缩、摘要等方式满足存储需求。

2.3.3 传感器网络

1. 传感器网络概述

传感器网络是由大量部署在作用区域内、具有无线通信与计算能力的微小传感器节点通过自组织方式构成的，是能根据环境自主完成指定任务的分布式智能化网络系统。传感器节点以协作的方式监控不同位置的物理或环境状况（例如温度、声音、震动、压力、运动、污染物等），通常情况下通信距离较远，一般采用多跳（Multi-Hop）中继的无线通信方式传输感知信息。传感器网络可以在相对独立的环境下运行，也可以通过网关连接互联网，用户可以远程访问。

传感器网络融合传感器技术、嵌入式计算技术、分布式信息处理技术、现代网络及无线通信技术等，能够通过各类集成化的微型传感器实时感知、采集和监测各种环境或被检测对象的信息。其通过嵌入式系统对信息进行处理，并通过随机自组织无线通信网络以多跳中继方式将感知信息传送到用户终端，从而真正实现"无处不在的计算"的理念。

单一的传感器在通信、电能、处理和存储等多个方面受到限制，通过组网连接后，其具备应对复杂计算和协同信息处理的能力，能够更加灵活，以更强的稳健性来完成感知的任务。

2. 无线传感器网络概述

无线传感器网络是集成监测、控制以及无线通信的网络系统，其基本组成实体是具有感知、计算和通信能力的智能微型传感器。无线传感器网络通常由大量无线传感器节点对监测区域进行信息采集，以多跳中继方式将数据发送到汇聚节点，汇聚节点的数据经融合和简单处理后，通过互联网或卫星将监测到的信息传递给用户中心。无线传感器网络的体系结构如图2-4所示。

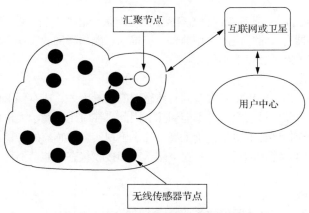

图2-4　无线传感器网络的体系结构

无线传感器网络部署完成后，监测区域内的节点就能以自组织的方式构成网络。无线传感器网络与无线自组网、蓝牙网络、蜂窝网及无线局域网相比有如下特点。

（1）分布式、自组织性

无线传感器网络是由对等节点构成的网络，不存在中心控制。管理和组网都非常简单、灵活，不依赖固定的基础设施，每个节点都具有路由功能，可以通过自我协调、自动组织而形成网络，不需要其他辅助设施和人为手段。

（2）网络规模大、节点分布密度高

为了获取监测区域中完整、精确的信息，并且保证网络较长的生命周期和可用性，可能在无线传感器网络中需要部署大量的节点，这使得网络规模大，节点分布密度高。大规模的无线传感器网络通过分布式采集大量信息以便提高监测区域的监测精确度，同时有大量冗余节点协同工作，以提高系统容错率和覆盖率，减少监测盲区。

（3）可扩展性

当网络中增加新的无线传感器节点时，不需要其他外界条件，原有的无线传感器网络可以有效地容纳新增节点，使新增节点快速融入网络、参与全局工作。

（4）传感器节点的计算、存储资源和电池能量有限

传感器节点作为一种微型嵌入式设备应用于无线传感器网络中，成本低、功耗小是对传感器节点的基本要求，这使得节点的处理器容量较小、处理能力较弱。此外，传感器节点通常采用能量有限的纽扣式电池供电，随着电池能量的耗尽，传感器节点寿命也终止，达到一定比例时，整个网络将不能工作。在执行任务时，传感器节点应以较少的能量消耗且利用有限的计算和存储资源来完成监测数据的采集、传递和处理，这是无线传感器网络设计中必须考虑的因素。

（5）相关实用性

无线传感器网络不像互联网那样有统一的通信平台，在不同的应用背景下，其软件系统、硬件平台和网络协议都有着很大差别。相对于不同无线传感器网络应用中的共性问题，在实际应用中我们更多关注的是其差异性。因此，考虑如何设计系统使其贴近应用、具有实用性，才能研发出更加高效的目标系统。

（6）以数据为中心

在对某一区域进行目标监测时，传感器节点随机部署，监测网络的无线通信是完全动态变化的，需要监测的是动态的观测数据，而不是单个节点所观测到的数据。无线传感器网络以数据为中心，需要快速、有效地接收并融合各个节点的数据，以提取有效信息并将其传递给用户。

2.4　定位技术

位置信息对互联网的各种应用至关重要，虽然可以通过卫星定位系统实现定位，但该方法适用于无遮挡的室外环境，且用户节点通常能耗高、体积大、成本较高，还需要基础设施。因此，对节点数量较为庞大的物联网来说，采用卫星定位系统容易受到应用场景的限制。在各种应用扩展的过程中，我们需要采用底层感知网络，以低成本的方式解决目标发现及定位难等问题。而作为互联网应用的基础和关键技术，传感器节点的定位技术已得到越来越多的关注。

2.4.1　定位技术概述

1. 定位技术相关术语

（1）锚节点（Anchor Node）：也称为信标节点，是可通过某种手段自主获取自身位置的节点。

（2）普通节点（Normal Node）：也称为未知节点或待定节点，是预先不知道自身位置，需要使用锚节点的位置信息并运用一定的算法得到估计位置的节点。

（3）邻居节点（Neighbor Node）：传感器节点通信半径以内的其他节点。

（4）跳数（Hop Count）：两节点间的跳段总数。

（5）跳段距离（Hop Distance）：两节点之间的每一跳距离之和。

（6）连通度（Connectivity）：一个节点拥有的邻居节点数。

（7）基础设施（Infrastructure）：协助节点定位且已知自身位置的固定设备，如卫星基站、卫星定位系统等。

2. 定位技术的评价指标

（1）定位精度：定位技术首要的评价指标就是定位精度，其可分为绝对精度和相对精度。绝对精度是测量坐标与真实坐标的偏差，一般用长度计量单位表示；相对精度一般用误差值与节点无线覆盖范围的比例表示，定位误差越小则定位精度越高。

（2）规模：不同的定位系统或算法应用范围不同，其中包括楼房内部、房间内部等。同时，单次定位过程能够跟踪的目标数量也是一个重要的评价指标。

（3）锚节点密度：锚节点定位通常依赖人工部署或使用卫星定位系统两种方式实现。人工部署方式不仅极大地限制网络部署环境，还严重制约网络和应用的可扩展性。而使用卫星定位系统方式，锚节点的成本会比普通节点高两个数量级，这意味着即使仅有 1/10 的节点是锚节点，整个网络的价格也会增加 10 倍。此外，定位精度随锚节点密度的增加而提高的范围有限，当到达一定程度后就不会再提高。因此，锚节点密度也是定位技术的重要评价指标之一。

（4）节点密度：节点密度通常以网络的平均连通度来表示，许多定位算法的精度受节点密度的影响。在物联网底层的感知网络中，节点密度增大不仅意味着网络部署费用的增加，还意味着节点间的通信冲突会带来有限带宽的阻塞问题。

（5）容错性和自适应性：定位系统和算法都需要比较理想的无线通信环境和可靠的网络节点设备，而真实环境往往比较复杂，且会出现节点失效或节点硬件受精度限制造成的距离或角度测量误差过大等问题。此时，物理维护或替换节点，或使用其他高精度的测量手段通常较为困难或不可行。因此，定位系统和算法必须有很强的容错性和自适应性，能够通过自动调整或重构来纠正错误，对物联网感知网络进行故障管理，减小各种误差的影响。

（6）功耗：功耗是对无线传感器网络的设计和实现影响较大的因素之一。由于传感器节点的电池能量有限，因此，在保证定位精度的前提下，与功耗密切相关的定位所需的计算量、通信开销、存储开销、时间复杂度是一组关键指标。

（7）代价：定位系统或算法的代价可从不同的方面来评价。例如，时间代价包括一个系统的安装时间、配置时间、定位所需时间等；空间代价包括一个定位系统或算法所需的基础设施和网络节点的数量、硬件尺寸等；资金代价包括实现一种定位系统或算法的基础设施、节点设备所需的总费用。

2.4.2　典型定位算法

适用于物联网的定位算法较多，我们可以根据数据采集和数据处理方式的不同来进行区分。在数据采集方式上，不同的算法需要采集的信息有所侧重，如距离、角度、时间或周围锚节点的信息，其目的都是采集与定位相关的数据，并使其成为定位计算的基础。在数据处理方式上，无论是自身处理还是上传至其他处理器处理，其目的都是将数据转换为坐标，完成定位功能。目前比较普遍的分类方法有以下 3 种。

（1）依据节点连通度和拓扑分类，定位算法可分为单跳算法和多跳算法。单跳算法较多跳算法来说更加简便、易行，但是存在可测量范围过小的问题；多跳算法的应用更为广泛，当测量范围较大导致两个节点无法直接通信的情况较多时，需要多跳算法来解决。

（2）依据信息处理的方式，定位算法可分为集中式算法和分布式算法。以监测和控制为目的的算法因为其数据要在数据中心汇总和处理，大多使用集中式算法，其精度较高，但通信量较大。分布式算法是传感器节点在采集周围节点的信息后，在其自身后台执行的定位算法。该算法可以降低网络通信量，但目前节点的电池能量、计算及存储资源有限，复杂的算法难以在实际平台中实现。

（3）依据是否测量距离，定位算法可分为基于测距的算法和无须测距的算法。其中基于测距的算法是对距离进行直接测量，无须测距的算法依靠网络连通度实现定位。基于测距的算法的精度一般高于无须测距的算法，但基于测距的算法对节点本身硬件要求比较高。在某些特定场合，如在一个规模较大且锚节点稀疏的网络中，待定位节点无法与足够多的锚节点进行直接通信测距，传统测距算法很难对其进行定位，此时就需要考虑用无须测距的算法来估计节点之间的距离。上述两种算法均有其自身局限性。

1. 基于测距的算法

基于测距的算法通常分为两个步骤：先利用某种测量方法测量距离（或角度），接着利用测得的相关结果计算未知节点坐标。第一个步骤中有 3 种测量距离的主流方法：第一种是基于时间的方法，包括基于信号到达时间（Time of Arrival，TOA）的方法和基于信号到达时间差（Time Difference of Arrival，TDOA）的方法；第二种是基于信号到达角度（Angle of Arrival，AOA）的方法；第三种是基于接收信号强度指示（Received Signal Strength Indication，RSSI）的方法。

（1）基于时间的方法

① 基于信号到达时间的方法。

TOA 技术通过测量信号的传播时间来计算距离。该技术可分为单程测距和双程测距，单程测距即信号只传输一次，双程测距即信号到达后立即发回。前者需要两个通信节点之间具有严格的时间同步，后者则不需要时间同步，但是本地时钟的误差同样会造成很大的距离偏差。TOA 技术典型的应用就是卫星定位系统。其优点是测量方法简单且能取得较高的定位精度。

最早的 TOA 方法应用在非时间同步网络中，利用对称双程测距协议完成相关操作。之后，单程测距在后续的研究中被提出，如 Active Bat 定位系统，它由一系列固定在网格中的节点组成。固定节点从移动节点中接收信号，并通过 TOA 方法计算到移动节点的距离，在通信距离 30m 左右的情况下，其定位精度达到 9cm，相对精度为 9.3%。但 TOA 方法只有在视距（Line-of-Sight，LOS）的情况下才比较准确，在非视距（None-Line-of-Sight，NLOS）的情况下，随着传播距离的增加测量误差也会相应增大。

② 基于信号到达时间差的方法。

TDOA 测距技术广泛应用于物联网感知层网络的定位方案中，通常在节点上安装信号收发器和射频收发器。测距时锚节点同时发送超声波和电磁波，接收节点通过两种信号到达时间的差来计算两点间的距离。其优点是在 LOS 情况下能取得较高的定位精度。

美国加利福尼亚大学洛杉矶分校的 Medusa 节点，在定位系统之间传输距离为 3m 左右时，测距精度能达到厘米级别。美国加利福尼亚大学伯克利分校开发的 Calamari 定位系统均采用 TDOA 超声波测距，在 $144m^2$ 的区域内部署 49 个节点，平均定位误差达到 0.78m。对于声波收发器的方向单一性问题给出两种解决方法：一是将多个传感器调整成向外发射的形状；二是在节点的平面上使用金属圆锥来均匀地传播和收集声波能量。结合 TDOA 测距机制和网络时间协议（Network Time Protocol，NTP）时间同步原理，一些学者提出时间同步与节点测距混合算法，通过逆推时间非同步情况下相互测距，不仅能实现时间同步，还可以实现相对测距甚至绝对测距。

（2）基于信号到达角度的方法

AOA 测距技术依靠在节点上安装天线阵列来获得角度信息。用这种方法采集到的数据是典型的无线电阵列，使得接收节点可以确定发送节点的方向。另外，使用光通信信号也可以获得 AOA 数据。该方法在获取待测目标两个已知参考点的相对角度后结合两参考点间的距离信息可以确定唯一的三角形，即可确定待测目标的位置。通过不同信号的相位差即可计算出信号的到达角度，如 Cricket 室内定位系统中就提出基于 AOA 的定位算法。具体计算方式如下：通过未知节点接收器天线或天线阵列测出锚节点发射电波的入射角，从而构成从目标节点到锚节点的径向线，即方位线。在二维平面中，利用两个或更多锚节点的 AOA 测量值，按照 AOA 定位算法确定多条方位线的交点，即可计算出未知节点的估计位置。设未知节点 A 坐标为(x_0,y_0)，分别测得锚节点 B（坐标为(x_1,y_1)）和锚节点 C（坐标为(x_2,y_2)）的信号到达角为 θ_1 和 θ_2，可以得出角度，如式（2-2）。

$$\tan\theta_i = \frac{x_0 - x_i}{y_0 - y_i} \qquad (i = 1,2) \qquad （2-2）$$

该方法能够在一定范围内达到比较高的精度，但是由于大部分节点的天线都是全向的，无法区分信号来自哪个方向。因此该方法需要特殊的硬件设备如天线阵列或有向天线等来支持，从而导致 AOA 所需硬件体积更大、成本更高，限制其应用的扩展。尽管有部分算法能够使用 AOA，但事实上很少有算法完全依靠它。

（3）基于接收信号强度指示的方法

RSSI 是在已知发射功率的前提下，接收节点测量接收功率，计算传播损耗，并使用信号传播模型将损耗转化为距离的方法。其优点是低成本，每个无线传感节点都具有通信模块，获取 RSSI 值十分容易，无须额外硬件。但在室内无线电传播时有很多干扰因素，如衰减、绕射等。这些因素都会影响 RSSI 方法的定位精度。

早期的 RSSI 距离测量主要采用室内定位 SpotON tags 系统。该系统通过 RSSI 方法来估计两点间的距离，进而根据节点的相互位置来进行定位。在边长为 3m 的立方体内，其定位误差在 1m 以内。目前基于 RSSI 的方法可以分为两种，一种是需要预先测试环境信息的方法，即节点在测量开始前对定位区域测试大量的 RSSI 值，将不同点得到的 RSSI 值保存到数据库中，建成场强图或拟合曲线，以在实际测试时查询和调用；另一种是无须预先测试环境信息的方法，直接在定位区域进行节点布置和定位，如双曲线模型法、迭代的分布式算法，将洪泛思想引入 RSSI 机制的HCRL（Hop-Count-Ratio based Localization，基于跳数比的本地化）算法等。

传感器节点定位过程中，当未知节点获得与邻近参考节点之间的距离或相对角度信息后，通常使用以下原理计算自己的坐标。

① 三边测量法是一种基于几何计算的定位方法。如图 2-5 所示，已知 3 个锚节点 A、B、C 的坐标及 3 个节点到未知节点 D 的距离，就可以通过式（2-3）估算出该未知节点的坐标。其中(x_a,y_a)、(x_b,y_b)、(x_c,y_c)分别是 3 个锚节点的坐标，d_a、d_b、d_c 是未知节点到 3 个锚节点的距离。

$$\begin{aligned}\sqrt{(x - x_a)^2 + (y - y_a)^2} &= d_a \\ \sqrt{(x - x_b)^2 + (y - y_b)^2} &= d_b \\ \sqrt{(x - x_c)^2 + (y - y_c)^2} &= d_c\end{aligned} \qquad （2-3）$$

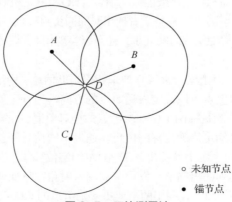

○ 未知节点
● 锚节点

图 2-5　三边测量法

经过线性化，可得到线性方程，如式（2-4）。式中的 N 是由于存在测距误差而引入的参数，它是根据测距误差的分布形式存在的一个随机误差矢量。

$$AX + N = b$$
$$A = \begin{pmatrix} 2(x_a - x_c) & 2(y_a - y_c) \\ 2(x_b - x_c) & 2(y_b - y_c) \end{pmatrix}$$
$$b = \begin{pmatrix} x_a^2 - x_c^2 + y_a^2 - y_c^2 + d_c^2 - d_a^2 \\ x_b^2 - x_c^2 + y_b^2 - y_c^2 + d_c^2 - d_a^2 \end{pmatrix} \quad (2\text{-}4)$$
$$X = \begin{pmatrix} x \\ y \end{pmatrix}$$

使用标准的最小均方差估计可得未知节点坐标方程，如式（2-5）。这种方程称为线性最小二乘算法，如果未知节点测得的到达锚节点的距离值大于 3 个，则可代入式（2-5）中进行更准确的计算。

$$X = \left(AA^{\mathrm{T}}\right)^{-1} A^{\mathrm{T}} b \quad (2\text{-}5)$$

同理可以将上面的计算形式推广到三维的情况，具体公式不继续在此列出。

② 三角测量法也是一种基于几何计算的定位方法。如图 2-6 所示，已知 3 个锚节点 A、B、C 的坐标分别为(x_a, y_a)、(x_b, y_b)、(x_c, y_c)，未知节点 D 与已知锚节点 A、B、C 的角度分别为 $\angle ADB$、$\angle ADC$、$\angle BDC$。每次计算其中两个锚节点和未知节点组成的圆的圆心位置。例如已知节点 A、C 和 $\angle ADC$，如果弧 AC 在 $\triangle ABC$ 内，就能唯一确定以 O_1 为圆心的圆。设 O_1 的坐标为(x_{o_1}, y_{o_1})，半径为 r_1，则弧 AC 对应的圆心角为 $\angle AO_1C = 2\pi - 2\angle ADC$，得出计算式（2-6）。

$$\sqrt{(x_{o_1} - x_a)^2 + (y_{o_1} - y_a)^2} = r_1$$
$$\sqrt{(x_{o_1} - x_c)^2 + (y_{o_1} - y_c)^2} = r_1 \quad (2\text{-}6)$$
$$(x_a - x_c)^2 + (y_a - y_c)^2 = 2r_1^2 - 2r_1^2 \cos\alpha$$

由式（2-6）得知圆心点 O_1 的坐标和半径 r_1，同理由此能够确定其余两个圆心的坐标(x_{o_2}, y_{o_2})、(x_{o_3}, y_{o_3}) 和半径 r_2、r_3。最后利用三边测量法，根据求得的 3 个圆心坐标就能求出未知节点 D 的坐标。

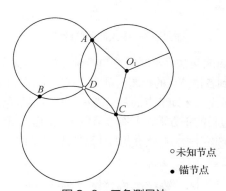

○ 未知节点
● 锚节点

图 2-6　三角测量法

③ 极大似然估计法。如图 2-7 所示，已知 n 个点的坐标分别为 $P_1(x_1, y_1)$、$P_2(x_2, y_2)$……$P_n(x_n, y_n)$。它们到坐标为(x, y)的未知节点 D 的距离分别为 d_1、d_2……d_n，列出坐标与距离的 n 个方程，如式（2-7）。

$$\left.\begin{array}{c}(x-x_1)^2+(y-y_1)^2=d_1^{\,2}\\ \vdots \\ (x-x_n)^2+(y-y_n)^2=d_n^{\,2}\end{array}\right\} \tag{2-7}$$

从第一个方程开始，每个方程均减去最后一个方程，得到 n-1 个方程组成的线性方程组，如式（2-8）。

$$\left.\begin{array}{c}x_1^{\,2}-x_n^{\,2}-2(x_1-x_n)x+y_1^{\,2}-y_n^{\,2}-2(y_1-y_n)y=d_1^{\,2}-d_n^{\,2}\\ \vdots \\ x_{n-1}^{\,2}-x_n^{\,2}-2(x_{n-1}-x_n)x+y_{n-1}^{\,2}-y_n^{\,2}-2(y_{n-1}-y_n)y=d_{n-1}^{\,2}-d_n^{\,2}\end{array}\right\} \tag{2-8}$$

用线性方程组表示为 $\boldsymbol{AX}=\boldsymbol{b}$，得到式（2-9）。

$$A=\begin{pmatrix}2(x_1-x_n) & 2(y_1-y_n)\\ \vdots & \vdots\\ 2(x_{n-1}-x_n) & 2(y_{n-1}-y_n)\end{pmatrix}$$

$$b=\begin{pmatrix}x_1^{\,2}-x_n^{\,2}+y_1^{\,2}-y_n^{\,2}+d_1^{\,2}-d_n^{\,2}\\ \vdots\\ x_{n-1}^{\,2}-x_n^{\,2}+y_{n-1}^{\,2}-y_n^{\,2}+d_{n-1}^{\,2}-d_n^{\,2}\end{pmatrix} \tag{2-9}$$

$$X=\begin{pmatrix}x\\ y\end{pmatrix}$$

最后采用最小二乘估计法可以得到未知节点的坐标，如式（2-10）。

$$\hat{X}=\left(A^{\mathrm{T}}A\right)^{-1}A^{\mathrm{T}}b \tag{2-10}$$

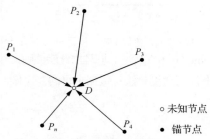

图 2-7   极大似然估计法

④ 极小极大定位算法，此种方法在物联网感知层网络定位中被广泛使用。极小极大定位算法的基本思想是依据未知节点到各锚节点的距离测量值及其坐标构造出包围盒（Bounding Box）。如图 2-8 所示，已知 3 个锚节点与未知节点的距离为 d_i，接着锚节点根据与未知节点的距离 d_i，以自身为中心，画以 $2d_i$ 为边长的正方形，所有锚节点画出的正方形中重叠部分的质心就是未知节点的坐标。锚节点 $A(x_0,y_0)$ 的包围盒 4 个顶点的计算如式（2-11），其中 d_0 为未知节点 M 到锚节点 A 的测量距离。

$$\left[x_0-d_0,y_0-d_0\right]\times\left[x_0+d_0,y_0+d_0\right] \tag{2-11}$$

包围盒的交集通过式（2-12）计算。

$$\left[\max(x_i-d_i),\max(y_i-d_i)\right]\times\left[\min(x_i+d_i),\min(y_i+d_i)\right] \tag{2-12}$$

未知节点坐标为交集的质心。极小极大定位算法在不需要进行大量运算的情况下能得到较好的结果。当未知节点可利用的锚节点多于 3 个时，可将其转化为组分别计算并取平均值。针对极小极大定位算法对锚节点密度依赖过高的问题，有学者利用锚节点位置信息提出分步求精定位算法，该算法在只利用适量锚节点的情况下可达到较高的定位精度。

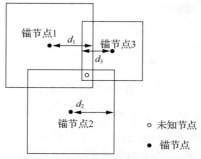

图 2-8　极小极大定位算法

2. 无须测距的算法

无须测距的算法与基于测距的算法的区别在于前者不直接对距离进行测量，而是使用网络的连通度来估计未知节点和锚节点的距离或坐标。由于算法的不确定性，无须测距的算法较多，下面介绍部分典型无须测距定位算法。

（1）质心法。质心法是一种单跳、低功耗的算法，它利用锚节点的连通性来确定坐标。未知节点的坐标通过计算无线电范围内所有节点的质心获得。设节点坐标分别为(x_i, y_i)，节点将自己定位在表现相近的节点的质心处。当未知节点接收到锚节点的位置信息后，用式（2-13）计算未知节点坐标。

$$(x, y) = \left(\frac{\sum x_i}{N}, \frac{\sum y_i}{N} \right) \tag{2-13}$$

该算法的优点在于算法不需要锚节点和未知节点间的协调，因此算法简单且容易实现。但是该算法假设节点均具有理想的球形无线信号传播模型，与实际情况差距较大。而且算法的准确度与锚节点的密度和分布有很大关系，密度越大、分布越均匀则定位准确度越高，因此需要锚节点的密度较高。同时，对于位于传感器场边缘的未知节点定位误差较大。

（2）APIT 算法。其基本思想是未知节点监听自己附近锚节点的信息，然后从中任选 3 个相邻锚节点，测试未知节点是否位于它们所组成的三角形中。假设集合中有 n 个节点，那么有 C_n^3 种不同的选取方法。使用不同锚节点组合重复测试，直到穷尽所有组合或达到所需定位精度。最后计算包括目标节点的所有三角形的交集质心，并将这一点作为目标节点位置。该算法需要较高的锚节点密度，其定位精度为 40%。

APIT 算法的理论基础是最佳三角形内点测试（Perfect Point-In-Triangulation Test，PIT）法。假如存在一个方向，沿着这个方向未知节点 M 会同时远离或接近三角形的 3 个端点 A、B、C，则 M 位于△ABC 外，否则 M 位于△ABC 内。为了在静态网络中执行 PIT，近似 PIT（Approximate PIT，APIT）应运而生。假设节点 M 的邻节点没有同时远离或靠近 3 个锚节点 A、B、C，那么 M 就在△ABC 内，否则 M 在△ABC 外。APIT 算法利用传感器网络较高的节点密度来模拟节点移动，利用无线信号的传播特性来判断是否远离或靠近锚节点。通常在给定的方向上，一个节点距离锚节点越远，接收信号强度越弱。根据这个原理可以通过信息交换来判断与某一锚节点的远近，以此来仿效 PIT 中的节点移动。APIT 定位原理如图 2-9 所示，在图 2-9（a）中，节点 M 通过与邻节点 1 交换信息，得知自身若运动至节点 1，将远离锚节点 B 和 C，但会接近锚节点 A。邻节点 2、3、4 的通信及判断过程与之类似，最终确定自身位于△ABC 中。在图 2-9（b）中，通过信息交换可知节点 M 将同时远离锚节点 D、E 和 F，故判断自身不在△DEF 中。

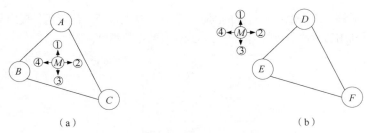

图 2-9　APIT 定位原理

（3）DV-Hop 定位算法。它是一种分布式定位算法，属于临时定位系统（Ad hoc Positioning System，APS）中的一种。在传感器节点通信中，其特点是节点有限，且每个节点只与邻节点交换信息。节点从网络中收集邻节点信息，计算非邻节点之间的最短路径。使用已知位置节点的坐标来估测跳跃距离，并使用最短路径的跳跃距离估计未知节点和锚节点间的距离。这种矢量定位算法符合传感器网络的特点，因此在很多传感器网络中被采用。

在无线传感器网络中常采用距离矢量定位方法，先计算出节点与锚节点间的最小跳数，再根据锚节点估算出平均每跳的距离，最后利用最小跳数乘以平均每跳距离得到目标节点与锚节点之间的估计距离。计算步骤主要分 3 个阶段：第一阶段，网络中的各个节点采用典型的距离矢量交换协议，使网络中所有节点获得距离锚节点的跳数；第二阶段，在获得其他锚节点位置和相隔跳数后计算网络平均每跳距离，然后将其作为一个校正值，广播至网络中的目标节点，根据其接收到的第一个校正值、对该校正值立刻转发而丢弃之后收到的校正值，以及第一阶段中得到的至各个锚节点的跳数来近似计算到各个参考节点的距离；第三阶段，当目标节点获得与 3 个或更多锚节点的距离后，利用三边测量法或其变换形式，以及利用卫星定位系统定位原理，将卫星定位系统中的坐标加时钟同步求解缩减到二维求解，估计出节点的二维坐标值，实现节点的二维定位。DV-Hop 定位算法仅适用于各向同性的密集网络，可在不需要测距单元各向同性的网络中广泛使用。因为它不需要先进行距离的测量，而是根据网络的连通度和距离使用信息交换技术转化为距离，测量方法较为简便，当锚节点密度为 10% 时，定位误差为 33%。

（4）DV-Distance 算法。与 DV-Hop 算法类似，其特点是在距离矢量报文交换阶段交换的不是节点间的跳数，而是采用 RSSI 或 TOA 等方法得到的估计距离之和。由于用节点间估计距离之和来代替两个节点间的直线距离有过估计的倾向，因此应该利用 DV-Hop 算法计算校正值的方法来得到直线距离与折线距离和的大致比例，除此之外 DV-Distance 算法的其他步骤与 DV-Hop 算法相同。

（5）无组织定位（Amorphous Positioning）算法。其使用离线的跳跃距离估测。同 DV-Hop 算法一样，其通过与邻节点的信息交换来提高定位的估测精度，需要预知网络连通度，当网络连通度为 15 时，定位精度为 20%。

（6）N-Hop 多点定位（Multilateration）算法。该算法使用卡尔曼滤波技术循环求解，可以避免感知层网络中多跳传输引起的误差积累，并提高精度，节点通信距离约为 15m。例如：当锚节点密度为 20%，测距误差为 1cm 时，定位误差为 3cm。

（7）自定位算法（Self-Positioning Algorithm，SPA）。一种针对没有基础设施的移动无线自组网的算法。该算法首先根据通信范围在各个节点建立局部坐标系，通过节点间的信息交换与协调，建立全局坐标系统，网络中的节点可以在由与它相隔 N 跳的节点建立的坐标系中计算自己的位置。实际具体流程如下：在网络中节点密度最大的地方选取一个参考点作为全局相对坐标系的原点，其余每个节点分别通过测距功能得到与邻节点之间的距离值；每个节点在邻节点中选取两个点 A、B，选取的前提是这两个点本身也是邻节点，并且这 3 个点不在同一条直线上。以直线 OA 为 x 轴，

以 B 点在 OA 上的投影 B_xB 为 y 轴正方向,建立局部相对坐标系。所有的局部坐标系建立完成后,相邻的坐标系通过坐标变换实现坐标统一,最终所有节点都变换成以选取的参考点为原点的坐标系来实现定位。由于每个节点都要参与多次的坐标变换,计算量和通信开销都非常大,SPA 最开始是针对无线自组网提出的,未考虑功耗问题。但是当用于无线传感器网络中时,这种算法的通信开销和节点数量呈指数提升,需要根据实际情况进行改进。

(8)聚类 SPA。聚类 SPA 是针对 SPA 通信开销过大的问题而提出的改进算法,首先通过运行随机的定时器选取网络中的主节点,主节点一跳范围内的其他节点成为它的从节点。每个主节点使用类似 SPA 中的方法建立局部相对坐标系,并计算得到其余从节点的局部坐标。之后,相邻的局部坐标系依据 ID 由大到小的原则进行坐标变换,最终以 ID 最小的主节点为原点建立相对坐标系,从而实现定位。由于算法以节点簇为单位进行坐标变换,计算量和通信开销相对 SPA 来说都得到大幅减小,基本上与节点个数呈线性关系。该算法由于存在簇之间的坐标变换,要求拓扑结构较规则、通信无障碍,故在地形复杂、节点之间通信容易产生冲突的情况下定位效果不是很好,节点覆盖率也比较低。

3. 基于移动锚节点的定位算法

利用移动锚节点定位可以避免网络中多跳和远距离传输产生的定位误差累积,并且可以减少锚节点的数量,进而降低网络的成本。如移动信标辅助定位(Mobile Beacon Assisted Localization,MBAL)方法,锚节点在移动过程中会随时更新自身的坐标,并广播位置信息。测量未知节点与移动节点处于不同位置时的距离,当得到 3 个或 3 个以上的位置信息时,就可以利用三边测量法确定未知节点的位置,进而将其升级为锚节点。此外,移动锚节点用于定位所有未知节点所移动的路径越长,则功耗越大。因此,对移动锚节点的活动路径进行合理规划可以减小功耗。

(1)三维定位算法

随着感知层网络对空间定位的需求不断提升,三维空间场景下的定位成为一个新的研究方向。

目前的三维定位算法包括基于划分空间为球壳并取球壳交集定位的思想,提出对传感器节点进行三维定位的非距离定位算法即球体中的近似点(Approximate Point In Sphere,APIS)算法。在此基础上,针对目前三维定位算法的不足提出基于球面坐标的动态定位机制。该机制将定位问题抽象为多元线性方程组求解问题,最终利用克莱姆法则解决多解、无解问题。

三维定位算法可扩展物联网的应用场景。目前,三维定位算法在许多方面还有待完善,如获取更准确的锚节点位置需要寻求更精确的广播周期和消息生存周期,缩减定位时间需要改进锚节点的选择和过滤机制,等等。

(2)智能定位算法

随着电子技术的发展和芯片计算能力的提高,物联网感知层节点本身的性能也有所提升,复杂算法也可以在节点中以相对较快的速度实现。因此,研究人员提出多种智能定位算法。

对于物联网感知层网络的户外三维定位,可将锚节点固定在直升机上,通过卫星定位系统实时感知自身位置,采用基于 RSSI 的测距方法,利用粒子滤波定位技术实现定位。该方法不需要任何关于未知节点的先验知识,非常适合应用于户外定位。

神经网络对于解决无线传感器网络的定位问题是一个切实可行的办法。将 3 种神经网络(即多层感知神经网络、径向基函数神经网络和递归神经网络)与卡尔曼滤波的两个变形进行比较,可以根据不同情况下的定位需求灵活选择定位方法。使用神经网络训练的模型可以提高定位精度,且不需要额外的硬件支持。神经网络训练每隔一段时间进行一次更新来最小化误差,并且通过增加网络节点密度来提高定位精度。

对于节点定位中的非视距问题，常规的办法是采用机器学习中的支持向量回归（Support Vector Regression，SVR）方法进行定位以降低误差，但其定位精度仍然在一定程度上受到非视距误差影响。为了减轻这种影响，研究人员提出基于直推式回归的定位算法，该算法利用某些点的坐标和 TOA 信息，并借用核函数直接推导出未知节点的位置，进一步提高定位精度。

（3）Map-growing 算法

Map-growing 算法是基于测距的算法，其基本思想是通过递归算法重复进行三边定位，实现节点坐标获取。首先在区域节点密度比较大的地方选取一个点 O 作为相对坐标系的坐标原点，在其邻节点里面选取 2 个点，选取原则是 3 点能构成一个内角都大于 30° 的良好三角形。以 OA 为 x 轴，通过三边定位确定点 B 坐标建立坐标系，点 B 坐标通过式（2-14）计算可得，其中 θ 为角度，d_{ij} 为二者之间距离。

$$\theta = \arccos \frac{d_{oa}^2 + d_{ob}^2 - d_{ab}^2}{2 d_{oa} d_{ob}}$$

$$\begin{cases} x_b = d_{ob} \cos \theta \\ y_b = d_{ob} \sin \theta \end{cases} \tag{2-14}$$

同时与 O、A、B 这 3 个点为邻节点的未知节点 C 首先通过三边定位法计算得到自身的相对坐标，计算完成后将自身的坐标广播。与点 B 不是邻节点的点 D 收到点 C 发来的坐标信息后，通过 O、A、C 这 3 个点实现定位并发布消息。重复运行此步，直到所有能计算得到坐标的未知节点都得到定位。

该算法实现简单，只需要先确定 3 个点来建立相对坐标系就可以实现区域大部分节点的定位。由于能不断升级新的未知节点到坐标定位中来，因此该算法对拓扑结构适应性很强、节点覆盖率高。Map-growing 算法是一种局部定位算法，对任意一个节点来说，只要有 3 个能确定坐标的邻节点，它自身的坐标就能确定，并不需要考虑整体布局，只要局部区域满足要求就能实现定位。它适合在节点密度大、地形相对复杂的区域使用，但是该算法使用本身经过计算得到的坐标点协助定位，会造成累积误差。一旦测距误差比较大时，距离 3 个选取的参考点较远的边缘区域节点计算得到的坐标误差就会很大。因此，该算法的准确度有待提高。

（4）LDP 算法

LDP 算法同样是一种基于三边定位法的相对定位算法，在网络中选取节点作为网关节点并建立节点簇，簇半径参数 K 和网关节点的数量依据节点连通度取值。节点经过测距获得与邻节点的距离值，大于一跳的节点记录每个网关节点的最小跳数估计距离。每个网关节点采取与 Map-growing 算法类似的方法建立相对坐标系，并通过三边定位的方式向外扩展，收到两个网关节点信息的未知节点，选取距离近的网关节点作为坐标原点。每个网关节点建立的坐标系需相互转换，以构成一个统一的全局坐标系。

该算法在递归调用三边定位的基础上加入分簇的思想，使得靠近边缘的节点不再由于远离坐标原点而增加误差。每个点都以距离自己比较近的网关节点建立坐标系，从而减少误差累积的影响，提高定位的准确度。但是不同网关节点之间要进行变换以统一坐标，增加了计算量和通信量，并且与 Map-growing 算法一样，其需要在节点密度较高的区域才能获得好的定位效果。

（5）GFF 算法

GFF（GPS Free Free）算法其实是一种 Range-free 算法，该算法和 DV-Hop 算法类似，通过两节点之间的最小跳数估算这两个节点的距离。首先在原点 P_1 发布一个包括坐标(0,0)和自身 ID 的包，其余节点相互转发消息，每次转发依次增加一个跳数。每个节点对同一个数据包都只接收最小跳数并转发，抛弃跳数大于节点记录跳数的包。当 P_2 接收到这个包时就以最小跳数 d 确定 x 轴。

同理，它再向 P_3 发送包含自身 ID 和坐标值 $(d,0)$ 的包，P_3 收到这两个包之后可根据三者之间的距离确定 y 轴正方向。其他的节点 n 也知道 P_1、P_2、P_3 这 3 点之间的距离和每个节点到这 3 个节点的跳数，通过三边定位，每个节点能计算得到以跳数表示的相对坐标。

当以跳数代替直线距离时，会产生一定的误差，跳数越多的节点，估算的距离值的误差就越大。该算法的优势在于无须节点有测距功能，硬件成本低，计算和通信量都较小。由于该算法始终只有 3 个节点作为锚节点，因此，在节点密度较小的区域会出现无法与锚节点通信的失效节点，定位准确度严重下降。所以，只有在节点密度高的区域中，此种算法才能有较高的定位准确度。

（6）MDS-MAP 算法

MDS（Multidimensional Scaling，多维定标分析）算法最早来源于心理测量学和精神物理学的数据分析技术。其指导思想是通过降维方法在低维空间中体现原来在高维空间中的某些特征，从而在低维条件下进行处理，快速得出所需要的目标值。对任意的两个节点之间的参数，若要它们在原来的高维空间中的距离与将维数约简后的低维（一维或是二维）空间中的距离相同，在低维空间可以重建两点在原来高维空间中的距离特征，体现高维空间的误差信息，这要非常仔细才能完成，否则将产生较大的误差。

MDS-MAP 算法将 MDS 方法运用到节点定位中，通过建立最短距离的相似矩阵来确定节点位置。算法主要分为以下 3 步。

① 从全局网络部署出发，计算所有节点间的最短路径，建立最短路径距离矩阵。如果节点具备测距功能，那么节点间距就是所测距离。如果不基于测距，只知道节点之间的连通度，就统一设节点之间的距离为 1，然后使用最短路径算法生成节点距离矩阵。

② 对距离矩阵直接使用 MDS 标准算法，将其中具有最大特征值的 2 个或是 3 个距离矩阵保留下来，建立二维或是三维的相对坐标系。

③ 在拥有足够的已知绝对信息的锚节点条件下，将建立的相对坐标系转换为绝对坐标系。

MDS-MAP 算法适用于节点密度较大的区域，能基本实现 100% 的节点定位。但是由于该算法涉及很多复杂的矩阵运算，当节点数目较多时，计算量大，节点耗能也比较大，而且该算法是集中式的，无法应用于节点需要分别计算坐标的区域。当节点连通度较小时，该算法测距误差急剧增大，定位覆盖率不高，需要对计算过程有所简化。

2.4.3　室外定位技术

目前应用于室外定位的技术主要有卫星定位和基站定位两种。

1. 卫星定位

卫星导航定位系统是以卫星通信为基础的无线电导航系统，可发送高精度、全天时、全天候的导航、定位和授时信息，并提供海、陆、空领域的军民用户共享的信息资源。

卫星定位通过接收卫星提供的经纬度坐标信号来进行定位。常用的卫星定位系统主要有美国的全球定位系统（Global Positioning System，GPS）、俄罗斯的全球导航卫星系统（Global Navigation Satellite System，GLONASS）、欧洲的伽利略（Galileo）系统、我国的北斗（BeiDou）卫星导航系统。GPS 是现阶段应用广泛、技术成熟的卫星定位技术，因此下文以 GPS 为例进行介绍。

GPS 由空间部分、地面控制部分、用户设备部分 3 部分组成。

① 空间部分由 24 颗工作卫星组成，它们均匀分布在 6 个轨道面上（每个轨道面 4 颗）。卫星的分布使得在全球任何地方、任何时间最少都可观测到 4 颗卫星，并能保持良好定位计算精度的几何图像。

② 地面控制部分承担着两项任务，一是控制卫星运行状态与轨道参数，二是保证星座上所有卫星的时间基准的一致性。地面控制部分主要由监测站、主控站、地面控制站构成，负责 GPS 卫

星阵的管理、控制。监测站都有精密的铯钟和能够连续测量到所有可见卫星的 GPS 接收机，能将取得的卫星观察数据（包括电离层和气象数据），经过初步处理后送到主控站。主控站从各监测站跟踪、收集数据，计算出卫星的轨道和时钟参数，然后将计算结果发送到地面控制站。地面控制站在每颗卫星运行至上空时，会把这些导航数据及主控站指令发送到卫星。

③ 用户设备部分为 GPS 接收机。为了准确地定位，GPS 接收机通过接收卫星发送的信号，从解调出的卫星轨道参数获取精确的时钟信息。通过判断卫星信号从发送到接收的传播时间来测算出观测点到卫星的距离，然后根据到不同卫星的距离来计算自己的位置。

GPS 就是通过 4 颗已知位置的卫星来确定 GPS 接收机的位置的。如图 2-10 所示和式（2-15），要达到这一目的，卫星的位置可以根据星载时钟所记录的时间在卫星星历中查出。而用户到卫星的距离则通过记录卫星信号传播到用户所经历的时间，再将其乘以光速得到（由于大气层电离层的干扰，这一距离并不是用户与卫星之间的真实距离，而是伪距）。GPS 的定时精度范围为 20～50ns，根据 GPS 接收机经纬度、海拔、速度的计算模型和算法，以及结合数字地图计算从给定的出发地到目的地的最佳路线的导航计算模型和算法，GPS 接收机可以实现定位、导航、测距和定时的功能。卫星定位虽然精度高、覆盖广，但其成本昂贵、功耗大，并不适合于所有用户。

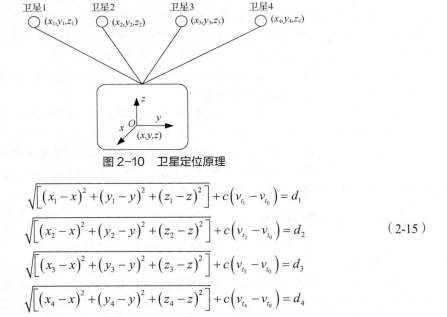

图 2-10　卫星定位原理

$$\sqrt{\left[\left(x_1-x\right)^2+\left(y_1-y\right)^2+\left(z_1-z\right)^2\right]}+c\left(v_{t_1}-v_{t_0}\right)=d_1$$
$$\sqrt{\left[\left(x_2-x\right)^2+\left(y_2-y\right)^2+\left(z_2-z\right)^2\right]}+c\left(v_{t_2}-v_{t_0}\right)=d_2$$
$$\sqrt{\left[\left(x_3-x\right)^2+\left(y_3-y\right)^2+\left(z_3-z\right)^2\right]}+c\left(v_{t_3}-v_{t_0}\right)=d_3 \qquad （2\text{-}15）$$
$$\sqrt{\left[\left(x_4-x\right)^2+\left(y_4-y\right)^2+\left(z_4-z\right)^2\right]}+c\left(v_{t_4}-v_{t_0}\right)=d_4$$

2. 基站定位

基站定位一般应用于手机用户，手机基站定位服务又叫作基于位置的服务（Location-Based Service，LBS）。它通过电信运营商的网络如全球移动通信系统（Global System for Mobile Communications，GSM）网，获取移动终端用户的位置信息。

基站定位原理如图 2-11 所示，距离基站越远，信号越差，根据手机收到的信号强度可以大致估计距离基站的远近。当手机同时搜索到至少 3 个基站的信号时（以现在的网络覆盖这是一件很轻松的事情），大致可以估计出手机距离基站的远近。基站在移动网络中是唯一确定的，其地理位置也是唯一的，也就可以得到 3 个基站（3 个点）与手机的距离。根据三点定位原理，只需要以基站为圆心、距离为半径多次画圆即可，这些圆的交点就是手机的位置。

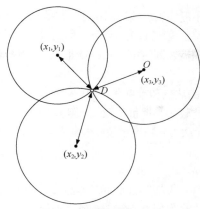

图 2-11　基站定位原理

　　由于基站定位时信号很容易受到干扰，因此先天就决定了基站定位的不准确性，其精度在 150m 左右，基本无法开车导航。定位条件是在有基站信号的位置，手机处于 SIM 卡注册状态，而且必须收到至少 3 个基站的信号。但是，基站定位的速度快，一旦有信号就可以定位。目前其主要用途是在没有 GPS 且没有 WiFi 的情况下快速了解大体位置。表 2-4 所示为 GPS 和 LBS 的比较。

表 2-4　GPS 和 LBS 的比较

比较项目	GPS	LBS
原理	卫星定位	基站定位
精度	精度高（5～10m）	精度较低（市区 20～200m，郊区 1000～2000m）
耗电量	很大，需要手机为 GPS 模块提供高压电源	基站采集数据即可，不消耗手机电量
优点	室外定位精度高，覆盖广	定位速度超快，不受天气、高楼、位置等因素的影响，功耗低
缺点	（1）天线必须在室外且能看到大面积天空，否则无法定位，受天气和位置的影响很大； （2）比较耗电； （3）成本较高	（1）定位条件是在有基站信号的位置，手机处于 SIM 卡注册状态，且必须收到至少 3 个基站的信号； （2）定位精度低

2.4.4　室内定位技术

1. WiFi 定位技术

　　目前，WiFi 是相对成熟且应用较多的定位技术。WiFi 定位技术一般采用"近邻法"进行判断，即最靠近哪个热点或基站，即认为处在什么位置，若附近有多个信源，则可以通过交叉定位（如三角定位）来提高定位精度。该技术具有便于扩展、可自动更新数据、成本低的优势，因此最先实现规模化。然而，WiFi 热点受周围环境的影响比较大，精度较低。为了更精确，有公司采用 WiFi 指纹采集方法，事先记录巨量的确定位置点的信号强度形成数据库，通过对比新加入设备的信号强度与数据库中的信号强度来确定位置。由于采集工作需要大量人员来进行，并且要定期进行维护，技术难以扩展，很少有公司能把国内这么多商场的指纹数据进行定期更新。WiFi 定位技术可以实现复杂的大范围定位，但精度只有 2m 左右，无法做到精准定位，因此，其适用于对人或者车的定位导航，可以用于医疗机构、主题公园、工厂、商场等各种需要定位导航的场合。

2. RFID 定位技术

　　RFID 定位的基本原理是，通过一组固定的阅读器读取目标标签的特征信息（如身份 ID、接收信号强度等）。同样可以采用近邻法、多边定位法、接收信号强度方法等确定标签所在位置。

RFID 定位技术作用距离短，一般最长为几十米，但它可以在几毫秒内得到厘米级定位精度的信息，且传输范围很广、成本较低，同时由于其具备非接触和非视距等优点，有望成为优选的室内定位技术。

目前，RFID 定位技术研究的热点和难点在于理论传播模型的建立、用户的安全隐私和国际标准化等。其优点是标识的体积比较小，造价比较低；缺点是作用距离近，不具有通信能力，而且不便于整合到其他系统之中，无法做到精准定位，布设读卡器和天线需要有大量的工程实践经验，难度大。

3. 红外定位技术

红外线是一种波长在微波和可见光波之间的电磁波。红外定位主要有两种具体实现方法。

一种是将定位对象附上一个会发射红外线的标签，通过室内安放的多个红外传感器测量信号源的距离或角度，从而计算出对象所在的位置。这种方法在空旷的室内容易达到较高精度，可实现对红外辐射源的被动定位，但红外线很容易被障碍物遮挡，传输距离也不长。因此，需要大量、密集部署传感器，造成较高的硬件和施工成本。此外红外线易受热源、灯光等干扰，造成定位精度和准确度下降。该方法目前主要用于军事上对飞行器、坦克、导弹等红外辐射源的被动定位，此外也用于室内自走机器人的位置定位。

另一种是红外织网，即通过多对发射器和接收器织成的红外线网覆盖待测空间，直接对运动目标进行定位。这种方法的优势在于不需要定位对象携带任何终端或标签，隐蔽性强，常用于安防领域。劣势在于要实现较高精度的定位需要部署大量红外接收器和发射器，成本非常高。因此，只有高等级的安防才会采用此方法。

4. 超声波定位技术

目前大多数超声波定位采用反射式测距法，系统由一个主测距器和若干个标签组成。主测距器可放置于移动机器人本体上，各个标签可放置于室内空间的固定位置。

定位过程：先由上位机发送同频率的信号给各个标签，标签接收到信号后又将其反射传输给主测距器，从而可以确定各个标签到主测距器的距离，并得到定位坐标。

目前，比较流行的基于超声波定位的技术有两种。一种为将超声波与射频技术结合进行定位的技术。由于射频信号传输速率接近光速，远高于射频速率，因此可以利用射频信号先激活标签，而后使其接收超声波信号，利用时间差的方法测距。这种技术成本低、功耗小、精度高。另一种为多超声波定位技术，该技术采用全局定位，可在移动机器人本体上的 4 个朝向安装 4 个超声波传感器，将待定位空间分区，由超声波传感器测距形成坐标，总体把握数据。这种技术抗干扰性强、精度高，而且可以解决机器人迷路问题。

超声波定位精度可达厘米级，精度比较高。其缺陷是超声波在传输过程中衰减明显，从而影响其定位有效范围。

5. 蓝牙定位技术

蓝牙定位基于 RSSI 定位原理。根据定位端的不同，蓝牙定位方式分为网络侧定位和终端侧定位。

网络侧定位系统由终端（手机等带低功耗蓝牙的终端）、蓝牙信标（beacon）节点、蓝牙网关、无线局域网及后端数据服务器构成。其具体定位过程如下。

① 首先在区域内铺设信标和蓝牙网关。

② 当终端进入信标信号覆盖范围，终端就能感应到信标的广播信号；然后测算出在某信标下的 RSSI 值，通过蓝牙网关和 WiFi 网络将其传送到后端数据服务器；最后通过服务器内置的定位

算法测算出终端的具体位置。

终端侧定位系统由终端设备，如嵌入软件开发工具包（Software Development Kit，SDK）的手机，以及信标组成。其具体定位原理如下。

① 在区域内铺设蓝牙信标。

② 信标不断地向周围广播信号和数据包。

③ 当终端设备进入信标信号覆盖的范围时，测出其在不同基站下的 RSSI 值，再通过手机内置的定位算法测算出具体位置。

终端侧定位一般用于室内定位导航、精准位置营销等用户终端，而网络侧定位主要用于人员跟踪定位、资产定位及客流分析等情境中。蓝牙定位的优势在于实现简单，定位精度与蓝牙信标的铺设密度和发射功率有密切关系；非常省电，可通过深度睡眠、免连接、协议简化等方式达到省电目的。

6．惯性导航定位技术

惯性导航定位是一种纯客户端的技术。其主要利用终端惯性传感器采集的运动数据，如加速度传感器、陀螺仪等测量得到的物体的速度、方向、加速度等信息，基于航位推测法，经过各种运算得到物体的位置信息。

随着行走时间增加，惯性导航定位产生的误差也在不断累积，需要外界更高精度的数据源对其进行校准。所以现在惯性导航一般和 WiFi 指纹结合在一起，每过一段时间就通过 WiFi 请求室内位置，以此来对惯性导航定位产生的误差进行修正。该技术目前的商用也比较成熟，在扫地机器人中得到广泛应用。

7．超宽带定位技术

超宽带（Ultra-WideBand，UWB）定位是近年来新兴的一项与传统通信技术有极大差异的无线通信技术。它不需要使用传统通信体制中的载波，而是通过发送和接收纳秒或微秒级以下的极窄脉冲来传输数据，从而具有 3.1GHz～10.6GHz 量级的带宽。目前，美国、日本、加拿大等国家都在研究这项技术，它在室内定位领域具有良好的前景。

超宽带定位技术利用事先布置好的已知位置的锚节点和桥节点，与新加入的盲节点进行通信，并利用三角定位或者"指纹"定位方式来确定位置。

超宽带定位是一种传输速率高、发射功率较低、穿透能力较强，并且基于极窄脉冲的无线技术。正是这些优点，使它在室内定位领域能得到较为精确的结果。超宽带定位技术可以应用于室内静止或者移动物体，以及人的定位跟踪与导航，例如战场士兵的位置发现、机器人运动跟踪等。而且超宽带定位技术能提供十分精确的定位精度，根据不同公司使用的技术手段或算法不同，定位精度可保持在 0.1～0.5m。

8．可见光定位技术

与射频无线通信方式相比，可见光通信（Visible Light Communication，VLC）作为一种新兴的无线通信方式，在电磁辐射、使用环境和安全性等方面有明显的优势。一方面，采用卫星定位信号进行室内定位时，穿透建筑物墙壁后的射频信号非常弱，导致定位误差过大。另一方面，采用 RFID、红外线、超声波、无线局域网（Wireless Local Area Network，WLAN）等技术手段定位时，需要搭建复杂的定位设施环境，不仅成本高，定位精度和安全性也得不到有效保障。

发光二极管（Light Emitting Diode，LED）的发明为照明技术领域带来了新的革命。LED 几乎综合了各种传统光源的优势，具有使用电压低、功率低、寿命长、易于小型化等优点。同时，白光 LED 具有高速调制及响应时间短等特性，从而使得 LED 的应用从照明领域扩展到通信领域，能够同时实现照明和通信双重功能。基于这些原因，利用可见光实现室内定位被认为是有效的方法。可见光定位技术可以与现有的无线定位技术呈现相互弥补、相互配合和良性竞争的关系，而不是完全取代无线定位技术，未来发展趋势或许是两种技术联合应用。

可见光通过对每个 LED 进行编码，将 ID 调制在 LED 上，LED 会不断发射自己的 ID，用户可通过利用手机的前置摄像头来识别这些编码。利用所获取的识别信息可以在地图数据库中确定对应的位置信息来完成定位。

根据灯光到达的角度进一步细化定位的结果，可以做到厘米级定位精度。由于不需要额外部署基础设施，终端数量的扩大对性能没有任何的影响，因此可以达到非常高的精度。

目前，可见光定位技术有很多商场已经在部署。用户下载应用后，到达商场里的某一个货架，通过检测货架周围的灯光即可知晓具体位置，商家能通过这样的方法向消费者推送商品的折扣等信息。

9. 地磁定位技术

地球可视为一个磁偶极，其中一极位于地理北极附近，另一极位于地理南极附近。地磁场包括基本磁场和变化磁场两个部分。基本磁场是地磁场的主要部分，起源于地球内部，比较稳定，属于静磁场部分；变化磁场包括地磁场的各种短期变化，主要起源于地球内部，相对比较微弱。

现代建筑的钢筋混凝土结构会在局部范围内对地磁产生扰乱，指南针也可能因此受到影响。从原则上说，非均匀的磁场环境会因其路径不同而产生不同的磁场观测结果。而这种定位技术正是利用地磁在室内的这种变化进行室内导航，并且导航精度范围为 0.1～2m。

不过使用这种技术进行导航的过程还是稍显麻烦，需要先将室内楼层平面图上传到地图云中。然后使用其移动客户端实地记录目标地点不同方位的地磁场，记录的地磁数据会被客户端上传至云端。这样其他人才能利用已记录过的地磁场进行精确室内导航。

百度地图应用中使用地磁定位技术，将该技术与 WiFi 热点地图、惯性导航技术联合使用。在商业应用宣传中，其精度可以达到米级定位标准，但磁信号容易受环境中不断变化的电、磁信号源干扰，定位结果不稳定，精度会受影响。

10. 视觉定位技术

视觉定位技术可以分为两类，一类是通过移动的传感器（如摄像头）采集图像确定该传感器位置的技术，另一类是固定位置的传感器确定图像中待测目标位置的技术。根据参考点选择不同又可以分为参考三维建筑模型和图像、参考预部署目标、参考投影目标、参考其他传感器和无参考的定位技术。

参考三维建筑模型和图像的定位技术分别对已有建筑结构数据库和预先标定的图像进行比对。而为了提高稳健性，参考预部署目标的定位技术使用布置好的特定图像标志（如二维码）作为参考点。参考投影目标的定位技术则在参考预部署目标的基础上在室内环境投影参考点。参考其他传感器的定位技术可以融合其他传感器数据，以提高精度、稳健性或扩大覆盖范围。

11. 融合定位技术

融合定位指融合多种定位技术、多传感器的信息进行综合定位，以达到优势互补，提高定位精度、稳健性，降低定位成本的目的。定位技术的选择主要视场景需求而定。如浙江大学郭伟龙实现的地磁与惯性导航结合的室内定位系统，平稳步行时 90% 的定位误差小于 4.5m；上海交通大学钱久超将惯性导航定位与地图结合实现手机端的室内定位，正常持握手机姿态下 95% 的误差为 0.8m；同时也有很多研究将 WiFi 与惯性导航结合取得了较好的效果。针对行人复杂的运动行为，有学者提出运动识别辅助的行人定位方法，提高了室内定位的稳健性。

12. 协同定位技术

协同定位指在一个定位场景中存在已知节点和未知节点，已知节点之间可以进行信息交互，也可以相互进行测距、测向或邻近探测，并且可以利用过去时刻的定位信息，实现对未知节点当前时刻的定位。协同定位的具体方式可根据具体定位技术进行调整，目标在于通过节点之间的协同合作提升单个节点及整个系统的定位性能。协同定位技术在多机器人定位、无线网络定位、水下自主航行器及卫星定位等研究中正受到越来越多的关注。如意大利都灵理工大学采用协同定位技术对卫星定位终端辅助捕获的研究，并比较了几种常见的定位算法的性能。

13．群智感知定位技术

群智感知将普通用户的移动设备作为基本感知单元，通过网络通信形成群智感知网络，从而实现感知任务分发与感知数据收集，完成大规模、复杂的社会感知任务。在计算机科学领域，与群智感知相关的概念有群体计算（Crowd Computing）、社群感知（Social Sensing）、众包（Crowdsourcing）等。在室内定位领域，群智感知技术也得到广泛的研究，并应用于室内定位。清华大学的吴陈沭利用移动群智感知机制，提出无人工现场勘测的无线信号指纹地图构建技术。上海交通大学的张敏将用户的运动信息与无线信号结合，通过无线虚拟地标和 GraphSLAM 图优化方法，利用群智感知建立无线定位指纹库。上海交通大学的高文政同样基于群智感知，提出指纹信号的衰减生命周期描述方法，实现对无线定位网络指纹库的自适应更新。

14．极点定位技术

极点定位系统通过仪器测量到达角度或者到达时间来进行定位，仪器通常有激光跟踪仪、全站仪和经纬仪。全站仪的可覆盖范围通常为 2～10km，但其设备高成本、大体积以及对可视距的要求使其难以在室内定位中推广。尼康公司发布的室内 GPS（indoor Global Positioning System，iGPS）实现基于激光的室内工业级高精度三维定位。其原理与 GPS 不同，包括不少于两个固定位置的发射器用于发射扇形激光束和参考红外脉冲，基于 TDOA 原理实现对接收器的定位。尼康公司宣称该系统可实现在布设 4～8 个发射器的 1200m^2 典型测试环境中实现 0.2mm 的三维定位精度。但其造价高，可用于实现工业级定位，不适合用于大众市场研究和推广。

15．辅助全球定位技术

辅助全球定位技术（Assistant-GPS，A-GPS）由高通公司提出，利用手机基站信号，辅以连接远程服务器，配合接收器实现快速定位，广泛应用于具有 GPS 功能的手机上。A-GPS 的速度快、精度较高，但是要与服务器进行多次网络通信，会占用大量的通信资源。在使用手机密集的区域，会受到网络堵塞的影响，因此没有得到广泛推广与应用。

定位技术多种多样，部分定位技术的比较如表 2-5 所示。

表2-5　部分定位技术的比较

定位技术	通用定位方法	定位精度	覆盖范围	优点	缺点
视觉	图像处理、场景分析	mm～dm	1～10m	环境依赖性低	成本较高、稳定性较低
红外线	图像处理、邻近探测	cm～m	1～5m	定位精度较高	可视距传播、传输距离短、成本高、受光线干扰
Polar Systems	直接测量	μm～mm	2～10km	定位精度极高	造价高
超声波	多边定位	cm	2～10m	精度高、结构简单	多径效应、受环境温度影响、信号衰减明显
WLAN	指纹定位	m	20～50m	成本低、精度较高	受环境干扰、指纹采集工作量大
RFID	邻近探测、指纹定位	dm～m	1～50m	成本低、精度高、体积小	距离短、无源标签、无通信能力
超宽带	多边定位	cm～m	1～50m	穿透力强、精度高	成本高

定位技术	通用定位方法	定位精度	覆盖范围	优点	缺点
惯性导航	航位推算	m	10~100m	不依赖外部环境	存在累积误差
地磁	指纹定位	m	1~30m	不依赖额外设备、成本低	需要前期采集、稳定性差
ZigBee	邻近探测、多边定位	dm~m	1~50m	成本低、功耗低	稳定性差、受环境干扰
蓝牙	邻近探测、质心法、多边定位	m	1~20m	功耗低、设备体积小、易部署	传输距离短、信号稳定性差
蜂窝数据	邻近探测、到达时间差定位法	m	1~10km	覆盖范围广、无须额外设备	定位效果依赖基站密度
伪卫星	载波相位测距	cm	10m~1km	精度高、覆盖范围广	成本高

2.4.5　定位技术应用

1. 智能交通

在智能交通方面，很多服务都依赖于对车辆实时位置信息的采集。目前主要采用卫星导航系统进行车辆的实时定位、跟踪，从而为用户提供出行路线的规划、导航及行车安全管理等。车载导航系统走过了第一代自助式导航系统和第二代多媒体导航系统，已经步入以无线通信和互联网技术为特征的第三代导航系统。第三代导航系统可以利用实时路况信息，为用户提供出行规划，实现"疏堵式"导航，避开拥堵路段，同时实现远程防盗、故障诊断、求助救援等功能。

目前，国内外的交通信息频道（Traffic Message Channel，TMC）实时路况导航系统已经广泛普及。其能够根据道路实况规划最优行车路线，显著改善交通拥堵情况、保障交通安全。

2. 智能物流

智能物流就是将物联网技术应用于传统物流业，通过各种传感技术获取货物存储、运输环节的各种属性信息，再通过通信手段将数据传递到数据处理中心，对数据进行集中统计、分析和处理，为物流的管理和经营提供决策支持，提高物流效率，压缩物流成本，实现物流的自动化、信息化、网络化。在智能物流整个过程采集的数据中，都包含货物的位置信息，定位技术在智能物流的各项应用中都有着至关重要的作用。现阶段，定位技术主要用于货物的仓储管理、物流车辆监管以及配送过程的货物跟踪等。物流公司在货物的包装或者集装箱上安装传感装置以存储货物信息，货物每一次出入仓装卸，或者货物经过运输线检查点时都会对货物进行信息采集，以便实时监控货物的位置，避免物品遗失、误送等情况的出现。整个过程不只物流公司，相关客户也可以通过网络随时了解货物所处的位置。货物配送过程中采用定位技术追踪货物状态，能够有效缩短作业时间，提高运营效率，最终降低物流成本。目前，在物流过程中，货物定位的信息载体主要有标签和条形码两种形式。标签成本较高，导致其市场占有率还比较低；条形码识读成功率低、识读距离较近，并且必须逐一扫描，在某种程度上会影响物流速度。相信随着技术的成熟和制作工艺的发展，标签的技术优势会在推动物流向更智能的方向发展中得到充分体现。

3. 智能医疗

智能医疗就是通过传感器等信息识别技术获取患者位置信息、患者体征信息等，通过无线网络的传输，实现患者与医护人员、医疗机构、医疗设备之间的互动，提高医疗机构的信息化程度，使有限的医疗资源能够为更多的人所共享。

紧急医疗救援是移动定位技术最早衍生出的应用服务。随着技术的发展，目前在智能医疗方面，定位技术主要用于救护车的定位跟踪调度，以及医院内人员和器械的定位等。在医院内部署基于短距离无线定位技术的室内实时定位系统（Real Time Location System，RTLS），对医护人员、医疗设备实时进行定位，实现在使用的时候能够对其迅速定位和调用，提高工作效率。同时，对患者进行跟踪看护并提供紧急呼救定位，以便在医院内部实现迅速定位，防止传染病扩散和意外事故的发生。目前，美国 Ekahau 公司基于 WiFi 的 RTLS 已经应用于包括北京地坛医院在内的全球 150 多家医院。

本章小结

本章主要介绍了物联网感知技术基本概念、RFID 技术、传感器网络技术及定位技术。在定位技术中，无论是传统的 GPS 还是借助无线网络的定位技术，或者是短距离无线定位技术；都有其技术优势，但也都具有一定的局限性。特别是针对物联网异构的网络和复杂的环境，未来定位技术的发展趋势必然是将多种定位技术有机结合，发挥各自的优点，不断提高定位精度和响应速度，同时扩大覆盖范围，最终实现无缝、精准、迅速、安全的定位。

习题

1. 常见自动识别技术有哪些？它们的优势、劣势分别是什么？
2. RFID 技术的工作原理是什么？
3. 传感器由哪些部分组成？它们的作用是什么？
4. 传感器网络的特点是什么？
5. 典型定位算法有哪些？
6. 常见的室内外定位技术有哪些？它们的优缺点是什么？

第 3 章
物联网拓扑结构

　　物联网是人类社会螺旋式发展的再次回归，将对人类社会产生重大的影响。目前，物联网的建设尚处于发展阶段，涉及不同领域、不同行业、不同应用，因此，需要建立起全面、灵活、准确、满足不同需要的拓扑结构。作为信息产业发展第三次浪潮的热点，为应对各种应用需求的不断发展，各种新技术将逐渐被纳入物联网的拓扑结构中。拓扑结构的设计也将进一步决定物联网的技术细节、应用模式和发展趋势。本章将从不同角度讲解物联网拓扑结构，帮助读者更好地了解、学习物联网。

3.1　物联网拓扑结构概述

网络拓扑是计算机、打印机和其他设备的连接方式，它描述了网络上导线、设备和路由路径的布局。当提及"物联网"拓扑结构时，它可以描述传感器、执行器和网关是如何相互通信的。

按照物联网所涉及的相关组成部分，物联网拓扑结构可以包含传感器拓扑结构、云计算拓扑结构、边缘计算拓扑结构等。

网络拓扑结构严重制约无线网络通信协议（如介质访问控制协议和路由协议）设计的复杂度和性能的发挥，因此有效、实用的无线网络拓扑结构对构建高性能的无线网络来讲是十分重要的。

3.1.1　传感器拓扑结构

物联网属于一种传感器网络加上互联网的网络结构。传感器网络作为末端的信息拾取或者信息馈送网络，是一种可以快速建立、不需要预先存在固定网络底层构造的网络体系结构。物联网特别是传感器网络中的节点可以动态、频繁地加入或者离开网络，不需要事先通知，也不会中断其他节点间的通信。网络中的节点可以高速移动，从而使节点群快速变化、节点间的链路通断频繁变化等。

在传感器网络中，大量传感器节点随机部署在检测区域。传感器节点以自组织方式构成网络，其组网技术即传感器网络的网络拓扑结构。传感器节点感知和采集目标环境的相关数据，并通过无线信号将数据传输给相邻的节点，通过多跳转发，数据最终到达目标节点。节点可以对采集到的数据进行处理，并通过能源管理延长节点寿命。

按照传感器网络的组网形态和组网方式，物联网–传感器网络的拓扑结构有集中式、分布式、混合式、网状式等。集中式结构类似移动通信的蜂窝结构，可将节点集中管理；分布式结构类似 Ad Hoc（多跳的、无中心的、自组织的点对点网络）网络结构，可自组织网络接入连接、分布管理；混合式结构是集中式和分布式结构的组合；网状式结构类似网状（Mesh）网络结构，可实现网状分布连接和管理。

按照节点功能及结构层次，物联网–传感器网络的拓扑结构通常分为平面网络拓扑结构、分级网络拓扑结构、混合网络拓扑结构、Mesh 网络拓扑结构、点对点网络拓扑结构、星形网络拓扑结构及树形网络拓扑结构等。节点经多跳转发，通过基站、汇聚节点或网关接入主干网络，在网络的任务管理节点对感应信息进行管理、分类和处理，再把感应信息发送给用户使用。这类节点是典型的传感器节点，不关注具体应用。

1. 平面网络拓扑结构

平面网络拓扑结构是十分简单的一种拓扑结构，所有节点为对等结构，具有完全一致的功能特性，也就是说每个节点包含相同的介质访问控制（Medium Access Control，MAC）、路由、管理和安全等功能。这种网络拓扑结构简单、易维护、具有较好的稳健性，其本质是一种 Ad Hoc 网络结构形式。由于没有中心管理节点，故采用自组织协同算法形成网络，其组网算法比较复杂。平面网络拓扑结构如图 3-1 所示。

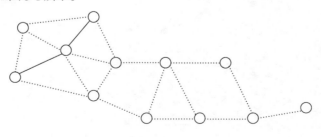

○　传感器节点

图 3-1　平面网络拓扑结构

2. 分级网络拓扑结构

分级网络拓扑结构（也叫层次网络拓扑结构）是无线传感器网络中平面网络拓扑结构的一种扩展，如图 3-2 所示，网络分为上层和下层两个部分：上层为骨干节点；下层为一般传感器节点。通常网络中可能存在一个或多个骨干节点，骨干节点之间或一般传感器节点之间采用的是平面网络拓扑结构。具有汇聚功能的骨干节点和一般传感器节点之间采用的是分级网络拓扑结构。所有骨干节点为对等结构，骨干节点和一般传感器节点有不同的功能特性，也就是说每个骨干节点包含相同的 MAC、路由、管理和安全等功能，而一般传感器节点可能没有路由、管理及汇聚处理等功能。这种分级网络通常以"簇"的形式存在，按功能分为簇首节点（具有汇聚功能的骨干节点）和成员节点（一般传感器节点）。这种网络拓扑结构可扩展性好，便于集中管理，可以降低系统建设成本，提高网络覆盖率和可靠性，但是集中管理开销大，硬件成本高，一般传感器节点之间可能无法直接通信。

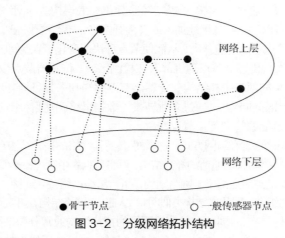

图 3-2　分级网络拓扑结构

3. 混合网络拓扑结构

混合网络拓扑结构是无线传感器网络中平面网络拓扑结构和分级网络拓扑结构的一种混合拓扑结构，如图 3-3 所示。网络骨干节点之间及一般传感器节点之间都采用平面网络拓扑结构，而网络骨干节点和一般传感器节点之间采用分级网络拓扑结构。这种网络拓扑结构和分级网络拓扑结构不同的是一般传感器节点之间可以直接通信，可不需要通过骨干节点来转发数据。同分级网络拓扑结构相比较，这种拓扑结构支持的功能更加强大，但所需硬件成本更高。

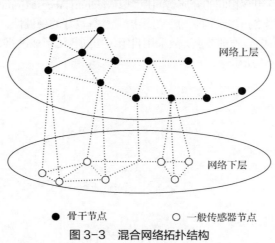

图 3-3　混合网络拓扑结构

4. Mesh 网络拓扑结构

Mesh 网络拓扑结构是一种新型的无线传感器网络拓扑结构，与传统无线网络拓扑结构具有一些结构和技术上的不同。从结构上看，Mesh 网络是一种规则分布的网络，其拓扑结构不同于图 3-4 所示的全连通网络结构。通常，Mesh 网络只允许节点与节点的最近邻居通信，如图 3-5 所示。Mesh 网络中的节点一般是相同的，因此 Mesh 网络又称为对等网络。

○传感器节点
图 3-4　全连通网络结构

○传感器节点
图 3-5　Mesh 网络拓扑结构

Mesh 网络是构建大规模无线传感器网络的一个很好的结构模型，特别是那些分布在一个地理区域的传感器网络，如人员或车辆安全监控系统。虽然规则结构反映了通信拓扑结构，但节点的实际地理分布并不一定是规则的网状结构。

由于 Mesh 网络中节点间存在多条路由路径，该网络对单点或单链路故障具有很强的容错性和稳健性。Mesh 网络拓扑结构的最大优点是，尽管所有节点都是对等的，并且具有相同的计算和通信传输功能，但是节点可以被指定为簇首节点，并且可以执行额外的功能。一旦簇首节点发生故障，另一个节点可以立即补充和接管原有簇首节点的附加功能。

不同的网络拓扑结构对路由和 MAC 的性能影响较大，例如，一个具有 $n×m$ 的二维 Mesh 网络拓扑结构的无线传感器网络拥有 $n×m$ 条连接链路，每个源节点到目的节点都有多条连接路径。对于完全连通的分布式网络，路由表随节点数呈指数增长，路由设计的复杂性是一个 NP-困难（NP-hard）问题。通过限制相邻节点数和通信路径数，可以得到多项式复杂度的拓扑结构。基于这种结构的简化协议本质上是一种分级网络拓扑结构。如图 3-6 所示，分级分簇网络是一种分层拓扑结构，将所有节点按照功能、能力和能源消耗等因素进行分级和分类，将节点分为若干个不同的层级和簇，分级网络拓扑结构技术可以简化 Mesh 网络的路由设计，能够充分利用每个节点的能源，延长网络寿命，提高网络效率。由于某些数据处理可以在各个层次上完成，因此 Mesh 网络拓扑结构更适用于无线传感器网络的分布式信号处理和决策。

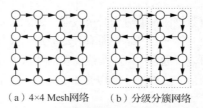
（a）4×4 Mesh网络　　（b）分级分簇网络
图 3-6　采用分级网络拓扑结构技术的 Mesh 网络

从技术上来看，基于 Mesh 网络拓扑结构的无线传感器网络具有以下特点。

① 由无线节点构成网络：这种类型的网络节点由传感器或执行器组成，并连接到双向无线收发器。数据和控制信号通过无线通信在网络上传输，节点可以很容易地由电池供电。节点按照 Mesh 网络拓扑结构部署。

② 一种典型的无线 Mesh 网络拓扑结构，网络中每个节点至少可以和一个其他节点通信，这种方式可以实现比传统的集线式或星形拓扑更好的网络连接性。除此之外，Mesh 网络拓扑结构特

征还有：自我形成，即当节点打开电源时，可以自动加入网络；自愈功能，当节点离开网络时，其余节点可以自动重新路由它们的消息或信号到网络外部的节点，以确保存在一条更加可靠的通信路径。

③ 支持多跳路由：来自一个节点的数据在其到达一个主机网关或控制器之前，可以通过多个其余节点转发。在不牺牲当前信道容量的情况下，扩展无线传感器网络的覆盖范围是无线传感器网络设计和部署的重要目标之一。通过 Mesh 方式的网络连接，只需短距离的通信链路，经受较少的干扰，就可以为网络提供较高的吞吐速率及较高的频谱复用效率。

④ 功耗限制和移动性取决于节点类型及应用的特点：通常基站或汇聚节点的移动性较低，感应节点可能移动性较高。基站通常不受电源限制，而感应节点通常由电池供电。

⑤ 存在多种网络接入方式：可以通过星形、Mesh 等节点方式和其他网络集成。

5. 点对点网络拓扑结构

点对点网络拓扑结构可在两个传感器节点之间建立直接连接，如图 3-7 所示。通信只能在这两个节点或设备之间进行，这种拓扑可以是永久的，也可以是交换的。永久点对点拓扑是两点之间的硬连线连接，交换点对点拓扑是一种可以在不同的终端节点之间移动

○● 传感器节点

图 3-7　点对点网络拓扑结构

的点对点连接。移动电话和耳机之间的蓝牙连接就是一种点对点网络拓扑结构。点对点网络的优点是简单和低成本，主要限制源于两个设备之间存在的一对一关系：网络不能扩展到这两个节点之外。因此，网络的范围被限制为一跳，并且由单个设备的传输范围来定义，因而在工业物联网中点对点网络拓扑结构并不是一种广泛应用的拓扑结构。一方通常是互联网或其他传统网络的网关，允许用户使用该设备。

点对点网络拓扑结构的优点是它比 Mesh 网络拓扑或星形网络拓扑结构简单得多，这是因为这种拓扑结构只在两点之间单向或双向传输数据流；其缺点是点对点网络拓扑结构对物联网的用处不大。它被用于一些监控和数据采集系统（Supervisory Control and Data Aquisition system，SCADA）、交通数据系统或点对点广播系统（如警察或消防电台），但在物联网中，接收器与单个节点通信几乎毫无意义。

6. 星形网络拓扑结构

星形网络拓扑结构是最常见的传感器网络拓扑结构之一。星形网络由一个中心集线器（又称网关节点）组成，网络中的所有其他节点（如传感器节点）都连接到中心集线器，如图 3-8 所示。这种拓扑结构易于设计、实现和扩展。所有数据流都通过中心集线器，因此需要一个智能中心节点。这个中心集线器充当网络中所有其他节点的公共连接点，因此，所有外围节点可以仅通过向中心集线器发射和从中心集线器接收来与所有其他节点通信。这种拓扑结构的一个应用实例是家里的 WiFi 网络集线器。

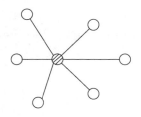

○ 传感器节点

图 3-8　星形网络拓扑结构

星形网络拓扑结构有几个重要的优点。第一，网络的性能是一致的、可预测的和快速的（低时延和高吞吐速率）。与前文描述的 Mesh 网络不同，在星形网络中数据包通常仅移动一跳（在中心集线器和传感器节点之间移动）或最多两跳（在两个传感器节点之间移动）到达目的地，产生的网络时延非常低且可预测。第二，由于易于隔离故障和设备，因此总体网络可靠性较高。每个设备都利用自己的单个传感器节点连接中心集线器。这使单个设备的隔离变得简单，并且使检测故障和移除故障网络组件变得容易。

这种网络的缺点类似于点对点网络，范围仅限于单个设备的传输范围。此外，如果存在网络

干扰或中断，则无法绕过射频障碍物。在星形网络中有单一的故障点，即网关。在 Mesh 网络中，如果网关失去连接，网络将与外界断开，但它仍然可以在内部交换和存储数据。这对于某些应用非常重要，例如抄表或冷链管理。

7. 树形网络拓扑结构

树形网络拓扑是一种节点层次结构，其中层次结构的最高层次是一个"根节点"，它连接较低层次的一个或多个传感器节点，如图 3-9 所示。树形网络拓扑结构可以包含许多级别的节点。当数据从"树"的分支移动到根节点时，节点中的处理能力和能量将增加，因此可以在其生成位置附近对数据进行处理。这种拓扑结构具有可扩展性、简单性，易于识别和隔离故障。

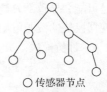

○ 传感器节点

图 3-9　树形网络拓扑结构

3.1.2　云计算拓扑结构

云计算是在 2006 年被正式提出的一个概念，维基百科对云计算的定义是：一种基于互联网的计算新方式，通过互联网上的异构、自治服务为个人和企业用户提供按需即取的计算。分析这一定义我们可以了解到，在"互联网时代"，它是一个革命性举措，这意味着计算能力也可以作为一种商品进行流通，就像天然气、水、电一样，取用方便，按需付费，不同之处只在于它是通过互联网进行传输的。谷歌、微软、IBM、亚马逊等"IT巨头"都推出了自己的云计算平台，并把云计算作为未来发展的重点之一。

云计算拓扑结构的特点包括：设备众多，规模较大，利用虚拟机技术，提供任意地点各种设备的接入，并可以定制服务质量，等等。

（1）图 3-10 所示为面向市场应用的云计算拓扑结构。

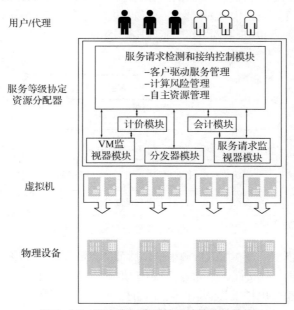

图 3-10　面向市场应用的云计算拓扑结构

① 用户/代理。

用户/代理负责在任意地点提交服务请求。

② 服务等级协定资源分配器。

服务等级协定（Service Level Agreement，SLA）资源分配器充当云后端和用户之间的接口，包括以下几个子模块。

- 服务请求检测和接纳控制模块：该模块主要包含客户驱动服务管理、计算风险管理和自主资源管理等功能，当服务请求首次提交时，服务请求检测和接纳控制模块检测该请求的服务质量（Quality of Service，QoS）需求，决定是否接纳该请求。该机制可以确保不会出现资源过载问题，但是可能会导致部分请求因为资源问题被拒绝。该模块需要协同虚拟机（Virtual Machine，VM）监视器模块的资源可用信息和服务请求监视器模块的负载处理信息。

- 计价模块：负责服务请求的计价方式选择。

- 会计模块：负责根据计价方式和实际用量计算用户应付的费用，同时保存用户的资源请求信息。

- VM 监视器模块：负责监测虚拟机的可用情况和资源信息。

- 分发器模块：负责接纳服务请求并将其分配到虚拟机中。

- 服务请求监视器模块：负责监视、跟踪已接纳服务的执行情况。

③ 虚拟机。

在一台单独的物理机上可以动态地建立或删除多个虚拟机来满足服务请求，从而为实现在一台物理机上的多个服务提供具有最大弹性的资源分配。此外，由于虚拟机彼此独立，在一台物理机上可以通过虚拟机实现多个操作系统环境。

④ 物理设备。

物理设备由大量服务器和存储设备以及连接它们的路由交换设备组成。

（2）图 3-11 所示为面向系统的云计算拓扑结构，主要从云计算拓扑结构的功能模块来划分。其中最下面两层属于硬件管理部分，主要是设备提供商和数据中心管理负责的内容；中间三层属于系统管理部分，主要是服务提供商负责的内容，它将面向用户的服务和面向资源的需求联系起来并妥善管理；最上面一层是用户服务部分，而最右边的测试、监控模块则贯穿整个系统，需要设备提供商、服务提供商和用户共同协作来实现其整个功能。

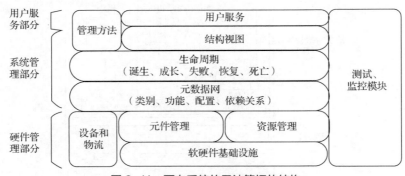

图 3-11　面向系统的云计算拓扑结构

较完善的云计算模型应该在所有资源虚拟化后都会与资源调度程序在逻辑上融合，此时就需要考虑资源耗费、网络连接性、性能需求和用户地理学等各方面问题。IBM 和谷歌云计算模型满足这样的要求：整合思科或其他虚拟化商家的工具，就可以构建出一个类似框架。对云终端用户来讲，图 3-11 所示的体系结构与其他体系结构的不同之处在于更少的花费、更好的性能。当然这些都需要有更优秀的资源调度程序，而且一般需要云计算架构和服务都构建在 Web 服务或者面向服务的体系结构（Service-Oriented Architecture，SOA）框架之上，但是与两者的连接都不是必需的。实际上，云资源可以看作客户-服务器结构中的服务器。因为许多公司把云计算作为一种支持特定应用程序集的方式，所以这个应用相对比较少。如果要所有应用程序都像 Web

服务那样展现它们灵活的能力，那么整合特定的应用程序和内部应用程序就需要性能好、灵活性强的虚拟工具。

（3）一般来说，目前云计算架构可以按照技术特点和服务方式划分为：设施层，基础设施即服务（Infrastructure as a Service，IaaS）；平台层，平台即服务（Platform as a Service，PaaS）；应用层，软件即服务（Software as a Service，SaaS）3 个层次。云计算架构如图 3-12 所示。

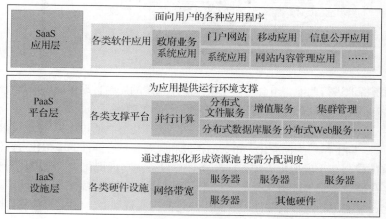

图 3-12　云计算架构

① IaaS。

IaaS 提供所需的基础设施服务。它主要包括计算机服务器、通信设备和存储设备等，能够按需向用户提供计算能力、存储能力和网络能力等，也就是能在 IT 基础设施层面提供服务。用户不需要购买所需的服务器、数据中心或网络资源。此外，其关键优势是，用户只需要为他们使用服务的持续时间付费。因此，用户能以更低的成本实现更快的服务交付。IaaS 的典型应用例子有腾讯云的云服务器、IBM Cloud 的虚拟服务器等。

IaaS 经历了从传统基础架构到云基础架构的变迁。传统基础架构需要分析系统的资源需求，即需要确定传统基础架构所需的计算、存储、网络等设备的规格和数量，如图 3-13 所示。这种部署模式的资源利用率不高，可扩展性、可管理性都面临很大的挑战。

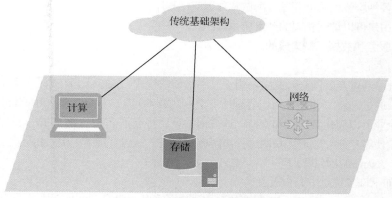

图 3-13　传统基础架构部署模式

云基础架构在传统基础架构的基础上，增加了云层和虚拟化层，如图 3-14 所示。云基础架构通过虚拟化整合，应用系统共享云基础架构资源池，帮助用户构建 IaaS 模式。

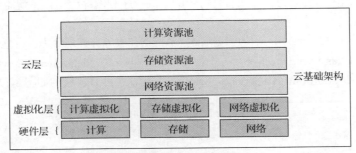

图 3-14　云基础架构部署模式

云层：对资源池进行调配、组合。云层根据应用系统的需要自动生成、扩展资源，将更多的应用系统通过流程化、自动化进行部署和管理，提升了 IT 效率。

虚拟化层：包括计算虚拟化、存储虚拟化、网络虚拟化等。通过虚拟化层，屏蔽硬件层自身的差异和复杂度，向上呈现为标准化、可灵活扩展和收缩、具有弹性的虚拟化资源池。

IaaS 实现的核心在于虚拟化资源。IaaS 将计算设备统一虚拟化为"虚拟化资源池中的计算资源池"，将存储设备统一虚拟化为"虚拟化资源池中的存储资源池"，将网络设备统一虚拟化为"虚拟化资源池中的网络资源池"。当用户订购这些资源时，IaaS 直接将订购的份额打包提供给用户。

② PaaS。

PaaS 提供一个使用云基础设施的计算平台。它拥有客户端通常需要的所有应用程序。因此，客户无须经历购买和安装所需软件和硬件的过程。通过 PaaS，开发人员可以掌握软件生命周期所需的所有系统和环境，无论是开发、测试、部署还是托管 Web 应用程序。PaaS 的典型应用例子有谷歌应用程序引擎（Google App Engine，GAE）、微软的 Azure 等。PaaS 的交付模式类似 SaaS，除了通过互联网提供软件，PaaS 还提供软件创建平台。该平台通过 Web 提供，使开发人员可以自由地专注于创建软件，同时不必担心操作系统、软件的更新、存储或基础架构。PaaS 允许企业使用特殊的软件组件设计和创建内置于 PaaS 中的应用程序。由于 PaaS 具有某些云特性，应用程序或中间件具有可扩展性和高可用性。PaaS 具有如下将其定义为云服务的特征：

- 基于虚拟化技术，这意味着随着业务的变化，资源可以轻松扩展或减少；
- 提供各种服务以协助开发、测试和部署应用程序；
- 许多用户可以访问相同的开发应用程序；
- Web 服务和数据库是集成的。

③ SaaS。

云应用程序通过互联网交付 SaaS，由于其网络传输模式，SaaS 无须在每台计算机上下载和安装应用程序。通过 SaaS，供应商可以管理所有潜在的技术问题，例如数据、中间件、服务器和存储等，因此企业可以简化其维护和支持。这方面的重要特点是：基于网络的访问和管理集中地管理商用软件，使客户能够通过互联网远程访问应用程序。SaaS 的典型应用例子有 Salesforce 的客户关系管理、Asana 的项目管理等。

SaaS 在如下许多场景中有积极意义：

- 适用于初创公司或小公司，需要快速启动电子商务，没有时间处理服务器问题或软件；
- 适用于需要协作的短期项目；
- 适用于不常用的应用程序，例如税务软件；
- 适用于需要通过 Web 或移动设备访问的应用程序。

3.1.3　边缘计算拓扑结构

边缘计算是在网络边缘执行计算任务的一种新型计算模型。与云计算相比，它可以更快、更可靠地响应用户的需求。随着物联网应用的迅速普及，预计到 2030 年，全球物联网设备将达到 300 亿～400 亿台。针对数量庞大的物联网设备，不同组织从不同角度提出了各种物联网架构，边缘计算已被公认为物联网系统的重要支持。与云计算模型不同的是，边缘计算中终端设备和云计算中心的请求和响应是双向的。如图 3-15 所示，终端设备不仅可以向云计算中心提供数据上传服务，而且可以向其发送请求，还可以完成云计算中心发布的计算任务。云计算中心不再是数据生产者和消费者之间的唯一中转站。因为终端设备考虑了数据生产者和消费者的角色，一些服务可以在边缘直接响应并返回终端设

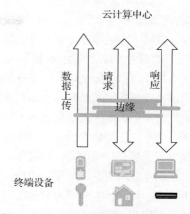

图 3-15　边缘计算的双向计算流模型

备。云计算中心和边缘分别形成两个服务响应流。边缘计算的核心是在靠近终端设备（数据源或对象）的一侧提供计算、存储和应用服务，这似乎与雾计算将计算和分析能力扩展至网络"边缘"的定义非常相近。雾计算是云计算的延伸，但雾计算的核心是将云计算中心的容量下沉到靠近对象的一侧。它具有较平坦的体系结构，属于通用性强的基础设施。它仍然依赖于网络，并使用本地服务器或路由器。在实现架构上，雾计算也是一种边缘计算。除了在雾计算中部署通用基础设施，边缘计算还可以根据不构成网络的终端节点来升级终端设备的能力。

1. 边缘计算拓扑结构简述

边缘计算通过在终端设备和云计算中心之间引入边缘设备，将云服务扩展到网络边缘。云边协同的联合式网络结构一般可以分为终端层、边缘计算层和云计算层，如图 3-16 所示，各层可以进行层间及跨层通信，各层的组成决定了层级的计算和存储能力，从而决定了各个层级的功能。接下来我们将简要介绍边缘计算拓扑结构中每层的组成和功能。

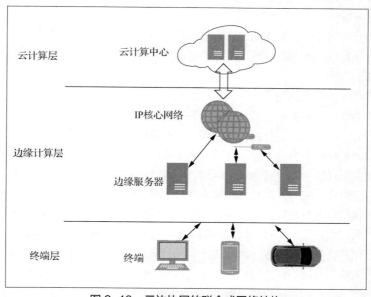

图 3-16　云边协同的联合式网络结构

（1）终端层

终端层是最接近终端用户和物理环境的一层，它由各种物联网设备（如传感器、标签、摄像头、智能手机等）组成。物联网设备分为两种：移动物联网设备和固定物联网设备。移动物联网设备包括可穿戴设备（如健身追踪器、可穿戴照相机和运动手环等）和移动智能设备（如智能手机、智能手表、智能眼镜、车辆等）。通过个体携带，所有属于同一个人的设备可以使用无线 Ad Hoc 网络相互通信。固定物联网设备包括传感器和标签等，其被预先部署在特定区域或具体产品上，用以完成预先定义的任务（如产品跟踪、森林火灾探测和控制质量监测等）。特别地，某些物联网设备（如智能手机、车辆等）有计算能力，在该层中只将其用作智能传感设备，这些设备在地理上分布广泛，负责传感物理特征数据对象或事件，并将这些感知数据传输到上层进行处理和存储。为了延长终端设备提供服务的时间，应该避免在终端设备上运行复杂的计算任务，因此，终端层的主要职责是收集原始数据，并上传至上层进行计算和存储。终端层主要通过蜂窝网络连接上一层。例如，在建设智慧城市过程中，要在城市周围安装许多固定物联网设备和移动物联网设备，它们互相连接，收集城市各个方面的数据。

（2）边缘计算层

边缘计算层位于网络边缘，是由网络边缘节点构成的。网络边缘节点可以是智能终端设备本身，例如智能手环、智能摄像头等，也可以是部署在网络连接中的设备，例如网关、路由器、交换机、接入点、基站等。这些边缘节点广泛分布在终端层和云计算层之间，例如咖啡馆、购物中心、公交总站、街道、公园等。它们能够对终端设备上传的数据进行计算和存储。由于这些边缘节点距离用户较近，因此可以运行对时延比较敏感的应用，从而满足用户的实时性要求。边缘节点可以被部署在网络连接中的任何地方，如智能电话中、工厂地板上、路边单元中、车辆中或电线杆顶部等。它们能够对接收到的感知数据进行计算、传输和临时存储。此外，边缘节点也可通过 IP 核心网络与云计算中心连接，并负责与云计算中心交互、合作以获得更强大的计算和存储功能。显然，边缘节点的计算和存储资源差别很大，并且边缘节点的资源是动态变化的，例如智能手环的可使用资源是随着人的使用情况动态变化的。因此，如何在动态的网络拓扑中对计算任务进行分配和调度是值得研究的问题。边缘计算层通过合理部署和调配网络边缘侧的计算和存储资源，实现基础服务响应。

边缘计算层旨在将云计算扩展到网络边缘，具有一定的计算和存储能力。边缘计算层负责定期向云计算层发送数据，能够提供数据缓存、本地化计算和无线接入三大主要功能，满足移动设备的低时延和高流量需求。

（3）云计算层

在云边计算的联合式服务中，云计算层作为整个网络层的中心枢纽，位于网络的顶层，是强大的数据处理中心，可以执行复杂的计算任务。云计算层由多个高性能服务器和存储设备组成，能够处理和存储大规模的数据，并提供各种应用服务，如智能家居、智能交通、智能工厂等，并且可将上报数据在云计算中心进行永久性存储。边缘计算层无法处理的分析任务和综合全局信息的处理任务由云计算中心完成。云计算层拥有海量的存储空间和计算资源，负责永久性、大规模数据存储和全球数据集的全面计算、分析，只要用户的设备能联网，便可在任何时间、任何地点访问。云计算层采用虚拟化技术将不同用户的数据与物联网应用隔离开，因此，物联网应用可独立地同时向不同用户提供不同服务。除此之外，云计算中心还可以根据网络资源分布动态调整边缘计算层的部署策略和算法，向边缘计算层发送策略，以提高边缘节点提供的时延敏感服务的质量。整个网络结构通过控制策略可以有效地管理和调度边缘节点和云计算中心，为用户提供更好的服务。

2. 以边缘为中心的物联网架构

由于物联网和边缘计算正在快速且独立地发展着，因此尽管边缘计算平台是独立的，但它可以帮助物联网解决一些关键问题。因此，提高边缘计算性能已被公认为是物联网系统的重要支持。

物联网、边缘计算和云计算的特性如表 3-1 所示。一般来说，物联网可以同时受益于边缘计算和云计算，得益于这两种计算的特性（高计算能力和大存储）。尽管如此，边缘计算在物联网方面比云计算有更多优势，虽然它的计算能力和存储空间有限。具体来说，物联网需要的是快速响应，而不是高计算能力和大存储。边缘计算提供了可接受的计算能力、足够的存储空间和快速的响应时间，满足物联网应用需求。另外，边缘计算也可以通过扩展边缘计算架构来处理分布式和动态的边缘节点，从而使物联网受益。物联网设备或具有剩余计算能力的设备可以用作提供服务的边缘节点。值得注意的是，许多研究工作都试图利用云计算来辅助，但在许多情况下，边缘计算可以提供更具竞争力的性能。随着物联网设备数量的不断增加，物联网与边缘计算很可能会密不可分。

表 3-1 物联网、边缘计算和云计算的特性

特性	物联网	边缘计算	云计算
部署	分布式	分布式	集中化
组成部件	物理设备	边缘节点	虚拟资源
计算能力	有限的	有限的	无限的
存储空间	小	有限的	无限的
响应时间	—	快	慢
大数据	来源	过程	过程

如图 3-17 所示，以边缘为中心的物联网架构包含 4 个主要部分：云、物联网终端设备、边缘和用户。

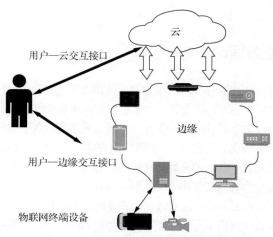

图 3-17 以边缘为中心的物联网架构

用户使用智能物联网应用程序，使他们的生活更加方便，但更多情况下，他们通过云或边缘提供的交互接口与物联网终端设备通信，而不是直接与物联网终端设备交互。物联网终端设备深深嵌入物理世界中。它们感知物理世界，并采取行动控制物理世界，但它们在计算繁重的任务中并不复杂。云拥有几乎无限的资源，但它通常位于离物联网终端设备很远的物理位置。

因此，以云为中心的物联网系统通常不能有效地执行，特别是当系统具有实时性要求时。边缘是整个架构的中心组件，它可以协调其他三方一起工作，并补充云和物联网终端设备，以优化性能。在以边缘为中心的物联网架构中，用户提交查询以访问物联网数据或提交命令以控制物联网终端设备。这些查询和命令最终将通过云或边缘提供的基于 Web 或移动应用程序的界面到达边缘层。然后，它们由边缘层处理，边缘层将把它们转发到物联网终端设备或在边缘层代表物联网终端设备处理它们。边缘层与物联网终端设备交互，不仅可以连接资源与用户和云，还可以存储从物联网终端设备收集和上传的数据，并承载大量的计算需求，如物联网终端设备的大数据分析和综合安全算法。此外，许多现有的物联网终端设备服务可以从云迁移到边缘，并可以根据物联网终端设备的需求进行定制。就边缘和云的关系而言，边缘可以独立于云工作，也可以与云协同工作。在这个架构中，边缘获得云的支持，以管理边缘层或帮助处理物联网应用需求。例如，云可以根据收集到的海量数据进行深度学习，而学习到的模型可以被边缘使用，为物联网终端设备提供更好的服务。

以边缘为中心的物联网架构是一种优化设计。除了满足许多实时需求和减少物联网终端设备繁重的计算任务外，边缘层是部署物联网安全决策的最佳场所，原因如下。第一，边缘层拥有比物联网终端设备更多的资源，因此，可以在边缘层部署许多计算密集型安全操作，例如，同态加密和基于属性的访问控制。第二，边缘层在物理上接近物联网终端设备，它可以满足安全设计所需的实时性要求。第三，边缘层从许多物联网终端设备收集和存储数据，一个最优的安全决策既取决于算法的高效率，也取决于有足够的信息。例如，数据越多，边缘层可以更有效地检测入侵。第四，考虑到资源限制、维护成本和物联网终端设备的超大规模，在每个物联网终端设备上部署和管理防火墙是不可行的。相反，在边缘层部署防火墙可以更有效地过滤和阻止传入的攻击。第五，考虑到物联网终端设备的移动性，边缘层可以持续跟踪物联网终端设备的移动，为物联网终端设备提供连续的安全连接。此外，物联网终端设备和边缘层之间相对稳定的关系有助于在它们之间建立强大的信任，这减轻了在这些设备之间建立信任的担忧。第六，边缘通常与云有高速连接。必要时，边缘可以联系云以获得安全支持。例如，云可以为边缘提供位置和任务验证。

3.2　最优化部署理论

物联网所提供的各种应用和服务都需要以对物理世界感知获取的数据作为对象来源，但由于传感器节点性能、部署成本以及物理环境等各种因素难以实现可靠感知，而节点部署优化可以提高监测区域的感知可靠度。当前关于部署问题的研究，大部分采用假设理想感知模型或静态场景。而事实上由于物联网应用场景类型众多且复杂，一些理想化的假设限制了这些方法的实际应用。而针对动态事件的优化部署以及部署后的维护机制研究可以扩展物联网的应用范围，并成为近年来物联网感知部署研究的热点。由于物联网需要在全球各地全面部署，因此这种技术需要一种被广泛接受和有效的操作媒介。由于互联网最初是通过有线通信普及的，因此物联网也可以通过有线通信实现。但如果我们考虑到现实中有线通信不可能无处不在，考虑到移动性和安装成本、有线网络有其自身的缺点等问题，我们会意识到部署物联网的一个有效、低成本和简单的替代方案是无线通信。

3.2.1　最优化部署的注意事项

物联网解决方案需要结合多个工程学科，包括电气、计算机、软件开发等。要部署和安装物联网的解决方案，通常需要多个外部合作伙伴，以及与相关部门的成功协作才能完成。

例如，要部署智能体育场以获取座位利用率信息，体育场中需要安装物理硬件传感器。在某些使用情况下，还必须定制设计和生产硬件。体育场还可能需要增强连接性，这意味着可能需要增加线缆、天线或接入点，还需要开发一个能够接收来自这些传感器数据的应用程序。此外，供应商还需要构建一个界面，以帮助人们轻松地分析数据并根据所学知识做出决策。

在启动物联网项目之前，必须考虑下面这些关键内容。特别是大规模的物联网部署会带来一系列挑战，可能会给企业带来风险。

1. 设备的互操作性

所有物联网项目都依赖设备。任何大规模的物联网部署都可能会有多种使用不同技术的新旧设备，这些设备可以达到多种目的，最终反映物联网领域的发展和部署范围。因此，设备的互操作性是关键。为了确保物联网部署的可持续发展，并规避专有协议可能带来的局限性，应该避免将资源集中在仅与特定供应商、平台或技术兼容的解决方案上。否则这些方案日后可能出现不兼容的问题，从而对项目的扩展和维护造成阻碍。

2. 设备连接性

在选择设备时，连接性也是一个关键考量因素，但很多企业在挑选设备时并没有充分考虑连接性的问题。例如，很多企业进行物联网项目建设时往往选用 WiFi 连接设备，然而有些物联网项目会有特定的需求，可能要在不支持 WiFi 的区域实现连接，或者由于资源限制，设备无法使用WiFi。在这种情况下，仅能使用 WiFi 的设备就无法开展工作。此时，可以考虑使用蜂窝连接，且蜂窝连接具有较低的功耗和较长的电池寿命，可以在绝大多数情况下确保设备的连通性。因此，在选择设备时，应当认真考虑设备的连接性，以满足项目的需求。

3. 设备管理

首次部署项目时，很可能只测试少量设备。在测试少量设备时，可能会设置错误的安全信息，因为可以手动管理解决方案。然而，一旦项目开始扩展，可能有成千上万个连接设备，就不可能手动执行基本的操作，如入门、配置、安全补丁、维护等；也有可能某些部署的设备难以触及，例如有些设备用来收集 2 米深的地下土壤数据，有些设备用来追踪海洋生物，当这些设备出现问题时，派遣技术人员可能不符合现实情况。即使设备可以访问，在出现问题时（如经济上出现问题）也很有可能不派遣技术人员。但是，没有适当的维护，这些设备可能会成为主要和潜在的安全威胁。

在设备管理方面，重要的是要考虑连接性和行业标准。规范、开放的标准是安全的选择——它们是在考虑物联网行业发展的情况下开发的，可以满足其特定需求，并且随着行业的发展而发展。物联网的部署规模越大，就越需要强大和灵活的设备管理解决方案，以便用户可以处理各种状况，而且只有选择适当的标准才能确保这一点。

4. 数据孤岛

物联网项目的核心目标在于持续收集数据，但这些数据若未得到妥善的聚合和处理，便无法发挥其价值。在处理大规模项目时，我们通常会将其分解为更小、更易管理的区块，然而，这种做法可能导致不同系统或数据集之间缺乏有效的连接，形成"数据孤岛"，就会出现错误的信息和决策。因此，为了确保项目的成功，我们必须全面理解项目需求，并确保数据能够被正确地收集、整合和利用。这样，我们才能最大化地发挥数据的潜力，避免因"数据孤岛"导致出现问题。

5. 应用的灵活性

物联网部署分为小型部署（小问题）和大型部署（大问题）。在小型部署中，通常只需要连接少量的设备，部署区域较小，因此面临的问题相对较少，如数据采集、处理、存储等方面的问题可以通过简单的技术手段来解决。而在大型部署中，需要连接大量的设备，部署区域也很广，这将带来更多的挑战和问题。例如，大规模物联网产生的数据量非常大，需要进行高效的数据管理和存储；由于传感器分布在不同的地理位置，数据采集面临网络通信、数据处理等方面的挑战；数据处理的挑战主要包括处理速度、数据分析、数据挖掘等方面；此外，大规模物联网需要保证数据的安全和隐私，需要采取相应的安全措施，如加密、身份认证、访问控制等。同时，大规模物联网需要维护大量的设备，因此需要进行有效的能源管理。如果用户有成千上万个带有多个传感器和执行器的设备，这些设备每时每刻都会收集大量数据，那么若用户没有一个平台来管理所有这些数据，则用户无法控制这一局面。

用户选择的平台必须是通用的，以适应不同的解决方案，并且需要灵活地适应未来的变化，这在物联网行业中是恒久不变的规律。因此，平台应该始终适合项目，而不是让项目去适应平台，应确保平台适合需求。

因此，物联网的大规模部署需要很多具有前瞻性和周密的规划：在规划物联网部署时，无论任务多么困难和烦琐，都必须考虑所有可能的备选方案和结果。这需要用户了解部署中有多少活动部件以及每件事情的变化速度。

不管我们拥有 1000 个统一的设备还是 100 万个不同的设备，都要规划好一切内容，以便能够快速适应变化。

3.2.2　最优化部署面临的挑战

物联网的"5C"是物联网设计最优化部署面临的 5 个主要挑战，即连通性（Connectivity）、连续性（Continuity）、合规性（Compliance）、共存性（Coexistence）和网络安全性（Cybersecurity）。

物联网为许多行业带来了激动人心的新应用和打开了机遇的大门。但这也带来了前所未有的挑战，需要以新的方式进行思考以满足关键任务的要求。交付成功的物联网意味着要克服物联网的 5C 技术挑战。对这些挑战有深刻的了解，并了解关键的设计和测试考虑因素，将为物联网在整个生态系统中实施和部署奠定坚实的基础。在整个产品生命周期中使用正确的设计、验证、合规性测试、制造和安全工具将有助于确保物联网兑现其"承诺"。

1. 连通性

由于无线连接的复杂性和密集的设备部署带来的操作复杂性，实现设备、基础设施、云和应用之间的无缝信息流是一个巨大的物联网挑战。然而，即使在最恶劣的环境中，任务关键型物联网设备也应可靠运行而不会出现故障。随着无线标准的不断更新和技术的日新月异，以及无线网络的复杂性的不断增加，工程师们需要不断跟进新技术的发展并确保设备能够在整个生态系统中无缝运行，需要应对更加复杂的问题和挑战，例如网络容量和性能、设备之间的兼容性、安全和隐私等问题，以确保设备的性能和安全。

为了应对连通性挑战，需要设计和测试解决方案。这些解决方案必须具有高度的灵活性、可配置性和可扩展性，以满足未来的需求；需要灵活地测试具有多种无线电格式的设备，以评估实际操作模式下的设备性能，并支持信令模式下的空中传送（Over The Air，OTA）测试，而无须编制特定于芯片组的驱动程序；方案应该简单、便宜，可以在研发和制造中使用，以便在开发的不同阶段利用代码最小化与度量相关的问题。

2. 连续性

确保和延长电池寿命是物联网设备需要考虑的重要因素之一。电池续航时间长是消费级物联网设备的巨大竞争优势。对于工业物联网设备，电池寿命通常为 5～10 年。对于起搏器和其他医疗设备，电池的寿命可能意味着生与死的区别。

为了满足物联网对电池寿命的要求，集成电路（IC）设计者需要设计具有深度睡眠模式的 IC，这种模式消耗电流小、速度低、指令集少，且电池电压低。

对于无线通信，标准组织正在定义新的低功耗工作模式，例如 NB-IoT、LTE-M、LoRa、Sigfox、它们在保持低功耗的同时提供了有限的有效工作时间。当将传感组件、处理组件、控制组件和通信组件集成到最终产品中时，设计人员必须了解外围设备的性能和功耗，并优化产品的固件和软件，以简化操作和降低功耗。

3. 合规性

物联网设备必须符合无线电标准和全球监管的要求。合规性测试包括无线电标准一致性测试和操作员验收测试，以及法规遵从性测试，如 RFID、电磁兼容性（Electromagnetic Compatibility，EMC）和比吸收率（Specific Absorption Rate，SAR）测试。设计工程师通常需要遵守严格的产品发布时间表，确保产品顺利地进入全球市场，同时遵守最新法规（而且这些法规在不断更新）。

由于合规性测试非常复杂且耗时，因此，如果手动执行，则可能需要几天或几周才能完成。为了保持产品发布的进度，设计人员可以考虑在每个设计阶段内部使用预一致性测试解决方案，以尽早解决问题。选择一个符合测试实验合规性要求的系统也有助于确保测量相关性并降低故障失败的风险。

4. 共存性

对数十亿台的设备来说，无线电信道的拥塞是常见的问题。为了解决无线电信道拥塞的问题，标准组织开发了一种测试方法，用来评估设备在有其他信号时的运行情况。

例如，自适应跳频（Adaptive Frequency Hopping，AFH）可以使得蓝牙设备放弃遇到高数据冲突的信道；其他防碰撞技术，例如先听后说（Listen Before Talk，LBT）和冷起动电流（Cold Cranking Ampere，CCA），也可以提高传输效率。然而，我们不了解混合信号环境下的有效性，并且当无线电格式不能相互检测时，就会产生冲突和数据丢失。

失去控制信号的工业传感器或由于周围干扰而停止工作的医用输液泵，都可能造成严重后果。因此，共存性测试非常重要。它可以测量和评估设备在拥挤的混合信号环境中的工作模式，并评估在同一类操作环境中发现意外信号时维持无线通信的潜在风险。

5. 网络安全性

传统的网络安全保护工具大多集中在网络和云上，端点和 OTA 漏洞经常会被忽略。尽管蓝牙和无线局域网之类的成熟技术已被广泛应用于许多应用领域，但解决 OTA 漏洞的工作却很少。无线协议的复杂性在设备无线电实现中变成了潜在的未知陷阱，使得"黑客"能够访问或控制设备。

根据 IDC 的数据调查，70% 的安全漏洞来自端点。因此应当特别注意它们，以保护物联网设备。应识别 OTA 漏洞和进入端点设备的潜在入口点，并应使用定期更新的已知威胁/攻击数据库对设备进行测试，以监控设备响应和检测异常。

3.2.3　节点最优化部署

无线传感器网络是由大量传感器节点通过无线通信技术形成的多跳网络。无线传感器节点的部署和覆盖控制作为无线传感器网络中基本的问题，在一定程度上决定了网络感知质量、网络应用成本及使用的能耗等。其部署的优劣直接影响无线传感器网络的服务质量和生命周期。因此，节点的最优化部署是无线传感器网络研究中的重要领域。网络节点的最优化方案部署不但可以满足网络的覆盖性和连通性，还可以提高路由协议和 MAC 协议的效率。

在保证一定的服务质量条件下，如何达到网络覆盖范围最大化、如何提供可靠的监测和目标跟踪服务、网络覆盖是否存在监测和通信盲区、是否需要重新调整传感器节点分布以完成目标监测和信息获取的任务都是无线传感器网络部署需要解决的问题。节点部署具体解决 3 个问题：节点的种类和数目；节点的部署方式；网络的可靠性与自适应性。

1. 无线传感器网络中节点部署算法研究现状

无线传感器网络节点部署是传感器网络工作的基础，其直接关系无线传感器网络检测的准确性、完整性和时效性。无线传感器网络的节点部署主要涉及覆盖、连接和节能等方面的技术。其网络感知的覆盖率主要依赖于传感器节点的部署。

节点部署就是在指定的检测区域内，通过适当的方式布置传感器节点以满足设计要求。目前，节点部署主要有确定性布设和随机性布设两种方式。在一般情况下，不可能人为地在目标区域精确部署节点，同时传感器节点只能随机分布在所期望的区域。通常采用空中抛撒等随机部署方式，部署区域广，但节点较分散。在设计无线传感器网络的节点部署方案时一般需要考虑网络的连通性、如何尽可能减少系统能量消耗以便最大化延长网络寿命、如何在网络中部分节点失效时对网络进行重新部署等方面的问题。根据传感器节点是否可以移动把节点部署分为移动节点部署算法、静止节点部署算法和异构/混合节点部署算法三大类。

（1）移动节点部署算法

从某种意义上说，移动节点部署问题并不是一个新问题，它与移动机器人的部署是同类问题。针对这一问题，国内外已进行了相关研究，提出了许多算法。

① 增量式节点部署算法。该算法逐个部署传感器节点，利用已经部署的传感器节点计算出下一个节点应该部署的位置，旨在使可达网络的覆盖面积最大。该算法需要每个节点都有测距和定位模块，而且每个节点至少与一个其他节点可视。该算法适用于监测区域环境未知的情况，如巷战、危险空间探测等。其优点是利用最少的节点覆盖探测区域；缺点是部署时间长，每部署一个节点可能需要移动多个节点。

② 基于人工势场（或虚拟力）的算法。该算法把人工势场用于解决移动节点的自展开问题，把网络中的每个节点作为一个虚拟的正电荷，每个节点受到边界障碍和其他节点的排斥，这种排斥使整个网络中的所有节点向传感器网络中的其他地域扩散，并避免越出边界，最终达到平衡状态，也就是达到感知区域的最大覆盖状态。该算法的优点是算法简单、易用，能达到节点快速扩散到整个感知区域的目的，同时每个节点所移动的路径比较短；其缺点是容易陷入局部最优解。

③ 基于网格划分的算法。该算法通过网格化覆盖区域，把网络对区域的覆盖问题转化为对网格或网格点的覆盖问题，网格有矩形划分、六边形划分、菱形划分等。该算法的优点是可以利用最少的节点达到对任务区域的完全覆盖。

④ 基于概率检测模型的算法。该算法通过引入概率检测模型，在确保网络连通性的条件下，寻求以最少数目的节点达到预期的覆盖需求，并得到具体的节点配置位置。

⑤ 基于矢量的无线传感器网络节点部署算法。该算法在感应源节点位置和中继节点数的基础上，通过高效部署中继节点的位置使整个无线传感器网络的能量得到有效配置。

（2）静止节点部署算法

静止节点部署算法一般有确定性部署和自组织部署两种。确定性部署算法指人工部署传感器网络，节点间按设定的路由进行数据传输。这是一种简单、直观的方法，一般适用于规模较小、环境状况良好、人工可以到达的区域。例如，在室内等封闭空间部署传感器网络时，可以将问题转化为经典的"画廊问题"（线性规划问题）；如果在室外开放空间部署（小规模）传感器网络，则可以利用移动节点部署算法中基于网格划分的算法或者基于矢量的节点部署算法。

与确定性部署算法相对应的是不确定性部署算法，也称自组织部署算法。当监测区域环境恶劣或存在危险时，人工部署节点是无法实现的。同样，当布设大型无线传感器网络时，由于节点数量众多、分布密集，采用人工方式部署节点也是不切合实际的。此时，通常通过飞机、炮弹等载体随机地把节点抛撒在监测区域内，节点到达地面以后自组成网。通过空中散播部署节点虽然很方便，但在节点被散播到监测区域后的初始阶段，形成的网络一般不是最优的。有的地方有较高的感知密度，有的地方感知密度较低，甚至出现覆盖漏洞或者部分网络不连通问题，此时需要针对"问题"区域进行二次部署。

（3）异构/混合节点部署算法

为了延长网络寿命或者降低传输时延，一些部署设计为节点定义了不同的角色。这种包含不同角色或不同作用节点的网络称为异构网络，通常异构网络中包括普通节点、中继节点、簇首节点和基站。中继节点的部署是建立高效网络的一种手段，这种部署有选择地使部分节点忙碌来延长网络寿命。

目前，无线传感器网络技术主要以同构的传感器网络作为研究对象。所谓同构，是指无线传感器网络中的所有节点都是同一类型的。在实际应用中，可能会部署一些异构的传感器网络。也就是说，在构成传感器网络的节点中，有一小部分是异构节点。与其他大部分廉价的节点相比，异构节点在电源、传输带宽、存储空间、移动能力等方面具有明显的优势。当然，这些异构节点的成本相对较高。在传感器网络中部署适量的异构节点，不仅能提高无线传感器网络的数据传输成功率，而且能延长网络寿命。

2. 无线传感器网络部署策略的优化目标

好的传感器部署可以带来好的网络管理、节约能源和成本等。事实上，用最少的传感器覆盖一个区域可以使整个网络的成本最小化，特别是当传感器成本较高的时候。在众多的研究中，节点部署算法侧重于增大覆盖面积，从而增强网络的连通性，延长网络的使用寿命，提高数据传输的准确性。其次，节点部署算法的目标是提高节点的容错性和负载均衡性。显然，随机部署节点很难达到这些设计目标。同时，虽然控制部署理论上可以满足主要和次要部署目标，但如何使部署成本最小化仍然是一个有待解决的问题。无线传感器网络部署策略的优化目标主要分为以下几类。

（1）区域覆盖性

在无线传感器网络的部署优化中，区域覆盖（Area Coverage）即覆盖区域的最大化一直是众多文献关注的焦点。区域覆盖要求目标区域中的每一个点至少被一个节点覆盖，同时保证网络内各节点间的连通性，并在满足覆盖和连通要求的前提下尽可能减少所需节点数，使网络成本最低。例如在战场实时监控等应用中，就需要对目标区域内的每一个点进行监测。一些已发表的论文，特别是一些早期的论文，都是以节点覆盖面积与整个部署区域面积的比值作为指标来监测区域覆盖情况的。自 2001 年以来，一些研究工作开始集中于恶意情况的覆盖，例如测量目标越过覆盖区域的概率或未被检测到的事件发生的概率。

近年来，人们对区域覆盖问题进行了深入的研究。有学者证明了使用最小数量的传感器完全覆盖临界网格的问题（也称为临界网格覆盖问题）是 NP 完全问题。之后有人提出了一种线性模型，即在保持一个完整的覆盖区域的同时，最小化传感器在三维感测领域的部署成本，其中提出了两种类型的传感器，每一种都有特定的成本，并且假设网格中的每个点至少被 k 个传感器覆盖。这个过程涉及的线性公式可推广到多种类型的传感器，并提出了一种基于识别码概念的传感器定位方法。之后有学者研究过同样的问题，但他们并不要求完全覆盖区域，而是将重点放在局部覆盖上，将问题视为多重 k 覆盖问题，并在线性模型上提出了下界算法。实验结果表明，此种方法不仅可以实现高覆盖率，还能最大限度地减少传感器的数量。

传感器节点的优化部署不是一个简单的问题。使用少量的传感器节点来满足应用需求将导致设计的复杂性。由于地形和恶劣的环境造成的传感器节点信号失真问题，也会导致传感器感知目标的不确定性。有学者提出了一种基于部署区域的网格近似值的部署算法。在他们使用的模型中，随着传感器节点与目标节点距离的增加，目标检测的准确率呈指数下降，传感器节点能够检测到的目标需在其通信范围内，障碍物会阻碍传感器节点对目标的检测。因此，其所提出的传感模式是用来确定传感器节点应被部署在哪个网格点上监测目标的。他们提出一种贪心启发式算法，该算法是一种迭代算法，每次迭代时就在网格上放置一个传感器节点，以达到最小覆盖目的。

（2）网络连通性

在早期的工作中，网络连通性问题为：传输半径 r_T 远大于感知半径 r_S，且当 r_T 是 r_S 的整数倍时，可以产生良好的连通覆盖网络。然而，如果节点的通信范围是有限的（如当 $r_T = r_S$ 时），连通性将是有问题的。有学者提出了感应半径区域（r-strip）的概念，考虑传感器节点的完全覆盖和连通性。假设节点的感知范围和辐射范围相等，则感知半径区域内的节点是连通的。为了实现不同感应半径区域节点之间的连通性，需要沿不同的坐标轴放置额外的传感器节点。通过在区域边界上的对角放置感应半径区域，实现水平感应半径区域节点之间的连通性。在无线传感器网络中，由于数据是在基站采集的，因此建立强连接的网络并不重要。为了保证从一个节点到基站的数据传输路由满足要求，可以通过部署较少的节点来实现网络的连通性。另外，垂直或对角部署节点会导致通信瓶颈，因为此时它们充当水平感应半径区域之间的网关，需要大量的传感器节点来分散流量。

（3）网络生命周期

节点的位置对网络生命周期有着非常重要的影响。例如，一个区域内节点位置的变化最终会导致传输负载的不平衡，形成负载瓶颈。另外，节点的不均匀分布可能会导致基站附近的节点更快地耗尽能量，从而产生瓶颈问题。在网络生命周期的研究中，通常假设区域内有足够的节点，或者节点的感知范围可以覆盖整个区域而没有盲点。

也有学者研究了节点密度对网络生命周期的影响，从部署的角度出发，得到了网络生命周期的解析公式。研究发现，网络生命周期并不随节点数量的增加而成比例增加，因此需要仔细筛选一定数量的节点，以平衡成本。考虑到第一个节点死亡时网络会中断，需要解决的问题是确定少量节点的部署及其位置，固定传感器节点的数量，确定传感器节点的位置，形成寿命最长的线性网络拓扑，以保持网络的长时间运行。因此，有学者提出了两步解决方案：第一步是固定传感器节点数量，优化网络部署，实现寿命最长的网络；第二步是得到一个分析表。

（4）基于定位的锚节点优化部署

对无线传感器网络来说，节点的准确定位是非常重要的。获取节点位置的直接方法是使用卫星定位系统，但是在无线传感器网络中使用卫星定位系统会增加成本、体积、功耗等。因此，一些研究表明可以利用传感器网络中少量的已知节点来获取其他未知节点的位置信息。具有已知位置的节点称为锚节点。其中有些是预先定位的，有些是用卫星定位系统或其他方法来确定位置的。锚节点根据自身位置建立局部坐标系，未知节点根据锚节点计算其在局部坐标系中的相对位置。无线传感器网络中有两种自定位算法：基于测距的算法和无须测距的算法。基于测距的算法需要测量未知节点与锚节点之间的距离和角度信息，然后利用三角测量等方法计算未知节点的位置。无须测距的算法只能根据网络连通性等信息来实现节点的定位。

3.3　拓扑透明的调度技术

无论是基于图算法还是基于优化分解的调度技术，当应用在大规模移动自组织网络时都困难重重。对大规模移动无线网络来说，网络拓扑信息难以实时获得，尤其在节点快速移动时，即使获得了网络拓扑信息，信息也可能是过期的，实现分布式极其困难。当然，如果调度技术不依赖于网络拓扑信息，则无须面临这些难题，这就是拓扑透明的调度技术。目前拓扑透明的调度技术主要有时分多址（Time Division Multiple Access，TDMA）、空间时分多址（Space Time Division Multiple Access，STDMA）和其他特定的技术等。在这些技术的基础上出现了组合调度方法和三状态调度方法，提供了更灵活的调度策略。

3.3.1 常用的拓扑透明的调度技术

1. TDMA

TDMA 是一种基于时间的调度技术，它将时间划分为多个时隙，每个节点在分配的时隙内发送数据，从而避免冲突。TDMA 的主要优点包括可提高频谱利用率、降低干扰、灵活分配资源和响应快等。然而，TDMA 需要多个基站之间进行精确的时钟同步，系统容量受限于时间片大小，且不适用于实时性要求极高的应用场景。

2. STDMA

STDMA 是一种基于时间和空间的调度技术，通过在不同时间和空间上分配资源，提高网络的利用率。其基于各数据流的特征参数，设计时隙分配方案，将数据传输时间划分为不同的时隙，确保每个数据流在一个或多个连续的时隙中完成传输。STDMA 可以监测数据流的实时传输情况，根据实际通信需求和网络状态动态调整时隙分配。

3. 其他调度技术

除了 TDMA 和 STDMA 之外，还有一些面向特定网络的调度技术。例如 Chlamtac 算法，下面对其进行详细介绍。

Chlamtac 算法是伊姆里希·克拉姆塔克（Imrich Chlamtac）在 1994 年提出的，其数学理论基础是有限域上的多项式理论。Chlamtac 算法的核心思想是在无线网络中实现拓扑透明的广播调度，即调度算法无须知道网络的具体拓扑结构，就能适应网络的动态变化。这种算法特别适用于移动自组织网络，因为在这类网络中，节点的移动性导致网络拓扑频繁变化，获取和维护准确的网络拓扑信息成本较高。

一个 GF(q) 域包含 $0,1,\cdots,(q-1)$ 共 q 个元素，GF(q) 上的 k 阶多项式定义为：$f(x)=(a_k x^k + a_{k-1}x^{k-1}+\ldots+a_1 x^1 + a_0)\bmod q$，其中 $a_i(i=0,\cdots,k)\in$ GF(q)。如果把 $(x,f(x))$ 看成平面上的点，则根据有限域上的多项式理论，任何两个 k 阶多项式最多只有 k 个相同的点。如图 3-18 所示，在 Chlamtac 算法中，一个时帧由 q 个子帧组成，每个子帧又由 q 个时槽组成，其中 q 是一个素数幂（素数的正整数次方），即一个时帧包含 q^2 个时槽。

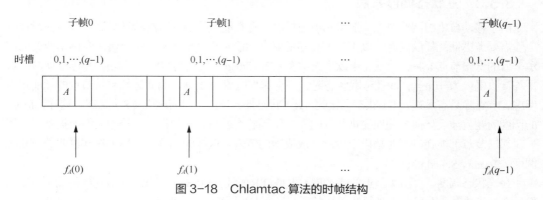

图 3-18 Chlamtac 算法的时帧结构

现规定在每个子帧中，每个节点在且仅在一个时槽中具有传输权，从而在一个时帧中，每个节点有且仅有 q 次传输权。如何确定节点在每个子帧中的传输时槽呢？以节点 A 为例进行说明，

为节点 A 分配一个唯一的 k 阶多项式，即 $f_A(x) = (a_k x^k + a_{k-1} x^{k-1} + \ldots + a_1 x^1 + a_0) \bmod q$，其中 $a_i (i = 0, \cdots, k) \in \{0, 1, \cdots, (q-1)\}$，称其为节点 A 的 VID（Vector Identifier，矢量标识符）多项式。节点 A 在 q 个子帧内具有传输权的时槽中规定为 $f_A(0), f_A(1), \cdots, f_A(q-1)$。

根据有限域上的多项式理论，任何两个节点在一个时帧内最多有 k 次冲撞。因此，若网络最大度 $D_{\max}$ 满足

$$q \geq k D_{\max} + 1 \tag{3-1}$$

则每个节点在一个时帧内能保证至少有一次传输不被其邻居节点所冲撞，即能保证至少有一次成功的传输。当然，由于需要给每个节点分配唯一的 VID 多项式，因此

$$q^{k+1} \geq N \tag{3-2}$$

必须满足。当 N 和 $D_{\max}$ 已知时，根据式（3-1）和式（3-2）还不能确定 q 和 k 的值，而只能确定它们的值的范围。显然，必须有一个准则用来进一步确定 q 和 k 的值。如果让 q 尽可能小，时帧尽可能短的话，就可首先确定 q 的值，从而进一步确定 k 的值。这就是 Chlamtac 算法确定 q 和 k 的方法。由于节点在每个时帧内最少传输次数为 $q - k \times D_{\max}$，因此节点的最小保证带宽为

$$\text{Th}_{\text{Chlamtac}} = \frac{q - k \times D_{\max}}{q^2} \tag{3-3}$$

每个节点在子帧的传输时槽（即调度时槽）确定后，就能以二进制形式将其表示出来。

3.3.2   组合调度方法

组合调度方法是指在主要调度技术的基础上，结合其他调度技术，以适应不同的网络条件和需求，提升网络的性能。例如，在 TDMA 的基础上结合 STDMA，将 TDMA 的时隙结合节点的空间位置，基于节点间的地理距离分配时隙，远距离节点可同时使用相同的时隙；计算节点间干扰矩阵，根据干扰级别动态分配共享时隙；通过位置感知或干扰感知优化时隙分配，以实现更高效的资源利用。再如，结合 TDMA 的时间调度特性和 STDMA 的空间分区特性，根据实时网络拓扑调整空间区域划分，以减少干扰；为每个节点分配可动态变化的时隙，以适应流量需求，通过动态调整时隙和空间区域来提升网络性能。

组合调度方法能够根据不同的网络状态和拓扑变化，动态调整调度策略，以达到最优的网络性能。

3.3.3   三状态调度方法

由于移动自组织网络节点一般采用电池供电，存在能量供应受限的特点，因此节点在设计时一般需要考虑低能耗的问题。以美国加利福尼亚大学伯克利分校研制的用于传感器网络研究的演示平台的试验节点 Mica2 为例，当以最大功率（如 10dBm）进行传输时，平均发送电流为 27mA，平均接收电流为 10mA；而在睡眠状态时，平均睡眠电流为 1μA。因此，如果从节点的耗能角度考虑，节点除具有发送（T）状态和接收（R）状态外，还应该具有睡眠（S）状态。这样，MAC 的调度问题就涉及如何合理地安排节点间 3 个不同状态的组合，使得在拓扑透明的前提下，任何一对邻居节点都能在一个时帧内至少有一次成功的传输。这样的调度方法称为拓扑透明的三状态调度（Ternary Scheduling）。

在三状态调度下，由于节点的状态集不再是{T,R}而是{T,R,S}，因此一次成功的传输不仅要求发送方处于 T 状态及接收方必须处于 R 状态，还同时要求接收方的所有邻居节点不能同时处于 T 状态。这一点使得拓扑透明的三状态调度与普通拓扑透明的调度（两状态调度）存在本质上的不同。

考虑一个时帧 $F = \{S_1, S_2, \cdots, S_b\}$ 中的某个时槽 S_j，把在该时槽中处于 T 状态的节点集合记为

T_j，而把在该时槽中处于 R 状态的节点集合记为 R_j。对于任意一对邻居节点 $(u,w) \in E$，定义 $\sigma(u,w) = \{ j \mid u \in T_j \cap w \in R_j \}$。基于 $\sigma(u,w)$ 的定义，定义 $\sum(w)$ 为集合 $\{(u,w) \mid \forall u \in V \cap u \neq w\}$。以表 3-2 所示的一个支持 13 个节点、包含 13 个时槽的拓扑透明的三状态调度非覆盖集为例。$\sigma(2,1) = \sigma(6,1) = \sigma(10,1) = \{2\}$，$\sigma(3,1) = \sigma(7,1) = \sigma(11,1) = \{3\}$，$\sigma(4,1) = \sigma(8,1) = \sigma(12,1) = \{4\}$，$!\sigma(5,1) = \sigma(9,1) = \sigma(13,1) = \{5\}$。从而，$\sum(1) = \{\{2\},\{3\},\{4\},\{5\}\}$。显然，$\sum(w)$ 是所有 w 节点处于 R 状态的时槽集。

易于证明：若节点最大度为 $D_{\max}$，对于任意的节点 w，当 $\sum(w)$ 为 $(D_{\max} -1)$-非覆盖集时，网络的任意一对邻居节点都会在有限的时间内至少成功传输一次。

表 3-2　拓扑透明的三状态调度非覆盖集

节点	时槽1	时槽2	时槽3	时槽4	时槽5	时槽6	时槽7	时槽8	时槽9	时槽10	时槽11	时槽12	时槽13
0	T	S	S	S	T	S	S	S	T	R	R	R	R
1	R	T	S	S	S	T	S	S	S	T	R	R	R
2	R	R	T	S	S	S	T	S	S	S	T	R	R
3	R	R	R	T	S	S	S	T	S	S	S	T	R
4	R	R	R	R	T	S	S	S	T	S	S	S	T
5	T	R	R	R	R	T	S	S	S	T	S	S	S
6	S	T	R	R	R	R	T	S	S	S	T	S	S
7	S	S	T	R	R	R	R	T	S	S	S	T	S
8	S	S	S	T	R	R	R	R	T	S	S	S	T
9	T	S	S	S	T	R	R	R	R	T	S	S	S
10	S	T	S	S	S	T	R	R	R	R	T	S	S
11	S	S	T	S	S	S	T	R	R	R	R	T	S
12	S	S	S	T	S	S	S	T	R	R	R	R	T

本章小结

近年来"云大物移智+区块链"发展迅速，特别是其中的智能物联网技术。早期的物联网主要依托 RFID 技术，但随着技术和应用的不断发展及演进，物联网的内涵已经发生了较大变化。物联网不再仅局限于无线传感器，还包括云计算、边缘计算等重要结构，因而物联网的拓扑结构也变得多种多样。本章从传感器、云计算与边缘计算 3 个方面分别介绍了物联网拓扑结构，帮助读者对物联网的拓扑结构有更深的理解和认识；同时，介绍了物联网最优化部署的注意事项与最优化部署面临的挑战，节点最优化部署，以及拓扑透明的调度技术，使读者对物联网的部署问题有进一步的认识。

习题

1. 按照节点功能及结构层次，物联网-传感器拓扑结构可划分为哪几种？
2. 按照技术特点和服务方式，云计算架构可以划分为哪几层？
3. 边缘计算拓扑结构划分为哪几层？
4. 物联网最优化部署的注意事项有哪些？
5. 物联网最优化部署面临的挑战有哪些？
6. 根据传感器节点是否可以移动，可以把节点部署划分为哪几类？
7. 传感器节点部署的优化目标主要可以分为哪几类？

第 4 章

人工智能技术

　　智能物联网融合人工智能技术和物联网技术，通过物联网产生、收集来自不同维度的海量数据，并将数据存储于云端、边缘端，再通过大数据分析，以及更高层次的人工智能，实现万物数据化、万物智联化。物联网技术与人工智能技术相融合，最终追求是形成一个智能化生态体系，在该体系内，实现不同智能终端设备之间、不同系统平台之间、不同应用场景之间的互融互通、万物互连。海量数据智能分析与控制依托于先进的软件工程技术，对物联网的各种数据进行海量存储与快速处理，并将处理结果实时反馈给网络中的各种控制部件。

　　人工智能是一种为了有效地达到某种预期目的和对数据进行知识分析而采用的方法和手段。通过在物体中植入智能系统，可以使得物体具备一定的智能性，能够主动或被动地实现与用户的沟通，这也是智能物联网的关键技术之一。智能物联网的实质性含义是给物体赋予智能，以实现人与物的交互"对话"，甚至实现物体与物体的交互对话。为了实现这样的智能性，需要智能化的控制技术与系统。例如，控制智能服务机器人完成既定任务，包括运动轨迹控制、准确的定位及目标跟踪等过程中使用的技术与系统。

4.1　人工智能技术概述

人工智能是计算机科学的一个分支，它是研究、开发用于模拟、延伸和扩展人的智能的理论、方法、技术及应用系统的一门新的技术科学。它旨在了解智能的实质，并生产出一种能够像人类智能那样以相似的方式做出反应的智能化机器，该领域包括机器人、语言识别、图像识别、自然语言处理和专家系统等。人工智能是对人思维过程的模拟，对规律的应用也只限于人类的认知范围。但是，人工智能不是人的智能，却能够像人那样思考，甚至在速度、广度方面超过人的智能。

例如，我们早上出门上班时，在实时交通 App 中输入目的地，其会给我们推荐最优行车路线；遇到堵车，车载音乐会播放能舒缓焦躁心情的音乐；要下班了，App 会自动设置好最优路线，同时可以控制家里的空调、热水器、电饭煲等家电在我们回家之前做好一切准备。这些都采用了人工智能技术。

4.1.1　人工智能技术的基本概念

人工智能是在计算机科学、控制论、信息论、神经科学、心理学哲学、语言学等多种学科研究的基础上发展起来的一门综合性的边缘学科。

人工智能概念最早出现在 1956 年。1955 年，艾伦·纽厄尔（Allen Newell）和赫伯特·西蒙（Herbert Simon）做了一个名为"逻辑专家"（Logic Theorist）的程序，这个程序被许多人认为是第一个人工智能程序。它将每个问题都表示成一个树形模型，然后选择最可能得到正确结论的那一枝来求解问题。"逻辑专家"对公众和人工智能研究领域产生的影响使它成为人工智能发展中一个重要的里程碑。"人工智能"最早由被称为"人工智能之父"的约翰·麦卡锡（John McCarthy）在 1956 年的达特茅斯会议上提出。这个会议集中了人工智能的创立者，并为以后的人工智能研究奠定了基础，这也成为人工智能正式诞生的标志。当越来越多的程序涌现时，麦卡锡正忙于人工智能史上的突破。1958 年，麦卡锡宣布了他的新成果：表处理（List Processing，LISP）语言。LISP 语言直至今天依然在被使用。它很快就为大多数人工智能开发者采纳。之后几年人工智能进入高速发展期。进入 20 世纪 70 年代，出现了专家系统，专家系统可以预测在一定条件下某种解的概率。由于当时计算机已有巨大容量，专家系统有可能从数据中得出规律，因此专家系统的市场应用很广。20 世纪 70 年代许多新方法被用于人工智能开发，如构造理论。20 世纪 80 年代，人工智能更多地进入商业领域，人们开始感受到计算机和人工智能技术对他们的影响，机器视觉也随之产生。从 1993 年开始，人工智能取得了一些里程碑式的成果。例如在 1997 年，国际象棋冠军卡斯帕罗夫（Kasparov）被 IBM 公司的"深蓝"战胜；"2014 图灵测试"中"尤金·古斯特曼"第一次"通过"图灵测试。2015 年以来，人工智能开始成为诸多业界人士关注的焦点之一。2016 年，AlphaGo 以 4∶1 战胜围棋世界冠军李世石，继而引发了人工智能将如何改变人类社会的思考。

自 1956 年提出以来，人工智能已经获得了迅速的发展，并取得了惊人的成就。回顾人工智能的发展历程，人们对"人的思维规律"的模拟研究从不同的层次与角度进行着不懈的探索。可以认为智能系统研究大致经历了以下几个发展阶段。

（1）符号智能阶段：以物理符号为研究对象。

（2）连接智能阶段：以人工神经元网络的连接机制为对象。

（3）现场智能阶段：以智能体（Agent）与环境之间的现场交互为研究内容。

（4）社会智能阶段：以智能体社会（包括环境智能体）的社会性交互求解机制为研究内容。

其中，现场智能阶段研究能够表现出智能行为的系统与环境之间的交互作用机制，系统与环境之间通过感知-动作与反馈机制进行现场交互而涌现出智能行为。社会智能阶段研究能够表现出智能行为的系统中智能体社会的组织机制，以及与人的交互和合作机制，如社会智能的涌现等。

4.1.2　人工智能的相关技术

人工智能的相关技术有专家系统、机器学习、计算机视觉、自然语言处理、模式识别、知识图谱、人机交互、生物特征识别、虚拟现实/增强现实等。

1. 专家系统

专家系统（Expert System）是一个或一组能在某些特定领域内，依靠大量的专家已有的知识和推理方法建立起来的知识系统，是求解复杂问题的一种人工智能计算机程序，属于人工智能的一个发展分支。专家系统的研究目标是模拟人类专家的推理思维过程，一般是将领域专家的知识和经验，用一种知识表达模式存入计算机。专家系统能对输入的事实进行推理，做出判断和决策。

从 20 世纪 60 年代开始，专家系统的应用产生了巨大的经济效益和社会效益。专家系统是人工智能研究中开展最早、成果最多的技术之一，已成为人工智能领域中最活跃、最受重视的技术之一，广泛应用于医疗诊断、地质勘探、石油化工等各领域。

2. 机器学习

要使计算机具有智慧，要么将知识表示为计算机可以接受的方式输入计算机，要么使计算机本身具有获得知识的能力，并能在实践中不断总结、完善，这种方式称为机器学习（Machine Learning）。机器学习是一门涉及统计学、系统辨识、逼近理论、神经网络、优化理论、计算机科学、信息科学、脑科学、神经心理学、逻辑学、模糊数学等诸多领域的交叉学科，研究计算机怎样模拟或实现人类的学习行为，以获取新的知识或技能，重新组织已有的知识结构使计算机不断完善自身的性能，是人工智能技术的核心。基于数据的机器学习是现代智能技术中的重要方法之一，研究从观测数据（样本）出发寻找规律，利用这些规律对未来数据或无法观测的数据进行预测。根据学习模式、学习方法以及算法的不同，机器学习存在不同的分类方法。

（1）根据学习模式可以将机器学习分为监督学习、无监督学习和强化学习等。

① 监督学习。

监督学习利用已标记的有限训练数据集，通过某种学习策略/方法建立一个模型，实现对新数据/实例的标记（分类）/映射，典型的监督学习算法包括回归和分类。监督学习要求训练样本的分类标签已知，分类标签精确度越高，样本越具有代表性，学习模型的准确度越高。监督学习在自然语言处理、信息检索、文本挖掘、手写体辨识、垃圾邮件侦测等领域获得了广泛应用。

② 无监督学习。

无监督学习利用未标记的有限数据描述隐藏在未标记数据中的结构/规律，典型的无监督学习算法包括单类密度估计、单类数据降维、聚类等。无监督学习不需要训练样本和人工标记数据，便于压缩数据存储、减少计算量来提升算法速度，还可以避免正、负样本偏移引起的分类错误问题。其主要用于经济预测、异常检测、数据挖掘、图像处理、模式识别等领域，例如组织大型计算机集群、社交网络分析、市场分割、天文数据分析等。

③ 强化学习。

强化学习是智能系统从环境到行为映射的学习，以使强化信号函数值最大。由于外部环境提供的信息很少，强化学习系统必须靠自身的经历进行学习。强化学习的目标是学习从环境到行为的映射，使智能体选择的行为能够获得环境最大的"奖赏"，使得外部环境对强化学习系统在某种意义下的评价为最佳。其在机器人控制、无人驾驶、下棋、工业控制等领域获得成功应用。

（2）根据学习方法可以将机器学习分为传统机器学习和深度学习。

① 传统机器学习。

传统机器学习从一些观测（训练）样本出发，试图发现不能通过原理分析获得的规律，实现对未来数据行为或趋势的准确预测。相关算法包括逻辑回归、隐马尔可夫模型、支持向量机方法、K 近邻算法、三层人工神经网络方法、AdaBoost 算法、贝叶斯方法以及决策树方法等。传统机器学习平衡了学习结果的有效性与学习模型的可解释性，为解决有限样本的学习问题提供了框架，主要用于有限样本情况下的模式分类、回归分析、概率密度估计等。传统机器学习方法的重要理论基础之一是统计学，其在自然语言处理、语音识别、图像识别、信息检索和生物信息等许多计算机领域获得了广泛应用。

② 深度学习。

深度学习（Deep Learning），也称为深度结构学习（Deep Structured Learning）、层次学习（Hierarchical Learning）或者深度机器学习（Deep Machine Learning），是一类算法集合。深度学习是建立深层结构模型的方法，典型的深度学习算法包括深度置信网络、受限玻尔兹曼机和循环神经网络等。深度学习又称为深度神经网络（指层数超过 3 层的神经网络）。深度学习作为机器学习研究中的一个新兴领域，于 2006 年被提出。深度学习源于多层神经网络，其实质是给出了一种将特征表示和学习合二为一的方法。深度学习的特点是放弃了可解释性，单纯追求学习的有效性。经过多年的摸索、尝试和研究，已经产生了诸多深度神经网络模型，其中卷积神经网络、循环神经网络是两类典型的模型。卷积神经网络常被应用于空间性分布数据；循环神经网络在神经网络中引入了记忆和反馈，常被应用于时间性分布数据。深度学习框架是进行深度学习的基础底层框架，一般包含主流的深度神经网络模型，提供稳定的深度学习 API，支持训练模型在服务器和图形处理单元（Graphics Processing Unit，GPU）、张量处理单元（Tensor Processing Unit，TPU）间的分布式学习，部分深度学习框架还具备在包括移动设备、云平台在内的多种平台上运行的移植能力，从而为深度学习算法带来前所未有的运行速度和实用性。目前主流的开源算法框架有 TensorFlow、Caffe/Caffe2、CNTK、MXNet、PaddlePaddle、Torch/PyTorch、Theano 等。

深度学习尝试为数据的高层次摘要进行建模，AlphaGo 就是深度学习建模的一个典型案例。作为人工智能领域的一个重要应用分支，深度学习算法使机器人拥有自主学习能力，例如 AlphaGo，在无须人类指导下，通过全新的强化学习方式使自己成为自己的老师，在围棋领域达到超人类的精通程度。AlphaGo 通过一次又一次地学习、更新算法，在 2016 年以 4：1 打败围棋世界冠军李世石。过去 10 多年，算法、数据和计算三大要素助推人工智能迅速崛起，互联网中存储多年的海量数据有了重大应用价值——训练机器。如今，深度学习被广泛地应用于语音、图像、自然语言处理等领域，开始纵深发展，并由此带动了一系列新的产业发展。

深度学习的技术原理为：建立一个网络并随机初始化所有连接的权重；再将产生的大量数据输入这个网络，网络会自动处理这些数据并进行学习；如果能查到相应的数据，权重将会增大，如果查不到，权重将会减小；通过上述过程后权重得到重新调整。在经历成千上万次的学习之后，可以得到超人类的表现。

深度学习的本质是选择一个"万能函数"建立预测模型。首先用户输入大量训练样本数据，机器对模型进行训练，选择可以使预测的模型达到最优的参数集，从而使模型能够更好地拟合训练样本数据的空间分布。谷歌公司在训练 AlphaGo 时，收集了 16 万局人类围棋高手的棋谱，在经过不同版本 AlphaGo 之间的自我对弈之后，生成了 3000 多万个对局，包含人类围棋领域所积累的所有丰富和全面的知识与经验。相比 IBM 的"深蓝"战胜国际象棋世界冠军，AlphaGo 依靠强大的运算能力取得了胜利，其最大进步是将"计算加记忆"法则进化到"拟合加记忆"法则。

（3）根据算法还可以将机器学习分为迁移学习、主动学习和演化学习等。

① 迁移学习。

迁移学习是指当在某些领域无法取得足够多的数据进行模型训练时，利用另一领域数据获得的关系进行学习的算法。迁移学习可以把已训练好的模型参数迁移到新的模型，以指导新模型训练，可以更有效地学习底层规则、减少数据量。目前的迁移学习算法主要在变量有限的小规模应用中使用，如基于传感器网络的定位、文字分类和图像分类等。未来迁移学习将被广泛应用于解决更有挑战性的问题，如视频分类、社交网络分析、逻辑推理等。

② 主动学习。

主动学习通过一定的算法查询最有用的未标记样本，并交由专家进行标记，然后用查询到的样本训练分类模型来提高模型的精度。主动学习能够有选择地获取知识，通过较少的训练样本获得高性能的模型，常用的策略是通过不确定性准则和差异性准则选取有效的样本。

③ 演化学习。

演化学习对优化问题性质的要求极少，只需能够评估解的好坏即可，适用于求解复杂的优化问题，也能直接用于多目标优化。演化学习算法包括粒子群优化算法、多目标演化算法等。目前针对演化学习的研究主要集中在演化数据聚类、对演化数据更有效的分类，以及提供某种自适应机制以确定演化机制的影响等。

3. 计算机视觉

计算机从图像中识别出物体、场景和活动的能力称为计算机视觉。计算机视觉是一门专门用来研究让计算机学习生物视觉技术的学科，是人工智能的一个分支。计算机视觉的基本技术原理是：计算机运用图像处理操作等技术组合成的序列，将图像分析任务分解为便于管理的小块任务，如从图像中检测物体的边缘及纹理。

自动驾驶、机器人、智能医疗等领域均需要通过计算机视觉技术从视觉信号中提取并处理信息，如医疗成像分析、人脸识别等。其中，医疗成像分析用来提高疾病的预测、诊断和治疗能力；人脸识别用来自动识别照片里的人物，如用于网上支付、人员验证判断服务等方面。随着深度学习的发展，预处理、特征提取与算法处理渐渐融合，形成端到端的人工智能算法技术。根据解决的问题，计算机视觉可分为计算成像学、图像理解、三维视觉、动态视觉和视频编解码五大类。

（1）计算成像学

计算成像学是探索人眼结构、相机成像原理以及其延伸应用的科学。在相机成像原理方面，计算成像学不断促进现有可见光相机的完善，使得现代相机更加轻便，可以适用于不同场景。同时计算成像学也推动着新型相机的产生，使相机超出可见光的限制。在相机应用科学方面，计算成像学可以提升相机的能力，从而通过后续的算法处理使得在受限条件下拍摄的图像更加完善，例如图像去噪、去模糊、暗光增强、去雾霾等，以及实现新的功能，例如全景图、软件虚化、超分辨率等。

（2）图像理解

图像理解是通过用计算机系统解释图像，实现类似人类视觉系统理解外部世界的一门科学。通常根据理解信息的抽象程度，图像理解可分为 3 个层次：浅层理解，包括图像边缘、图像特征点、纹理元素等；中层理解，包括物体边界、区域与平面等；高层理解，根据需要抽取的高层语义信息，可大致分为识别、检测、分割、姿态估计、图像文字说明等。目前高层理解算法已逐渐广泛应用于人工智能系统，如刷脸支付、智能安防、图像搜索等。

（3）三维视觉

三维视觉即研究如何通过视觉获取三维信息（三维重建）及如何理解所获取的三维信息的科学。根据重建的信息来源，三维重建可以分为单目图像重建、多目图像重建和深度图像重建等。三维信息理解，即使用三维信息辅助图像理解或者直接理解三维信息。三维信息理解可分为 3 层：浅层，角点、边缘、法向量等；中层，平面、立方体等；高层，物体检测、识别、分割等。三维视觉技术可以广泛应用于机器人、无人驾驶、智能工厂、虚拟/增强现实等方面。

（4）动态视觉

动态视觉即分析视频或图像序列，模拟人处理时序图像的科学。通常动态视觉问题可以定义为寻找图像元素如像素、区域、物体在时序上的对应，以及提取其语义信息的问题。动态视觉研究被广泛应用在视频分析以及人机交互等方面。

（5）视频编解码

视频编解码指通过特定的压缩技术，对视频流进行压缩。视频流传输中十分重要的编解码标准有 H.261、H.263、H.264、H.265、M-JPEG 和 MPEG 系列标准。视频压缩编码主要分为两大类：无损压缩和有损压缩。无损压缩指使用压缩后的数据进行重构时，重构后的数据与原来的数据完全相同，例如磁盘文件的压缩。有损压缩也称为不可逆编码，指使用压缩后的数据进行重构时，重构后的数据与原来的数据有差异，但不会让人们对原始资料所表达的信息产生误解。有损压缩的应用范围广泛，例如视频会议、可视电话、视频广播、视频监控等。

目前，计算机视觉技术发展迅速，已具备初步的产业规模。未来计算机视觉技术的发展主要面临的挑战有几个。一是如何在不同的应用领域和其他技术更好地结合。计算机视觉在解决某些问题时可以广泛利用大数据，技术逐渐成熟且精度高，而在某些问题上却无法达到很高的精度。二是如何减少计算机视觉算法的开发时间和人力成本。目前计算机视觉算法需要大量的数据与人工标注，需要较长的研发周期以达到应用领域所要求的精度与耗时。三是如何加快新型算法的设计开发。随着新的成像硬件与人工智能芯片的出现，针对不同芯片与数据采集设备的计算机视觉算法的设计与开发也是挑战之一。

4. 自然语言处理

自然语言处理是计算机科学领域与人工智能领域中的一个重要方向，融合语言学、计算机科学、数学等多门学科集成语言，研究能实现人与计算机用自然语言进行有效通信的各种理论和方法，涉及的领域较多，主要包括机器翻译、语义理解和问答系统等。与计算机视觉技术一样，自然语言处理也采用了多种技术的融合。

（1）机器翻译

机器翻译是指利用计算机技术实现从一种自然语言到另一种自然语言的翻译过程。基于统计的机器翻译方法突破了之前基于规则和实例翻译方法的局限性，翻译性能取得巨大提升。基于深度神经网络的机器翻译在日常口语等一些场景的成功应用已经显现出了巨大的潜力。随着上下文的语境表征和知识逻辑推理能力的发展，自然语言知识图谱不断扩充，机器翻译将会在多轮对话翻译及篇章翻译等领域取得更大进展。

目前非限定领域机器翻译中性能较佳的一种是统计机器翻译，包括训练及解码两个阶段。训练阶段的目标是获得模型参数；解码阶段的目标是利用所估计的参数和给定的优化目标，获取待翻译语句的最佳翻译结果。基于统计的机器翻译方法主要包括语料预处理、词对齐、短语抽取、短语概率计算、最大熵调序等步骤。基于神经网络的端到端翻译方法不需要针对双语句子专门设计特征模型，而是直接把源语言句子的词串送入神经网络模型，经过神经网络的运算，得到目标语言句子的翻译结果。在基于端到端的机器翻译系统中，通常采用递归神经网络或卷积神经网络对句子进行表征建模，从海量训练数据中抽取语义信息，与基于短语的统计翻译相比，其翻译结果更加流畅、自然，在实际应用中取得了较好的效果。

（2）语义理解

语义理解是指利用计算机技术实现对文本、篇章的理解，并且回答文本、篇章相关问题的过程。语义理解更注重于对上下文的理解以及对答案精准程度的把控。随着 MCTest 数据集的发布，语义理解受到更多关注，取得了快速发展，相关数据集和对应的神经网络模型层出不穷。语义理解将在智能客服、产品自动问答等相关领域发挥重要作用，进一步提高问答与对话系统的精度。

在数据采集方面，语义理解通过自动构造数据方法和自动构造填充型问题的方法来有效扩充数据资源。为了解决填充型问题，一些基于深度学习的方法相继提出，如基于注意力的神经网络方法。当前主流的模型是利用神经网络技术对篇章、问题建模，对答案的开始和终止位置进行预测，抽取出篇章片段。对于进一步泛化的答案，处理难度进一步提升，因此目前的语义理解仍有较大的提升空间。

（3）问答系统

问答系统分为开放领域的对话系统和特定领域的问答系统。问答系统是指让计算机像人类一样用自然语言与人交流的技术。人们可以向问答系统提交用自然语言表达的问题，系统会返回关联性较高的答案。尽管问答系统目前已经有了不少应用产品，但大多是实际信息服务系统和智能手机助手等领域中的应用，问答系统在稳健性方面仍然存在问题和面临挑战。

自然语言处理面临四大挑战：一是在词法、句法、语义、语用和语音等不同层面存在不确定性；二是新的词汇、术语、语义和语法导致未知语言现象的不可预测性；三是数据资源的不充分使其难以覆盖复杂的语言现象；四是语义知识的模糊性和错综复杂的关联性难以用简单的数学模型描述，语义计算需要参数庞大的非线性计算。

5. 模式识别

我们把环境与客体统称为"模式"。模式识别（Pattern Recognition）指通过计算机用数学技术方法对表征事物或现象的各种形式的（数值的、文字的和逻辑关系的）信息进行处理和分析，以对事物或现象进行描述、辨认、分类和解释。模式识别研究如何使机器具有感知能力及模式的自动处理和判读，研究视觉模式和听觉模式的识别，是信息科学和人工智能的重要组成部分。

模式识别是人类的一项基本智能，在日常生活中，人们经常在进行"模式识别"。随着 20世纪 40 年代计算机的出现及 20 世纪 50 年代人工智能的兴起，人们当然希望能用计算机来代替或扩展人类的部分脑力劳动。模式识别在 20 世纪 60 年代初迅速发展并成为一门新学科，在日常生活各方面以及军事上都有广泛的用途，如识别物体、地形、图像、字体等。近年来迅速发展起来的应用模糊数学模式、人工神经网络模式的方法，逐渐取代传统的应用统计模式和结构模式的识别方法。随着计算机技术的发展，人类有可能研究复杂的信息处理过程。信息处理过程的一个重要形式是生命体对环境及客体的识别。对人类来说，特别重要的是对光学信息（通过视觉器官来获得）和声学信息（通过听觉器官来获得）的识别。它们是模式识别的两个重要方面。市场上可见到的代表性产品有光学字符识别、语音识别系统等。

语音识别是将语音转化为文字，并对其进行识别和处理的一种技术。语音识别目前主要应用于医疗听写、语音书写、计算机系统声控、移动应用、电话客服等方面。

语音识别技术的原理是：对声音进行处理，使用移动窗函数对声音进行分帧；分帧后声音变成数字波形，对波形做声学体征提取；经过声学体征提取之后，声音就变成一个 N 列方阵；最后通过音素组合成单词。

6．知识图谱

知识图谱本质上是结构化的语义知识库，是一种由节点和边组成的图数据结构，以符号形式描述物理世界中的概念及相互关系。其基本组成单位是"实体—关系—实体"三元组，以及实体及其相关"属性—值"对。不同实体之间通过关系相互连接，构成网状的知识结构。在知识图谱中，每个节点表示现实世界的"实体"，每条边表示实体与实体之间的"关系"。通俗地讲，知识图谱就是把所有不同种类的信息连接在一起而得到的关系网络，提供从"关系"的角度去分析问题的能力。

知识图谱可用于反欺诈、不一致性验证等公共安全保障领域，需要用到异常分析、静态分析、动态分析等数据挖掘方法。特别地，知识图谱在搜索引擎、可视化展示和精准营销方面有很大的优势，已成为相关业界的热门工具。但是，知识图谱的发展还面临很大的挑战，如数据的噪声问题，即数据本身有错误或者数据存在冗余。随着知识图谱应用的不断深入，还有一系列关键技术需要突破。

7．人机交互

人机交互主要研究人和计算机之间的信息交换，主要包括人到计算机和计算机到人的信息交换，是人工智能领域重要的外围技术。人机交互是与认知心理学、人机工程学、多媒体技术、虚拟现实技术等密切相关的综合学科。传统的人与计算机之间的信息交换主要依靠交互设备进行，交互设备主要包括键盘、鼠标、操纵杆、数据服装、眼动追踪器、位置追踪器、数据手套、压力笔等输入设备，以及打印机、绘图仪、显示器、音箱等输出设备。人机交互除了传统的基本交互和图形交互外，还包括语音交互、情感交互、体感交互及脑机交互等技术，以下我们将对后 4 种与人工智能关联密切的典型交互技术进行介绍。

（1）语音交互

语音交互是一种高效的交互方式，是实现人用自然语音或机器合成语音同计算机进行交互的综合性技术，结合了语言学、心理学、工程和计算机技术等领域的知识。语音交互不仅要对语音识别和语音合成进行研究，还要对人在语音通道下的交互机理、行为方式等进行研究。语音交互过程包括 4 部分：语音采集、语音识别、语义理解和语音合成。语音采集完成音频的录入、采样及编码；语音识别完成语音信息到机器可识别文本信息的转换；语义理解根据语音识别转换后的文本字符或命令完成相应的操作；语音合成完成文本信息到声音信息的转换。作为人类沟通和获取信息十分自然、便捷的手段，语音交互比其他交互技术具备更多优势，能为人机交互带来根本性变革，是"大数据时代"和"认知计算时代"未来发展的制高点，具有广阔的发展前景和应用前景。

（2）情感交互

情感是一种高层次的信息传递，而情感交互是一种交互状态，它在表达功能和信息时传递情感，勾起人们的记忆或内心的情愫。传统的人机交互无法理解和适应人的情绪或心境，缺乏情感理解和表达能力，计算机难以具有类似人的智能，也难以通过人机交互做到真正的和谐与自然。情感交互就是赋予计算机类似人的观察、理解和生成各种情感的能力，最终使计算机像人一样能进行自然、亲切和生动的交互。情感交互已经成为人工智能领域中的热点方向，旨在让人机交互变得更加自然。目前，在情感交互信息的处理方式、情感描述方式、情感数据获取和处理过程、情感表达方式等方面我们还面临诸多技术挑战。

（3）体感交互

体感交互是个体不需要借助任何复杂的控制系统，以体感技术为基础，直接通过肢体动作与周边数字设备装置和环境进行自然交互的技术。依照体感方式与原理的不同，体感技术主要分为

3 类：惯性感测、光学感测以及光学联合感测。体感交互通常由运动追踪、手势识别、运动捕捉、面部表情识别等一系列技术支撑。与其他交互技术相比，体感交互技术无论是在硬件还是在软件方面都有了较大的提升，交互设备向小型化、便携化、使用方便化等方向发展，大大降低了对用户的约束，使得交互过程更加自然。目前，体感交互在游戏娱乐、医疗辅助与康复、全自动三维建模、辅助购物、眼动仪等领域有了较为广泛的应用。

（4）脑机交互

脑机交互又称为脑机接口，指不依赖于外围神经和肌肉等神经通道，直接实现大脑与外界信息传递的通路。脑机交互系统检测中枢神经系统活动，并将其转化为人工输出指令，能够替代、修复、增强、补充或者改善中枢神经系统的正常输出，从而改变中枢神经系统与内外环境之间的交互作用。脑机交互通过对神经信号进行解码，实现脑信号到机器指令的转化，一般包括信号采集、特征提取和命令输出 3 个模块。从脑电信号采集的角度，一般将脑机交互分为侵入式和非侵入式两大类。除此之外，脑机交互还有其他常见的分类方式：按照信号传输方向，可分为脑到机、机到脑和脑机双向交互；按照信号生成的类型，可分为自发式脑机交互和诱发式脑机交互；按照信号源的不同，还可分为基于脑电的脑机交互、基于功能性核磁共振的脑机交互，以及基于近红外光谱分析的脑机交互。

8．生物特征识别

生物特征识别是指通过个体生理特征或行为特征对个体身份进行识别认证的技术。从应用流程来看，生物特征识别通常分为注册和识别两个阶段。注册阶段通过传感器对人体的生物表征信息进行采集，如利用图像传感器对指纹和人脸等光学信息进行采集，利用话筒对说话声等声学信息进行采集等，并利用数据预处理以及特征提取技术对采集的数据进行处理，得到相应的特征并进行存储。识别阶段采用与注册阶段一致的信息采集方式对待识别人进行信息采集、数据预处理和特征提取，然后将提取的特征与存储的特征进行对比、分析，完成识别。从应用任务来看，生物特征识别一般分为辨认与确认两种任务。辨认是指从存储库中确定待识别人身份的过程，是一对多的问题；确认是指将待识别人的信息与存储库中特定单人信息进行对比，从而确定身份的过程，是一对一的问题。

生物特征识别技术涉及的内容十分广泛，包括指纹、人脸、虹膜、指静脉、声纹、步态等多种生物特征。其识别阶段涉及图像处理、计算机视觉、语音识别、机器学习等多项技术。目前生物特征识别作为重要的智能化身份认证技术，在金融、公共安全、教育、交通等领域得到广泛的应用。以下我们将对指纹识别、人脸识别、虹膜识别、指静脉识别、声纹识别以及步态识别等技术进行介绍。

（1）指纹识别

指纹识别通常包括数据采集、数据处理、分析判别 3 个过程。数据采集通过光、电、力、热等物理量传感器获取指纹图像；数据处理包括预处理、畸变校正、特征提取 3 个过程；分析判别是对提取的特征进行分析、判别的过程。

（2）人脸识别

人脸识别是典型的计算机视觉应用，从应用过程来看，可将人脸识别划分为检测定位、面部特征提取以及人脸确认 3 个过程。人脸识别技术的应用主要受光照、拍摄角度、图像遮挡、年龄等多个因素的影响。在约束条件下人脸识别技术相对成熟，在自由条件下人脸识别技术还在不断改进。

（3）虹膜识别

虹膜识别的理论框架主要包括虹膜图像分割、虹膜区域归一化、特征提取和识别 4 个部分，相关研究工作大多基于此理论框架发展而来。虹膜识别技术应用的主要难题在传感器和光照影响两方面：一方面，由于虹膜尺寸小且受黑色素遮挡，需在近红外光源下采用高分辨率图像传感器才可清晰成像，对传感器质量和稳定性要求比较高；另一方面，光照的强弱变化会引起瞳孔缩放，导致虹膜纹理产生复杂形变，增加了匹配的难度。

（4）指静脉识别

指静脉识别是利用人体静脉血管中的脱氧血红蛋白对特定波长范围内的近红外线有很好的吸收作用这一特性，采用近红外光对指静脉进行成像与识别的技术。由于指静脉血管分布的随机性很强，其网络特征具有很好的唯一性，且属于人体内部特征，不受外界影响，因此模态特性十分稳定。指静脉识别技术应用面临的主要难题来自成像单元。

（5）声纹识别

声纹识别是指根据待识别语音的声纹特征识别说话人的技术。声纹识别技术通常可以分为前端处理和建模分析两个阶段。声纹识别的过程是：将某段来自某人的语音经过特征提取后，与多复合声纹模型库中的声纹模型进行匹配。其常用的识别方法可以分为模板匹配法、概率模型法等。

（6）步态识别

步态是远距离复杂场景下唯一可清晰成像的生物特征，步态识别指通过身体体型和行走姿态来识别人的身份。与上述几种生物特征识别技术相比，步态识别技术的难度更大，体现在其需要从视频中提取运动特征，以及需要更高要求的预处理算法，但步态识别具有远距离、跨角度、光照不敏感等优势。

9. 虚拟现实/增强现实

虚拟现实（Virtual Reality，VR）/增强现实（Augment Reality，AR）是以计算机为核心的新型视听技术。结合相关科学技术，其能在一定范围内生成与真实环境在视觉、听觉、触觉等方面高度近似的数字化环境。用户借助必要的装备与数字化环境中的对象进行交互、相互影响，通过显示设备、跟踪定位设备、触力觉交互设备、数据获取设备、专用芯片等，获得近似真实环境的感受和体验。

VR/AR 从技术特征角度，按照不同处理阶段，可以分为获取与建模技术、分析与利用技术、交换与分发技术、展示与交互技术以及技术标准与评价体系 5 个方面。获取与建模技术研究如何把物理世界或者人类的创意进行数字化和模型化，其难点是三维物理世界的数字化和模型化技术；分析与利用技术重点研究对数字内容进行分析、理解、搜索和知识化的方法，其难点在于内容的语义表示和分析；交换与分发技术主要强调各种网络环境下大规模的数字化内容流通、转换、集成和面向不同终端用户的个性化服务等，其核心是开放的内容交换和版权管理技术；展示与交互技术重点研究符合人类习惯的数字内容的各种显示技术及交互方法，以期提高人对复杂信息的认知能力，其难点在于建立自然、和谐的人机交互环境；技术标准与评价体系重点研究 VR/AR 基础资源、内容编目、信源编码等的规范标准以及相应的评估技术。

目前 VR/VR 面临的挑战主要体现在智能获取、通用设备、自由交互和感知融合 4 个方面。在硬件平台与装置、核心芯片与器件、软件平台与工具、相关标准与规范等方面存在一系列科学技术问题。总体来说，VR/AR 呈现虚拟现实系统智能化、虚实环境对象无缝融合、自然交互全方位与舒适化的发展趋势。

4.1.3 人工智能产生的影响

1. 人工智能对自然科学的影响

随着人工智能底层技术的迅速发展，现在智能机器已经实现从"认识物理世界"到"个性化场景落地"的跨越。人工智能是可以帮助我们使用计算机来解决问题的一门学科，可以让自然科学科研人员从大量重复劳动中解放出来，从事更多创新工作，使得科研效率大为提升。更特别的是，人工智能能够帮助人们了解自身智能是如何形成的。

2. 人工智能对经济的影响

专家系统深入各行各业，带来巨大的收益。人工智能对计算机和网络方面的发展也具有促进作用。各种智能家居逐渐进入人们的生活当中，为人们的生活带来了极大的便捷，但也带来了许多问题。当智能产品完全代替手动操作时，大量的手动作业不再需要人类，必然会带来许多群体失业问题，从而带来劳务就业问题，这将是相关研究人员需要考虑的重点问题。因为人工智能在科技和工程中的应用，可以代替人类进行各种技术工作的体力和脑力劳动，从而在某种程度上造成社会结构发生剧烈变化。在这种情况下，人类需要树立终身学习的思想，不断充实自己，以免过分依赖人工智能。在此基础上，人工智能虽然带来许多群体失业问题，但也会产生新的人工智能配套职业，让人从机械、重复工作中解放出来，做更重要、层次更高的工作，带来新的产业机会，整个社会向更高层次发展。

3. 人工智能对社会的影响

人工智能为我们的生活带来了便利，对各行各业的发展都起到很大的促进作用。伴随着人工智能和智能机器人不断发展，我们用未来的眼光开展科研的同时，其涉及的伦理底线问题也是需要考虑的。任何一种恰当的、合理的制度安排都包含着对技术对象的深入认识。例如，各国之所以明令禁止克隆技术在人类自身上的应用，就是因为科学家和伦理学家对克隆技术本身有清醒的认识。人工智能技术也是如此，合理地规划人工智能的发展，需要我们对人工智能有清醒的认识。这不但要求我们能够准确地认识什么是人工智能，辨识人工智能与人之间的关系，还要求我们对人工智能对人类社会的冲击有全方位的判断。

4.2　人工智能在智能物联网中的应用

数据已经成为各行各业的重要生产因素。IDC 发布的报告显示，2025 年全球大数据量将达到 175ZB，全球物联网设备约产生 79.4ZB 的数据量。未来，信息数据将呈爆炸式指数增长，物联网也将成为数据的主要来源。此外，人工智能正在各领域迅速普及，各种产业的智能化程度不断提升，物联网的智能化发展是必然趋势。物联网技术作为信息产业"第三次浪潮"的核心技术，可以承载人工智能、云计算、大数据等新兴技术，使它们相互促进、融合发展，推动人类社会迈入"万物智慧互连时代"。

4.2.1　人工智能与智能物联网的联系

腾讯研究院发布的中国人工智能行业热度图显示，医疗是目前人工智能应用最火热的行业，其次是汽车行业，其借助无人驾驶/辅助驾驶等相关技术的发展脱颖而出。第三梯队包含教育、制造、交通、电商等实体经济标志性领域。人工智能与智能物联网结合将逐渐深入各行各业并引起革命性变革，人工智能在科技和烦琐的工程中能够代替人类进行各种技术工作和部分脑力劳动，由此造成了现有社会结构的剧烈变化。但也创造出新领域的工作机会，因此人工智能会对社会结构做重新调整。

人工智能助力智慧城市进入 2.0 版本，大数据和云计算是建设智慧城市的两大助手。城市的交通、市政、能源、供水等领域每时每刻都产生大量数据，人工智能可以从城市运行与发展产生的大量数据中提取有效信息，为智慧城市的发展、管理、控制提供新的思路。人工智能为制造业的转型、升级提供了动力和方法，制造从自动化走向智能化。传统的机器人只是自动化的机械装置，不能智能适应环境，基于人工智能容易实现智能机器人、智能工厂、智能供应链等智能制造体系。人工智能让制造业有更高的效率，并带来生产和组织模式的颠覆性变革。智能物联网产生的海量数据将会是人工智能时代的一座"大金矿"，通过人工智能的应用，智能物联网将会让我们的社会更加智能。

人工智能和智能物联网的融合是新兴技术交互发展的必然结果，"AI+IoT"模式在智慧城市、智能家居、智能农业、节能减排、无人驾驶、医疗健康等许多领域已经得到初步应用。该模式的基本流程是：智能物联网利用各种传感设备采集多种格式、类型的原始数据，将数据转移存储至大数据平台，通过大数据分析完成对数据的分析、处理，向人工智能算法提供所需数据；利用人工智能技术，对海量数据进行特征提取并进行深度挖掘，充分利用数据信息的价值，做出多种智能化分析，最终将分析结果反馈给智能物联网。如表 4-1 所示，利用"AI+IoT"模式基本可以实现 3 种智能化分析：一是实时分析，例如在无人驾驶领域，车辆通过传感设备、摄像头、实时通信系统、智能控制系统收集路况信息、实时反馈和及时响应，最终实现自动驾驶功能；二是最优分析，例如在智能农业领域，智能温室大棚部署多种传感器，采集作物生长过程中的温湿度、光照和二氧化碳等环境参数，通过智能数据分析，模拟出适宜作物生长的环境；三是预测分析，例如在智慧气象领域，气象研究人员不断尝试利用该模式进行天气气候预测、气象灾害预警等，目前该领域的应用正处于初级阶段，但是未来人工智能和智能物联网的综合运用在气象领域拥有巨大的潜能和发展空间。

表 4-1　"AI+IoT"模式的智能化分析

分析类型	应用场景	应用举例
实时分析	无人驾驶、智能家居	轻舟智航 Robo-Bus、百度 Apollo、小米智能家居、Apple HomeKit
最优分析	智能农业、智能医疗、智慧金融	温室大棚智能控制系统、慢性疾病用药量、蚂蚁金服智能风控
预测分析	智慧气象、消费预测	气象灾害监测预警系统

4.2.2　人工智能对智能物联网的作用

近年来，智能物联网的使用呈指数级增长，网络安全问题也随之增加。网络安全领域的前沿是人工智能，它被用于开发复杂算法，以保护网络和系统，包括智能物联网系统。然而，网络攻击者已经发现了如何利用人工智能，甚至已经开始对抗人工智能来实施网络安全攻击。在智能物联网中，网络攻击者占上风，因为他们只需要找到一个漏洞，而网络安全专家必须保护多个目标。这也导致网络攻击者越来越多地使用人工智能，以阻止探测异常活动并绕过复杂算法。随着智能物联网技术的发展，人工智能受到了越来越多的关注。人工智能技术，如决策树、线性回归、机器学习、支持向量机和神经网络等，已被用于智能物联网网络安全应用，以识别威胁和潜在攻击。

目前已经有学者提出了基于 CICIDS2017 数据集的深度学习模型，用于智能物联网网络安全的分布式拒绝服务（Distributed Denial of Service，DDoS）攻击检测，提供了较高的准确率（97.16%）。此外，还有学者评估了网关设备中的人工神经网络，以检测从边缘设备发送的数据中的异常。结果表明，该方法可以提高智能物联网系统的安全性。一篇论文中提出了一种基于人工智能的控制方法，用于工业物联网系统中网络攻击的检测、估计和补偿。另一篇论文提出为智能物联网环境提供强大的普遍检测，开发了各种对抗性攻击和防御机制，并通过包括 MNIST、CIFAR-10 和 SVHN 在内的数据集验证了此方法。还有学者分析了人工智能决策在网络系统中的最新演变，发现这种演变几乎是自主的，因为网络系统中智能物联网设备的集成越来越多，而人工智能决策在处理大量数据方面的速度和效率可能会使这种演变不可避免。还有论文讨论了使用人工智能和机器学习进行风险分析的新方法，特别是在工业环境的物联网中。另有一篇论文讨论了捕获和评估智能物联网设备网络安全风险的方法，目的是标准化此类方法，以便更有效地识别和防范智能物联网系统中的风险。

4.2.3　智能物联网与机器学习技术融合

机器学习系统根据大量的例子构建模型并且根据数据做出预测和判断。它的预测能力在工业环境中具有重要价值，通过从机器内部或表面上的多个传感器获取的数据，机器学习算法可以"学习"机器的典型特征，然后检测异常情况。例如，Augury 公司在它的设备上安装了振动和超声波传感器，当传感器采集的数据被传输到服务器时，在服务器上与从该机器收集到的原来的数据以及从类似机器收集到的数据进行比较，其平台可以检测到机器微小的变化，并在故障发生时发出警告。同时，这个分析是实时完成的，结果会在几秒内显示在技术人员的智能手机上。在这个智能物联网与机器学习融合的典型应用中，先利用事例建立模型，最后利用机器学习预测，将智能物联网采集到的数据与机器学习预测的数据做比较，最后系统根据数据不断地优化，达到系统自我学习的目的。

智能物联网与机器学习的融合同样也可以用来预测机器何时需要维护，这种方式可以为企业节省大量的成本。无论哪个行业，都有机会使用基于物联网的预测性维护来改善运营。例如，餐馆使用传感器来监测制冷设备，使其能够在故障发生和食物变质之前解决潜在的问题；制造商可以进行远程设备监控，以避免可能影响整个操作的关键设备故障；甚至连办公楼也出现预测性维护趋势，比如为了减少大量的电梯停运时间，电梯上安装了智能物联网设备来实现预测性维护。

智能物联网与机器学习的融合在塑造个人体验的应用中有很大的潜力，利用传感器采集到的数据来了解用户的各种偏好，将用户的环境塑造成用户个人所喜爱的类型，如果有足够多的数据，甚至可以细分为用户每个月的偏好。例如，使用机器学习来了解用户在春、夏、秋、冬 4 个季节对光的强度的偏好，能够保证用户在家时光的强度对用户是最舒适的。

上述提到的几个应用是智能物联网与机器学习融合的简单应用，未来随着数据的增长机器学习将更加复杂化，并带来更多的收益机会。在未来，人类不仅可以对机器需要维护的时间做出预测，还可以预测人类自身需要维护的时间。人类自身产生的数据是非常庞大的，所以将智能物联网与机器学习融合应用于人类的可穿戴设备是有巨大潜力的，通过可穿戴设备，人类可以了解自身的身体状况，并且在自身的重要器官出现异常时做出预警甚至进行必要的维护。除了个体以外，智能物联网与机器学习的融合还可以使用健康数据来查看人群身体状况的整体趋势，预测疾病的暴发并主动解决问题。同时还可以在事故发生之前预测事故和犯罪行为，例如来自城市的噪声传感器、摄像机甚至智能垃圾箱的数据都可以传送到机器学习算法中，以发现事故或犯罪行为发生的征兆，为执法部门提供强有力的工具。而这些设想如果采用智能物联网与机器学习的融合来完成，那么其应用发展的道路是广阔的。

4.2.4　智能物联网中的人机交互技术

从目前来看，智能物联网中比较成熟的人机交互技术有语音交互、手势识别、图像识别、体感交互等。但是这些交互技术都有一定的局限性，它们可能只在某些特定的领域发挥特定的作用。语音识别同样如此，现阶段我们依然没有很好地解决一些噪声或回声等问题，因此今天我们在感知方面依然有很多路需要走。

在智能物联网中人机交互不再只是鼠标、键盘，在智能物联网领域我们可以看到智能家居和机器人的占比非常大。智能物联网时代语音交互将成为主要的交互技术。同时语音交互可以在智能家居、车载、医疗、教育等很多领域有广泛的运用。

因此，在未来物联网时代，随着智能语音技术的进一步发展和成熟，语音交互将取代移动设备，成为未来主要的交互技术。

4.3　人工智能技术的发展趋势

当前，人工智能技术在帮助人类开展信息收集、信息分析工作以及决策的过程中发挥着日益重要的作用。不得不承认的是，人工智能技术现在的信息处理能力已经远超人类脑力，在此背景下，人工智能可以替代人类完成许多复杂的工作。毋庸置疑的是，在人工智能的发展中，高度的智能化是其主要的发展趋势，而可以预见的"高度智能化"，则体现为深度学习能力的提升，即人工智能技术不仅能够替代人类完成一些较为复杂的体力劳动，而且能够具备独立思考与独立分析的能力。具体而言，从未来人工智能技术的发展基础来看，一方面，大数据技术能够为人工智能开展深度学习带来更为丰富的素材，其在人工智能技术发展中将发挥出不容忽视的推动作用；另一方面，云计算、GPU 技术等，是人工智能具备独立思考与独立分析能力的重要支撑。相对于大数据技术在人工智能技术发展中的作用而言，云计算、GPU 技术等更像人工智能技术中的"消化"系统，因此云计算、GPU 技术的发展，为人工智能技术的发展带来了难得的契机。

4.3.1　人工智能技术的发展前景

人工智能本质上是模拟人的意识、思维的信息过程。虽然未来的机器人能够像人类一样思考，但总体而言，并不能完全与人类的思维保持一致，人类创造人工智能的目的是使其服务于人类。在人工智能未来的发展趋势中，人类也是力求在这个方向上进行探索，因为这才是人类发展人工智能的初衷。例如，将人工智能应用于协助警察监督各种违法犯罪行为、帮助人类处理各种生活杂务等，将人类从繁重的体力劳动中解放出来。在社会生产中，如在工厂生产中采用全自动化的智能生产线，可以大大提高生产效率和安全性。在日常生活中，现在随处可见各种扫地机器人、医疗辅助机器人等。日后人工智能的发展可能会呈现以下趋势。

（1）机器人将在商业场景中成为主流。商业机器人将在以后特定的商业场景中发挥越来越大的作用。

（2）人工智能云服务将成为未来发展趋势。一些 IT 巨头将软硬件开源，争相提供人工智能云服务给第三方，这样在第三方使用自己的平台时，数据会留在平台上，而这些数据是人工智能时代的一座大金矿。

（3）智能家居一体化程度将继续加深。例如，智能家居将厨房的各种电器连接在一起，通过一块屏幕即可操作各种家电，例如控制抽烟机的风量、灶台的火力等，人们不需要手动控制各种电器，极大地方便人们的生活。

（4）随着无人驾驶技术的发展，驾驶不再是人们的必备技能，辅助驾驶成为人工智能的一个大规模应用。人工智能领域应用之一的无人驾驶由特斯拉首先试用，目前很多汽车都能实现在有驾驶员的情况下半自动驾驶。

（5）人工智能语音交互成主流电视应用。传统的遥控器越来越无法满足人们使用电视的需求，以语音为主的智能搜索和智能互动正在崛起。

（6）智能芯片应用会更广泛。人工智能应用的主导硬件处理器一直是 GPU，GPU 在无人驾驶、图像语音识别等人工智能领域迅速扩大市场占比。

4.3.2　人工智能技术面临的风险

人工智能技术的发展会产生一定的技术风险与伦理风险，了解这些技术风险与伦理风险的发展趋势，是研究人工智能技术发展趋势的组成部分。而如何有效规避人工智能技术发展中的技术风险与伦理风险，是人工智能领域中十分热门的研究课题。其中，人工智能技术发展中的技术风险主要来自技术开发与应用过程中的失范现象，也与人工智能领域法律法规有待完善的情况有一定关联。而人工智能技术发展中的伦理风险，则主要是因为人工智能技术发展中的伦理评估标准较为缺失。为此，在未来的人工智能技术发展过程中，与人工智能相关的社会制度也会逐渐得以完善，这是确保人工智能技术能够有序发展并实现人工智能技术社会服务价值的关键。具体而言，一方面，在人工智能技术发展过程中，需要强化技术人员伦理教育，从技术源头防范技术风险与伦理风险；另一方面，在对人工智能技术的技术异化风险有充分认知的基础上，政府部门需要强化人工智能技术开发与应用主体所具有的社会责任感，并通过完善相关法律法规、伦理评估标准等，为人工智能技术的健康发展提供良好保障。

本章小结

　　人工智能技术在现代社会中得到了广泛的应用，其发展能为现代社会的发展带来更多的变化。随着物联网的发展，越来越多的设备加入物联网中，而人工智能的应用可以帮助人们实现对设备的监控和维护，提高人们对物联网的控制能力。人工智能已经在物联网领域得到了广泛应用，而在未来随着人工智能技术的进一步发展与成熟，物联网技术也会不断的发展与进步。

习题

1. 人工智能的相关技术有哪些?
2. 机器学习有哪些分类?
3. 计算机视觉有哪些分类?
4. 人机交互有哪些分类?

第 5 章
边缘计算技术

　　4G 移动网络的发展开启了"移动互联网时代",给诸多领域带来了机遇与挑战,而 5G 移动网络的到来更是为人们的生产与生活方式带来了更深层次的变革。作为一种全新的移动网络形态,5G 移动网络将与垂直行业进行广泛的深度融合,实现真正的"万物互连"。与此同时,云计算发展所带来的强大计算能力促进了人工智能领域的蓬勃发展,并且随着云计算技术的快速发展和应用的不断成熟,逐渐延伸出了边缘计算的概念。近些年来,物联网和硬件等相关领域的研究快速发展,边缘计算也越来越受到人们的重视。未来,智能边缘计算和智能云计算将相辅相成,开创新的智能世界。本章将以边缘计算技术为主题,介绍边缘计算技术的相关知识,帮助读者更好地认识、学习智能物联网中的边缘计算技术。

5.1 边缘计算技术概述

近年来，边缘计算已成为学术界和工业界研究的热点。边缘计算是一种分布式处理和存储体系结构，通过将原来由中心节点提供的应用或计算服务分解成若干部分并分发给边缘节点进行处理，使计算能力更接近数据源头。具体来说，就是在终端设备或数据源附近的网络边缘层搭建一个集网络、存储、计算、应用等功能于一体的平台，并在附近提供计算服务，以满足快速连接和实时分析的技术和应用需求。实际上，边缘计算是相对云计算而言的。在云计算中，所有的计算和存储资源都集中在云上（即数据中心）；终端设备上生成的数据通过网络传输到云端，计算任务和数据处理都在云端进行。而在边缘计算中，计算和存储资源被部署到边缘（如边缘服务器或终端设备）；边缘服务器或终端设备可以就近处理本地数据，而无须将数据传输到远程云，避免了网络传输带来的时延。在边缘计算的基础上，诞生了智能边缘计算的概念。

5.1.1 边缘计算技术的起源与特点

随着 5G 移动通信技术的发展，大数据及机器学习技术的广泛应用，电信行业正在经历一场新的技术变革。在面向 5G 的万物互连时代，网络连接的对象正在从人扩展至物。IDC 预测，到 2025 年全球物联网市场将达到 1.1 万亿美元，年均复合增长 11.4%，其中中国市场占比将提升到 25.9%，物联网市场规模全球第一。而在 2018 年，就已有 50%的物联网面临网络带宽的限制，40%的数据需要在网络边缘进行分析、处理与存储。这说明随着物联网规模的快速增长，集中式的数据存储、处理模式将面临难以解决的瓶颈和压力。此时在靠近数据产生的网络边缘提供数据处理的能力和服务，将是推动信息与通信技术（Information and Communication Technology，ICT）产业发展的重要驱动力，边缘计算的概念因此而生。2014 年，欧洲电信标准组织（European Telecommunications Standards Institute，ETSI）成立了移动边缘计算规范工作组（Mobile Edge Computing Industry Specification Group，MEC ISG），开始推动相关的标准化工作。2016 年，ETSI 把这一概念扩展为多接入边缘计算（Multi-access Edge Computing，MEC），并综合考虑固定移动融合（Fixed Mobile Convergence，FMC）的场景需求。2016 年，第三代合作伙伴计划（the 3rd Generation Partnership Project，3GPP）SA2 工作组也正式接纳 MEC，并将之列为 5G 架构的关键技术。华为、中国科学院等于 2016 年联合发起成立了边缘计算产业联盟（Edge Computing Consortium，ECC）。目前，该联盟成员单位超过 200 家。

边缘计算在物体源或数据源附近的网络边缘就近提供智能服务，能够满足物联网应用在实时业务、商业智能、数据聚合与互操作、安全与隐私保护等方面的关键需求。边缘计算的特点可以概括为以下几个方面。

（1）分布式和低时延保障

边缘计算可以通过边缘网关的方式部署在网络的边缘端，就近完成数据采集、数据预处理、协议转换、数据分析等操作，保证低时延的业务需求，降低物联网终端与云端/数据中心之间的网络流量压力，屏蔽不同类型终端和异构网络协议的影响。

（2）增强的计算和电力供应

边缘节点设备基本由高性能的通用 CPU、专用 GPU 或数字信号处理器（Digital Signal Processor，DSP）芯片实现，在网络传输、信息安全、人工智能算法、数据存储等方面具有一定的综合计算能力，非常适合把物联网终端的数据处理和分析任务交给边缘节点执行。

（3）边缘智能化

嵌入式机器学习/深度学习和人工智能技术将增强边缘计算提供智能服务的能力。边缘计算采用分层处理机制，把集成复杂、时延不敏感和耗时的数据控制任务放在云端/数据中心，以提高处理效率，降低云端/数据中心的成本。

（4）安全和隐私保护

边缘计算将物联网的敏感数据存储在本地设备上，有助于提高安全性和隐私性。对于必须传输到云端/数据中心的私有数据，通过加密、脱敏、认证等方式保证其安全性和私密性。

一般来说，物联网应用的许多问题都在边缘计算的实现中得到了解决。借助边缘计算，物联网的应用将发展得更快、更强大。

近年来，越来越多的研究学者开始关注边缘计算。2016 年，首届专注于边缘计算的学术会议举行，目前边缘计算已成为相关顶级学术会议（如 MobiCom）的重要议题之一。在工业领域，2017 年，微软公司将边缘计算和云计算并列为全公司的战略之一。之后，各大云计算公司和运营商纷纷推出自己的边缘计算服务，边缘计算的相关初创公司更是不断涌现。而在人工智能时代，边缘计算不仅是计算，更是智能与计算的结合，可以将之称为智能边缘计算（Intelligent Edge Computing，IEC）。

尽管边缘计算的概念已经提出多年，对边缘计算的需求也一直存在，但边缘计算直到近年来才开始成为热点。很大一部分原因在于 5G 网络技术的出现，业务需求和网络升级共同驱动了边缘计算的发展。并且随着技术的成熟和应用场景的普及，人工智能技术正加速渗透到人们工作和生活的方方面面。智能产品种类不断扩大，智能边缘计算的场景也越来越丰富。特别是随着物联网设备的普及和边缘计算时代的到来，边缘端产生了海量数据和智能计算需求。传统的基于数据中心/云端的人工智能计算与处理模式存在功耗高、实时性差、带宽不足、数据传输安全性低等问题，不能完全满足边缘人工智能计算的需求。随着智能手机、智能家居、智能网联车辆、工业互联网等产品和应用场景的普及与发展，人工智能正逐步从云端走向嵌入式边缘端，智能边缘计算应运而生。物联网、人工智能与边缘计算的关系如图 5-1 所示。物联网基于互联网，具有设备多、时延低、带宽高等特征，通过感知技术将物理世界与数字世界相连接，其主要目标是实现物与物之间的互连互通。边缘计算可以将物联网中的计算和数据存储放到离数据源更近的设备上进行，可将其视为物联网的"神经末梢"。人工智能则可以对大量的数据进行分析、学习和决策，也可以应用于边缘计算中，对边缘设备进行智能化管理和控制，提高系统的安全性和稳定性。而边缘计算可以为人工智能提供更多的数据和资源，帮助人工智能算法不断学习和优化。因此，又可以将边缘计算看作人工智能的"最后一千米"。

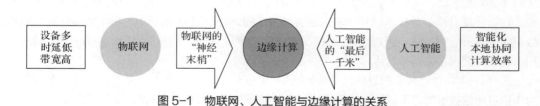

图 5-1　物联网、人工智能与边缘计算的关系

5.1.2　边缘计算技术的作用

边缘计算在靠近物或数据源头的一侧，采用集网络、计算、存储、应用核心能力于一体的开放平台，就近提供最近端服务。其应用程序在边缘侧发起，以产生更快的网络服务响应，满足行业在实时业务、应用智能、安全与隐私保护等方面的基本需求。边缘计算处于物理实体和工业连接之间，或处于物理实体的顶端。而云计算则可以访问边缘计算的历史数据。

基于边缘计算框架，可以使许多智能化的设想如智慧城市、车联网等付诸实际应用，并使得这些复杂的智能应用在实时处理的边缘端实现。借助边缘计算，大规模的数据不需要经历云端传输，而是直接在边缘侧处理，从而极大地提高了用户服务质量。与此同时，机器学习也是处理庞大数据的出色方法。通过将机器学习方法融入边缘计算架构中，可实现对边缘缓存管理、计算任务卸载决策以及全局资源调度的智能优化，从而显著提升边缘计算系统的整体性能，这就是智能边缘计算。

智能边缘计算是边缘计算的升级版，也是边缘计算在某一具体细分领域的深化。在智能边缘计算的概念里面，强调必须熟练掌握边缘计算的概念，只有充分理解边缘计算的应用方式，才能够更好地将边缘计算的效果和内容完全应用在智能边缘计算技术之中。那么，边缘计算与智能边缘计算有什么关联呢？它们又如何应用呢？下面进行具体介绍。

1. 边缘计算

边缘计算的数据处理主要包括两部分：下行的云服务和上行的万物互连服务。"边缘"在边缘计算当中是一个相对概念，主要是指从数据源到云计算中心之间路径上的任意计算、存储以及网络相关资源。我们可以把这条路径上的资源看作一个连续统一体。

边缘计算将计算、网络、存储等功能扩展到物联网设备附近的网络边缘，以深度学习为代表的人工智能技术使得边缘计算的每个节点都具有计算和决策的能力，使一些复杂的智能应用能够在本地边缘端进行处理，满足了敏捷连接、实时业务、数据优化、应用智能、安全和隐私保护等方面的要求。目前，边缘计算与人工智能的互动融合正在深入推动智慧城市、智能家居、车联网等应用的发展，推动产业的实现和落地，为全面提高智能化水平、方便人们的生产生活提供重要保障。

① 智慧城市部署了大量的物联网设备服务于城市的各个领域。然而，这些物联网设备产生的海量数据不仅给云计算中心带来了沉重的负担，而且占用了大量的网络资源。另外，有些互联网工作时（如监控视频的实时分析）涉及对实时性和隐私性的要求，而此时云计算平台无法做出任何保证。在这种情况下，将边缘计算与深度学习相结合，在边缘设备上搭载高性能芯片和深度学习算法，可以实现在数据源的边缘侧对视频中人体、车辆等对象进行检测、提取和建模。这样只需将处理后的小数据上传到云端，既降低了云计算负载和带宽消耗，又保证了低时延和数据隐私保护。

② 作为智能家居的延伸，智能酒店近年来备受关注。智能酒店系统主要通过边缘网关集成各种物联网设备，并在边缘端采用人工智能技术将各种物联网设备作为本地节点来响应本地事件，从而快速实现集成。与传统酒店相比，智能酒店致力于提供无人值守的自助式服务体验。除了刷脸入住、环境自调节等技术以外，室内还实现了智能语音控制功能，通过房间控制系统（Room Control System，RCU），可以实现语音控制电视、空调、窗帘、灯具等设备。如有必要，还可以用语音拨打酒店相关服务电话。

③ 车联网可以连接车内设备，实现车与人、车与车、车与路、车与服务平台等的互连。然而，由于信息通信技术的严重制约，以及传统云服务的高时延，目前的车联网处理突发事件的能力较差。边缘计算可以将计算资源部署到更靠近终端车辆的位置，以满足计算密集型和低时延应用的需求。同时，深度学习可以动态地协调网络、缓存和计算资源，还可以对各种传感器数据进行实时处理和分析，辅助驾驶，提高车辆的智能化水平和自动驾驶能力。两者的结合减少了数据的往返时间，大大提高了实时响应、路边服务、就近信息交换等功能的服务质量，为智能信息服务、智能车辆控制、智能交通管理提供了保障。

2. 智能边缘计算

智能边缘计算提出了一种新的模式：让物联网的每一个边缘设备都具有数据采集、分析计算、通信等功能，更重要的是实现其智能化。智能边缘计算还利用了云计算的能力，在云端大规模配置、部署和管理边缘设备，并能根据设备类型和场景进行智能分配，实现云—边智能协同，获得最佳效果。智能边缘计算的总体框架如图 5-2 所示。

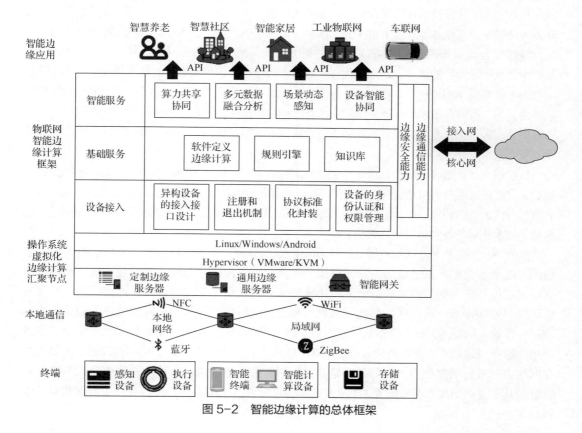

图 5-2　智能边缘计算的总体框架

　　智能边缘计算也被认为是一种移动通信基础设施，它在不同的移动设备之间提供流畅和高效的通信。此外，智能边缘计算是一种旨在节省带宽和降低时延的设计，将所需资源转移到更接近需要它们的系统所在地。这项要求的背景是基于对资本支出减少的预期和引入新服务的可能性，这些新服务有可能单独提供，也可能以较低的成本推出。

　　近年来，移动设备多媒体应用得到了快速发展，为了满足用户对于多媒体内容的访问需求，支持庞大的数据流量，需要更多的网络资源，这也将导致服务器流量拥塞，网络流量负载增大。边缘缓存技术可以通过将终端用户需要的内容预缓存到边缘节点来降低网络中的流量负载，从而解决流量负载问题。在边缘缓存技术中，我们通常关注几个问题：缓存什么？在哪里缓存？什么时候缓存？而这些问题的解决取决于对用户需求和内容流行程度的预测。在这些方面，深度强化学习有着很好的应用。深度强化学习是一种人工智能技术，它通过与环境的交互学习来处理决策问题，同时边缘计算技术还赋予边缘节点计算和存储的能力，使人工智能技术在边缘计算体系结构中的应用成为可能。人工智能技术不仅能在边缘缓存机制方面发挥作用，在计算任务卸载（动态分配计算任务至边缘节点或云端）方面也能发挥优化作用。在边缘计算架构中，终端可以将计算任务分配到附近的边缘节点或云端上执行，然后接收处理结果。但是，由于网络条件和资源限制的变化，任务可能无法以较低的执行成本卸载。因此，可以用深度强化学习技术来学习任务卸载过程中的卸载决策和执行成本，并在训练过程中不断引导深度强化学习模型中相应的奖励函数，从而提高计算任务智能卸载的决策能力，优化计算任务的执行效率。

另外，人工智能技术在边缘计算的资源调度中起着重要的作用。由于边缘节点通信资源和计算资源的限制，其任务处理能力也受到了限制，而深度强化学习技术作为边缘计算平台中的智能"决策者"，能够合理调度资源，提高资源的利用效率。通过将深度强化学习技术融入边缘计算的框架中，对边缘计算的诸多方面进行优化，可以为边缘计算提供强有力的技术支持。边缘计算技术与人工智能技术相辅相成。在边缘计算方面，边缘计算为人工智能提供了一种高质量的计算体系结构，为一些时延敏感、计算复杂的人工智能应用提供了一种可行的操作方案。在智能边缘计算方面，人工智能技术在边缘计算的诸多方面扮演着决策者的角色，优化节点资源，成为边缘计算的重要技术支柱。

技术的交叉、整合往往会带来一些创造性解决方案。目前，边缘计算与人工智能的联系日益加强。它们相互促进、相互依存，为"5G 时代"颠覆性创新成果的诞生奠定了坚实的基础。其中非常具有代表性的智能边缘计算就是 5G 边缘计算。5G 边缘计算是基于软件定义网络和网络功能虚拟化技术构建的新型边缘计算架构。

此外，5G 技术支持网络资源和网络功能的逻辑分离。在 5G 技术中，可以在改善无线通信的同时维护集中式基础设施。这使得服务提供商可以构建一个统一的物理网络，同时考虑高带宽应用程序（如广播）和低带宽应用程序（如物联网）的实时低时延连接，以及企业内部网络的连接需求。这种网络架构可以更加高效地使用网络资源，同时提供更好的服务质量和用户体验。随着 5G 技术的不断发展，物联网、网络游戏、AR、VR 和智能视频加速等复杂应用与服务应运而生。而智能边缘计算和 5G 技术之间的集成也进行了重要的改进，例如支持在网络边缘进行数据处理，以降低时延并提供切实的业务成果。在移动网络中，人工智能一直都是其重要的组成部分，随着 5G 技术以及边缘计算技术的发展，人们对人工智能的需求也将显著增长。

5.1.3 边缘计算技术的主要特征

当前，边缘计算技术主要有以下几个特征。

1. 开放式体系结构

近几十年来，专有协议和封闭架构在边缘计算领域十分普遍，供应商借此锁定客户，这往往导致系统集成复杂度升高和转换成本大幅增加。现代智能边缘计算资源部署了开放式体系结构，这个体系结构利用了标准化协议，如开放平台通信-统一架构（Open Platform Communications-Unified Architecture，OPC-UA）、消息队列遥测传输（Message Queuing Telemetry Transport，MQTT）和语义数据结构（如 Sparkplug），从而降低了集成成本，提高了供应商的互操作性。利用标准化协议的一个例子是 ICONICS IoTWorX，如图 5-3 所示，它是一个边缘应用程序，支持开放的、与供应商无关的协议，如 OPC-UA 和 MQTT 等。ICONICS 兼容多种类型的云平台部署，如 Microsoft Azure、阿里云等。它通过浏览器、移动终端及可感知设备进行安全监控，将采集的数据上传至云平台，并且使用多种云平台的行业标准协议上传数据，最大限度减少对设备和宽带的要求，同时确保数据传输的可靠和稳定。在云平台的部署过程中，ICONICS 可以大量聚合、管理远程设备的数据（如建筑物和设施数据、工业设备数据等），在很大程度上保证了数据的完整性和可靠性。

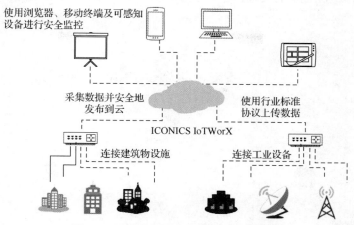

图 5-3　ICONICS IoTWorX 开放协议

2. 数据预处理和过滤

在云中传输和存储由传统边缘计算资源生成的数据可能代价非常高并且效率低。传统体系结构通常依赖于轮询/响应设置，在这种设置中，远程服务器会在一定时间间隔内从"哑"边缘计算资源中请求一个值，而不管该值是否已更改。智能边缘计算资源可以在边缘处对数据进行预处理，并且只向云端发送相关信息，从而降低数据传输和存储成本。数据预处理和过滤的一个例子是运行边缘代理的智能边缘计算设备，如图 5-4 所示，该设备在将各种传感数据（如电压、温度等）发送到云之前对边缘进行预处理，从而降低带宽成本。

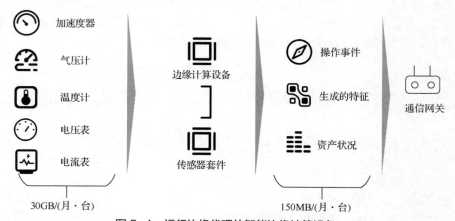

图 5-4　运行边缘代理的智能边缘计算设备

3. 边缘分析

大多数传统边缘计算资源的处理能力有限，并且只能执行一项特定任务或实现一项功能（例如，传感器接收提取的数据、控制器控制进程等）。智能边缘计算资源通常具有更强大的在边缘处分析数据的处理能力。这些可在边缘分析数据的应用程序启用了依赖低时延和高数据吞吐速率的新用例，例如，八元数（Octonion）使用基于高级精简指令集机器（Advanced RISC Machine，ARM）的智能传感器在边缘创建协作学习网络。这些网络有助于促进智能边缘传感器之间的知识共享，并允许最终用户基于先进的异常检测算法构建预测性维护解决方案。图 5-5 所示为用于异常检测的智能传感器示例，利用基于 ARM 的边缘节点设备 1 到设备 n 检测异常，并将获取的异常数据进行融合处理，同时基于协作学习网络来促进智能边缘传感器设备之间的知识共享。

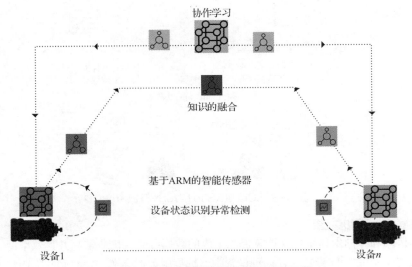

图 5-5　用于异常检测的智能传感器示例

4. 分布式应用

在边缘计算设备上运行的应用程序通常与运行它们的硬件紧密耦合。智能边缘计算资源将应用程序与底层硬件分离，实现了灵活的体系结构。在这个体系结构中，应用程序可以从一种智能计算资源转移到另一种智能计算资源。这种去耦合使应用程序能够根据需要在垂直方向（例如，从智能边缘计算资源到云）和水平方向（例如，从一种智能边缘计算资源到另一种智能边缘计算资源）移动。部署边缘应用程序的边缘体系结构有 3 种，如图 5-6 所示。

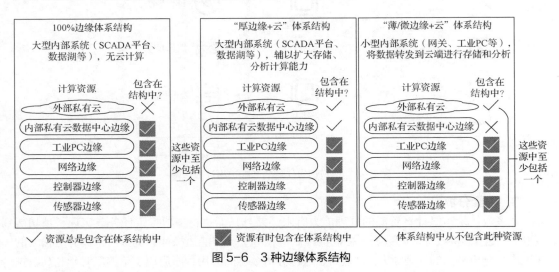

图 5-6　3 种边缘体系结构

① 100%边缘体系结构。这种体系结构不包括任何外部计算资源（即所有计算资源都是本地内部的）。100%边缘体系结构通常被那些出于安全/隐私原因而不向云发送数据的组织（如国防供应商、制药公司）和已经在本地计算基础设施上投入大量资金的大型组织使用。

② "厚边缘+云"体系结构。这种体系结构总是包含一个本地数据中心和云计算资源，还可以

选择包含其他边缘计算资源。"厚边缘+云"体系结构通常出现在大型组织中，这些组织通常投资了本地数据中心，但利用云来聚合和分析来自多个设施的数据。

③"薄/微边缘+云"体系结构。这种体系结构通常包括连接一个或多个较小（即不在本地数据中心）边缘计算资源的云计算资源。"薄/微边缘+云"体系结构通常用于从不属于现有工厂网络的远程资产中收集数据。

现代边缘应用程序需要进行体系结构设计，以便它们可以在 3 种边缘体系结构中的任何一种上运行。一般而言，轻量级边缘"代理"和容器化应用程序是现代边缘应用程序的两个典型实现方式，能显著提高边缘体系结构设计的灵活性。

5. 合并的工作量

大多数"哑"边缘计算资源直接安装在计算资源本身的专有实时操作系统（Real Time Operating System，RTOS）之上来运行专有应用程序。智能边缘计算资源通常配备虚拟机监控程序，虚拟机监控程序可以从底层硬件中抽象出操作系统和应用程序，使智能边缘计算资源能够在单个边缘设备上运行多个操作系统和应用程序。这使得工作负载可以进行整合，从而减少边缘所需计算资源的物理占用空间，并可能降低以前依赖多种物理计算资源的设备成本。图 5-7 所示为使用虚拟机监控程序在单个硬件中运行多个操作系统（如 Linux、Windows、RTOS）和容器化应用程序（如 Docker、Win 容器），并可由此提供分布式数据分析网关、多性能实时控制器等节点。

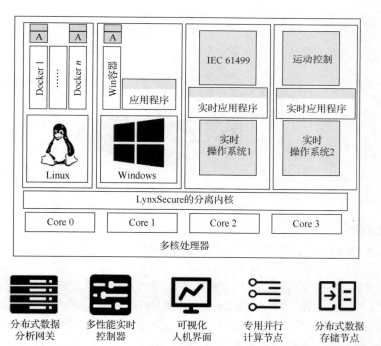

图 5-7　使用虚拟机监控程序在单个硬件中运行多个操作系统和容器化应用程序

6. 可扩展的部署/管理

传统的计算资源通常使用串行（通常是专有的）通信协议，这些协议很难大规模更新和管理。智能边缘计算资源可以安全地连接局域网（Local Area Network，LAN）或广域网（Wide Area Network，WAN），因此支持从中心位置实现便捷的集中式部署和管理。边缘管理平台正越来越多地用于处理与大规模部署相关的管理任务。图 5-8 所示的西门子工业边缘管理系统就是边缘管理平台的一个示例，该系统用于部署和管理西门子智能边缘计算资源上的工作负载。西门子工业边缘管理系统主要包括边缘管理、边缘设备和边缘应用程序（边缘 App）。边缘管理系统集中控制所有接入的边缘设备及状态监视，负责存储各种应用程序。用户可以使用边缘管理系统从后端系统中的边缘应用商店内下载软件应用程序（边缘应用程序），并将其安装到所需的边缘设备上。边缘设备配备边缘运行时软件，可同时确保负责数据采集的连网自动化组件和边缘管理系统的网络连接。它还带有用于访问设备功能的驱动程序工具箱，边缘设备还为自动化组件提供补充支持，以降低处理大量工厂数据的成本，并收集信息用于持续提高生产力。边缘运行时软件还为在边缘设备上执行应用程序提供了安全的环境，如应用程序仪表板。

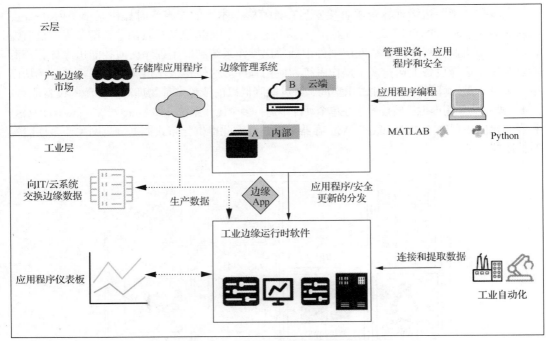

图 5-8　西门子工业边缘管理系统

7. 安全连接

"Security by Obscurity"（以隐藏保安全）是保护传统计算设备的一种常见做法。传统计算设备通常具有专有的通信协议和串行网络接口，这确实增加了一层"保密性"，但是，这种类型的安全性需要付出更高的管理和集成成本。随着网络安全技术的进步，使得安全连接智能设备更易操作、更安全。根据应用程序的特定需求，可以在整个产品生命周期中提供不同级别的安全性，例如，恩智浦的端到端安全解决方案从设备制造级别开始，涵盖连接边缘设备上应用程序部署的所有方面。

5.1.4　边缘计算技术的使用原则

边缘计算技术允许使用离用户最近的计算服务器，而不是使用远离用户的集中式设备。因此，它的特点是数据传输快，5G 响应时间显著缩短。这种技术可用于先进的数字系统，如虚拟现实视频游戏、汽车自动驾驶等。边缘计算技术有一些使用原则，如可移植性、连接性、交互性和特定性等，描述如下。

1．可移植性

边缘计算技术的可移植性是指在不同的边缘计算设备和环境中，边缘应用程序可以方便地迁移和部署。可移植性问题是边缘计算领域面临的一个重要挑战。由于不同的边缘设备和环境具有不同的计算能力、存储能力、网络连接和安全特性，因此需要采用一些通用的技术和标准来保证边缘应用程序的可移植性。目前有许多标准和框架被提出来解决这个问题，例如 OpenFog、MEC等。这些标准和框架提供了一些通用的接口和规范，使得边缘应用程序可以在不同的边缘设备和环境中进行迁移和部署。此外，虚拟化技术和容器化技术也为边缘计算的可移植性提供了支持。例如，使用虚拟机和容器可以将应用程序及其依赖的环境打包成一个可移植的应用程序，这样可以轻松地在不同的边缘设备及环境中进行部署和迁移。

2．连接性

网络连接的服务质量是在移动边缘计算系统上定义的，提供了高服务可用性与低时延保障，并在不影响连接节点操作的情况下防止了某些故障的发生。

3．交互性

边缘计算系统节点通过主动的数据事务相互连接，以实现通信和协作。

4．特定性

将移动设备或移动节点连接所属移动网络的操作，应参照某一特定元素来进行连接。因此，边缘计算系统能够采用特定的技术来满足个人需求，并且能够获得每个节点的上下文信息。

5.1.5　边缘计算技术的应用

当前，人工智能芯片的发展正在赋予终端设备机器学习能力，无人驾驶、机器人、视频图像处理等越来越多的应用和场景需要在终端进行实时运算处理。人工智能发展正在进入"端"时代，包括手机、汽车、可穿戴设备在内的终端都将得到人工智能的加持。而人工智能的边缘化应用将在智能制造、智能家居、自动驾驶、虚拟现实等诸多热门场景中得以显现。与此同时，物联网为物理世界的数字化奠定了基础，可以用对计算机友好的数据来描述。一旦采样或生成数据，这些数据就可以被自动处理和解释，以提供从移动医疗、智能发电到智能交通系统等不同领域的创新服务。而与 4G 技术相比，5G 技术作为通信领域的一场巨大革命，它提供了一种高速的数据传输技术，这种技术允许更快地访问内容，并且可以无障碍地传输海量数据。物联网和智能环境依托于 5G 技术的发展，将自身应用推向一个新时代。

随着科技的发展，不同类型、规模和领域的企业都需要为用户提供体验质量（Quality of Experience，QoE）、高带宽和低时延服务，包括数据备份、灾难恢复、电子邮件使用、虚拟办公环境、软件开发和测试、大数据分析以及客户使用的 Web 应用程序等多个方面。例如，医疗部门使用基于云的服务来开发更适合患者个人需求的治疗；金融部门的提供商使用基于云的服务来运行一些必要功能，以实时检测和防止欺诈操作；游戏制造商使用基于智能边缘计算和 5G 技术的视频为全球客户提供在线游戏服务。以下是一些使用边缘计算和 5G 技术的案例及应用。

1．以顾客为中心的服务

（1）客户服务：智能边缘计算提供了比以往任何时候都更广泛的客户服务。企业使用智能边缘计算来扩展和改进他们的核心服务，并创造了利用最新服务获得更多收入的机会。智能边缘计算为这些企业提供更强的态势感知能力、获取数据和统计分析的能力，以及在必要时报告事件和发送警报与通知的能力等。由于智能边缘计算能够在员工之间提供统一的通信能力，因此成为一个非常有吸引力的解决方案。

（2）云游戏：云游戏是一种新型的游戏，采用云端渲染与流式传输技术，其服务质量高度依赖端到端时延控制。云游戏公司的理念是在尽可能靠近玩家的复杂服务器上工作，以降低时延，提供响应式和沉浸式的游戏体验。例如，咪咕快游依托中国移动的 5G 算力网络和超高清云渲染技术，支持高清智能编码及高帧率传输，结合 AI 画质增强，为云端玩家提供主机级游戏体验。

（3）AR 和 VR：AR 和 VR 都从智能边缘计算中获益匪浅，因为它们需要非常低的时延和高的带宽。AR 和 VR 被认为是目前主导娱乐业的趋势。此外，VR 头戴式设备在 AR 和 VR 技术的加持下迅速普及，智能边缘计算技术的发展也有助于将 AR 和 VR 提升到一个新的水平。多接入边缘计算允许设备和网络边缘之间的快速实时数据传输，它的接近性为低时延、可扩展性和高速播放非便携式 VR/AR 体验提供了决定性因素。

（4）商业运营：除了客户服务之外，多接入边缘计算目前还应用于许多业务流程中，显著提升了全球企业的运营效率。例如，智能边缘计算在安全性、资产管理的分发和数据路由等方面起着至关重要的作用。此外，根据边缘体系结构，网络运营商可以通过高级监控和视频分析，在更靠近数据源的地方收集数据，并在那里处理、分析并存储这些数据。

（5）数据分析：智能边缘计算有助于确定应在边缘分析、存储以供进一步处理的数据的优先级，此外还可以确定哪些数据应返回数据中心进行分析。它扮演中继站的角色，同时为任务关键分析提供额外的计算能力，因此其应该保持在最接近最终用户的位置上。由于使用智能边缘计算生成的数据量巨大，因此需要使用功能强大的分析软件来运行这些数据，以生成对企业有价值的可操作信息。

2．运营商和第三方服务

智能边缘计算服务通常由移动网络的运营商提供，但是，第三方也可以提供智能边缘计算服务。例如，第三方云服务提供商是为承载智能边缘计算应用程序提供服务和资源的实体，而不是传统的网络运营商，如位置和设施管理公司、中立供应商、塔台所有者和车队管理公司等。由第三方引入的一些服务如下。

（1）自动驾驶：在城市交通监控方面，智能交通将先进的通信技术与交通技术相结合，解决了城市居民的出行问题。智能交通系统需要对监控摄像头和传感器采集的数据进行实时分析，并自动做出决策，这对低时延有很高的要求。随着交通数据的增加，用户对实时交通信息的需求也在不断增加。如果将这些数据传输到云计算中心，会造成带宽资源浪费和时延增加，无法优化基于位置识别的服务。基于智能边缘计算的智能交通技术能为上述问题提供更好的解决方案。在无人驾驶系统或自动驾驶系统中，安全性和可靠性是其核心问题。目前，虽然云计算能力较强，但如果将实时采集到的数据发送到云端进行处理，然后将处理结果反馈给车载控制系统，实时监控车辆的状态，就会在突发事件中出现致命的时延。智能边缘计算采用本地车载端的人工智能处理器进行数据处理，同时利用云计算能力建立车载数据模型，将提高事件分析的准确性和智能交通系统的安全性。自动驾驶卡车车队是自动驾驶的首批使用案例之一。卡车在同一组中彼此靠近，通过先进的计算技术，除了最前端的卡车，其他卡车都不需要驾驶员，这些卡车能够以极低的时延相互通信实现自动驾驶。自动驾驶车辆足以管理各种车载计算任务，并且能够与多个网络或设备进行交互。这些自动驾驶车辆不断与外界接触，同时根据智能传感器的信息做出即时决定。

（2）工业物联网：实际上，当前大多数物联网设备和流程属于工业物联网范畴。安全是工业部门需要关注的基本问题之一，通过使用智能边缘计算技术及其支持的硬件，可以提高安全水平，还可以为分析人员提供有关设备、工具和车辆的实时信息，以便工人能够在安全的环境中工作。"工业 4.0"是以现代信息技术和互联网技术为基础的产业。其核心是通过信息物理系统

（Cyber-Physical System，CPS）实现人、设备与产品之间的实时互连、相互感知和信息交互，从而构建一种高度灵活的智能化、数字化的智能制造模式。智能制造是基于 CPS 的，由智能装备、工业互联网和工业软件构成的新型制造模式。CPS 通过人机交互界面与物理过程进行交互，使物理系统具有计算、通信、精确控制、远程协作和自治等功能。在工业系统中，智能边缘计算是 CPS 的重要组成部分，它位于控制系统的底部，设备中嵌入的计算资源属于边缘计算资源。在推动制造业智能化转型中，边缘计算将发挥重要作用。根据边缘计算的定义，CPS 通常位于特定工业系统的边缘，具有智能计算、通信和本地传感数据存储的能力，将有效提高 CPS 的计算能力，降低计算时延，推动企业数字化、智能化转型。

（3）大数据分析：为外部供应商提供一个基于云的服务池，依赖于从不同设备收集的大量数据（如视频、传感器数据等），在这些数据被发送到中央服务器之前利用云服务器对其进行数据分析。应用程序可以在单个位置上（即在单个主机上）运行，且分布在特定区域（如校园）或整个网络中。边缘计算通常需要处理大量的数据，并且需要进行实时分析和响应。使用第三方云服务提供商提供的大数据分析服务可以帮助边缘设备及节点更有效地处理和分析数据，从而提高系统的效率和响应速度。同时，使用第三方云服务提供商的服务可以降低边缘设备和节点的运营成本，这是因为客户不需要投入大量的资金来购买和维护自己的大数据分析基础设施。另外，使用第三方云服务提供商的服务也可以提高系统的可扩展性，这是因为第三方云服务提供商通常可以快速地为客户提供更多的计算资源和存储容量。

（4）位置跟踪：位置跟踪的主要用途是使用"同类最佳"地理定位算法实现对有源终端设备（不考虑卫星导航系统）的实时、网络度量跟踪。此外，在智能边缘计算系统的部署中还提供了高效的、可扩展的本地处理解决方案，它允许将位置跟踪服务提供给企业和消费者，或者提供给卫星导航系统服务覆盖不到的区域。

3. 网络性能和 QoE 改进

（1）本地内容缓存：通过利用内容缓存技术（例如音乐、视频流和网页），可以大规模地改进内容的表达方式，显著降低时延。内容提供商致力于将内容分发网络（Content Delivery Network，CDN）更广泛地分发到边缘，从而根据用户流量需求确保网络的灵活性和定制性。

（2）5G 时代的电信行业：电信行业采用不同的商业模式来改善运营，如连接模式、合作模式和数字服务模式，并使服务提供商能够保持业务。随着 OTT（Over The Top，指通过互联网向用户提供各种应用服务）提供商的出现，电信运营商受到了很大的影响。例如，短信服务由 OTT 服务主导，而互联网电话（Voice over IP，VoIP）是国际通话的主要贡献者。电信行业因 OTT 服务而损失的收入只增不减。随着 5G 的出现，电信行业需要对其当前的商业模式做出一些重大的改变来扭转这一局面。

（3）5G 网络：物联网边缘硬件和智能边缘计算框架有望增强现有 5G 网络。谈到 4G 技术，其速度、效率和带宽限制是长期待解决的问题，特别是随着自动驾驶汽车的出现，消除这些问题的限制就变得迫切起来。另外，5G 技术可以为企业提供提升计算和网络能力的手段，众多的 5G 基站必将使自动驾驶汽车成为可能。

（4）智能电网：智能边缘计算是智能电网广泛采用的关键技术，有助于企业更好地管理其能源消耗。其中，传感器和物联网设备可连接工厂和办公室等复杂平台，以实时监测能源使用以及分析能源消耗情况。通过实时可视化，企业和能源公司可以达成新的协议，例如，在电力需求的非高峰时段开启大功率机器，这可以增加企业对绿色能源（如风能）的使用。

（5）市场研究：由于智能边缘计算发展的重要性被越来越多的人了解，人们已经开展了多种研究来改善 5G 基础设施，例如 ETSI 的工业规范组（Industry Specification Group，ISG）将智能边缘计算引入到更加开放的环境，这项举措使供应商和服务提供商能够高效、轻松地集成应用程序。在过去的几年中，许多研究调查了智能边缘计算的标准和规范，有助于我们了解智能边缘计算的基础设施、挑战、优势、安全性、具体操作和要求等。此外，ETSI-ISG 还针对智能边缘计算在不同环境下的部署提出了不同的解决方案。

智能边缘计算技术的应用，可以有效地改善人们的生产与生活的各个方面。希望未来智能边缘计算技术可以在我们的生活中得到更广泛的应用，被越来越多的人所重视。

5.2   智能物联网环境下的边缘计算技术

智能物联网需要拥有更接近物理设备或数据源实际位置的计算能力。为了能够快速对物联网传感器和设备生成的数据进行分析，从而加速响应或解决问题，人们需要在边缘进行分析，而不是将数据传回中央站点再进行分析。边缘计算可以降低智能物联网设备与其他设备所连接的中心 IT 网络之间的通信时延。如果没有边缘计算，智能物联网只能依赖于云端或数据中心的网络连接和计算服务。但在智能物联网设备和云端之间来回发送数据会导致响应时间变慢，运维效率降低。边缘计算使用户能够充分利用智能物联网设备产生的海量数据。通过将分析算法和机器学习模型部署到边缘，用户可以实现数据的本地处理并将它们用于快速决策。边缘计算还可以对数据进行整合，随后将其发送到中央节点进行进一步处理或长期存储。边缘计算还有助于解决其他问题，例如缓解通过低速移动网络（蜂窝网络）或卫星连接传输海量数据时的带宽压力，以及确保网络中断时系统仍能持续离线运行等。

边缘计算技术在智能物联网中应用的领域非常广，特别适合具有低时延、高带宽、高可靠、海量连接、异构汇聚和本地安全隐私保护等特殊业务要求的应用场景。

（1）智慧交通

在城市道路交通中，每个路口都会设置监控摄像头，每周甚至每天都会有海量的视频数据产生，如果这些监控设备产生的数据聚在一起，会是个天文数字。在云端进行实时的海量数据分析与存储对计算能力和网络带宽是一个巨大的挑战。如果借助边缘计算技术，在本地对海量视频数据进行存储和分析，仅识别和截取存在道路交通事故或违法行为的视频，并传递给云/数据中心做进一步分析和长久存储，可以大大减少到云端的数据传输压力，并且能够支持实时的智能交通控制。

（2）智慧城市

智慧城市的目标是构建"宜居、舒适、安全"的城市生活环境，实现城市"感知、互联和智慧"。智慧城市建设是涉及诸多信息系统、综合集成技术的大型信息化工程。智能物联网技术将为城市基础设施的整体升级提供智能化的支撑，而边缘计算技术将丰富智慧城市的应用场景。一般智慧城市具有家庭、小区、社区和城市 4 个层级。每个层级都有对应的应用和服务，例如家庭有智能家居、智能安防和家庭娱乐系统等；小区有门禁和视频监控、车辆人员管理和物业服务等；社区有社区商场、社区医疗和社区政务等；城市有交通、物流、医疗、金融和市政服务等。边缘计算技术将在智慧城市这 4 个层级之间提供层次化的管理和服务功能，并协同彼此之间的发展。

（3）智能家居

在当前的智能家居中，智能家电设备基本上都是由智能单品构成的，例如密码锁、智能照明、智能空调、安防监控、智能卫浴、家庭影院多媒体系统等。这些智能家电设备需要依赖云平台才能实现手机端在外网的远程控制。这种基于云平台的智能家居在网络出现故障时用户将无法对其进行控制，特别是多个智能单品联动的场景下将无法对多个设备进行协调。智能家电设备都是通过 WiFi 模块连接云/数据中心的，用户对存放在云/数据中心的家庭数据也存在泄露的担忧，另外大量的监控视频数据也会消耗智能家居设备到云/数据中心之间的通信带宽。而采用边缘计算技术，可以把家庭视频数据存放在本地边缘计算网关设备上，确保用户的隐私不被泄露；多个智能单品之间的联动也可以通过本地边缘计算进行近实时的协调；边缘计算节点还能实现定期与云计算同步更新和控制设备状态信息。

5.3　边缘计算技术的发展趋势

边缘计算技术的连续、快速发展，改变了人们的许多生活观念，为人们生活的各个方面提供了新的服务和技术，使人们日益增长的生产和生活需求得以满足。但有些物联网应用程序的响应时间非常短，有些可能会具有私有数据，有些可能会生成大量数据，这都可能会给网络带来沉重负担。此外，当前的云计算架构还存在以下问题：计算效率不足以支撑更多的应用需求；海量设备接入导致敏感应用面临严峻的时延挑战；缺乏对移动性和位置感知的有效支持；数据交互量激增使传统云架构面临吞吐量瓶颈。为了解决这些问题，且随着人工智能技术和 5G 技术的发展，比边缘计算性能更好的智能边缘计算应运而生。

5.3.1　边缘计算技术的发展前景

物联网设备的爆炸式增长和不断增强的计算能力导致产生了前所未有的海量数据。随着 5G 网络促进互连的移动设备数量不断增加，数据量将继续增长。过去，云计算和人工智能通过从数据中获得的切实可行的洞察来自动实现快速创新。但是，互连设备产生的海量数据和前所未有的复杂性已经超出了网络与基础架构的能力范围，由此诞生了边缘计算技术。而随着计算资源与服务的下沉与分散化，边缘计算节点将被广泛部署于网络边缘的接入点（如蜂窝基站、网关、无线接入点等），边缘计算节点的高密度部署也给计算服务的部署带来了新的挑战。人们发现边缘计算与人工智能这两种高速发展的新技术之间存在着彼此赋能的巨大潜力，由此提出了智能边缘计算，边缘计算技术正朝着多元化方向发展。

高德纳（Gartner）发布的"2023 年十大战略性技术趋势"表明，行业云平台是未来发展的主要趋势之一，从云到边缘的发展趋势已经显现，边缘架构将逐步被分布到企业的基础设施架构之中。边缘计算将原本由中心节点提供的应用程序或计算服务分解成若干部分，并分配给本地节点进行处理。智能边缘计算则可以嵌入机器学习算法，在本地实现数据的智能分析和计算，更好地支持业务的实时处理和执行，终端的大部分数据不需要在设备和云之间来回传递，可以有效降低网络流量压力，方便附近的数据分析并做出反馈，是提高业务执行效率的重要支撑技术。可以说，智能边缘计算是一种集成多种资源的新型协同计算模式。目前智能边缘计算虽然还处于技术储备期，但由于边缘计算和人工智能相关技术的迅速发展，其正在由技术储备期走向快速发展期，并在许多场景中起着重要作用。

智能边缘技术未来的发展要注意以下几个方面。

（1）促进多方合作，提供端到端的行业解决方案。鼓励硬件、平台、通信、互联网、行业企业等各方加强合作，共同制定相关标准和协议，促进跨厂商的互连互通，积极寻求"端到端"的智能边缘计算解决方案，使智能边缘计算成为物联网解决方案成功交付的重要组成部分。同时，为了加快实现未来智能边缘计算的愿景，除了计算机、通信等领域的研究人员的参与以外，还必须有工业制造、城市规划、环境和公共卫生、执法、消防等各部门人员的广泛参与，并配合计算机领域工作人员和其他行业专家来解决实际问题，加速智能边缘计算与行业需求"痛点"充分融合。

（2）加快技术产品研发。加强通信、网关、路由器、人工智能芯片、微应用、通用型操作系统等边缘计算软硬件产品的研发，面向特定行业，开发涵盖接入、网络、存储、计算等方面的边缘计算解决方案。为了适应现有边缘部署的扩展，应逐步增加设备和边缘节点的数量，在额外的硬件和软件上进行投资、研发，运用"软件定义一切"（Software Defined Everything）的方法，实现边缘设备升级。

（3）加强安全保障。维护边缘层资产的实体和网络安全，针对边缘计算架构，研发涵盖终端设备、边缘节点、边缘计算服务、云计算中心等各环节的访问控制、数据传输保护机制和措施，确保边缘计算安全。

目前，电信网络技术正经历着一个日新月异的发展机遇期，特别是未来 6G 网络技术的发展。基于 6G 网络及其基础设施，以及人们对 6G 等新兴技术和网络的许多期望，网络的定位将取决于不同的边缘计算技术和先进的通信技术，6G 网络与边缘计算、移动和无线的集成将会更加有效和实用。许多垂直行业将依靠 6G 网络基础设施和智能边缘计算技术进入市场。6G 网络通过提供新的服务来促进横向信息与通信技术发展，这些服务将促进在各种行业中创建尖端应用程序。在无线网络从 5G 向 6G 演进的过程中，人工智能技术特别是机器学习方法，将作为关键技术支撑网络智能化发展。近年来，机器学习已被广泛应用于虚拟个人助理、社交网络视频监控、垃圾邮件过滤、搜索引擎过滤恶意软件等领域。在未来，基于机器学习的方法，包括强化学习、监督/无监督学习、深度学习、迁移学习和人工智能的联合学习，在智能边缘计算中将会成为研究的热点。

综上，我们可以总结出以下几个物联网边缘计算技术未来的发展方向。

（1）进一步丰富物联网智能边缘计算软件环境

结合物联网应用场景，研究并开发以物联网智能边缘计算节点 EdgeBase 为载体的通用物联网智能边缘计算软件环境，提供开放的物联网智能边缘计算服务。主要研究内容包括以下两个方面。

① 以物联网智能边缘计算节点 EdgeBase 为载体，研究物联网边缘硬件设备的虚拟化、容器化等技术，构建物联网智能边缘计算的 IaaS 层服务能力，提供实时和非实时系统共存的多操作系统承载环境。提高物联网智能边缘计算边缘软件承载能力，使其能够承载边缘资源的管控软件和物联网智能边缘计算应用。

② 以物联网边缘设备知识图谱为基础，研究物联网边缘资源的共享和协同管理方法、资源的调度和任务分配方法、物联网边缘计算资源的自发现自组织方法，搭建一个自动化、自治的物联网软件边缘计算平台，实现物联网边缘资源的灵活管理和智能化协同，以及物联网边缘服务的共享和动态重构。

（2）进一步深化边缘计算智能算法研究

边缘计算智能算法重点研究异构数据在边缘侧的实时处理分析。主要表现如下。

① 研究边缘设备多源数据融合分析算法。研究物联网异构数据分析方法，并在人体行为识别领域进行验证。未来将会引入关键帧提取、注意力机制等算法，在保证算法准确率的基础上进一步提升模型效率，减少计算量。

② 研究边缘设备异构数据分析算法。图数据是一种更为广泛的数据结构，可更好地描述行为分析、设备协作、蛋白质分子结构、社交网络等多维关联性数据。而图神经网络是连接主义与符号主义的有机结合，其不仅使深度学习模型能够应用在图这种非欧几里得结构上，还为深度学习

模型赋予了一定的因果推理能力。

③ 研究基于知识图谱的设备智能协作算法。针对物联网领域中无人值守的设备自协作问题，将行为识别研究中对海量图像数据的研究成果进行推广与扩展，构建物联网设备知识图谱与规则引擎，推动异构数据融合分析算法研究成果在物联网领域的转化。

（3）针对不同设备的模型压缩和优化

高精度的深度学习模型通常都十分庞大，由数百万甚至以亿计的参数构成。运行这些模型需要耗费大量的计算和内存资源。虽然智能边缘设备的处理和存储能力大幅增长，但仍远远比不上云计算设备。因此，如何把深度学习模型在资源受限的边缘设备上运行起来是一个巨大的挑战。传统的模型压缩和优化（例如剪枝、量化等）主要关注的是如何把模型变小的同时尽量少损失模型精度。然而，边缘设备的特点是类型多、差异大，处理器类型、性能和内存大小千差万别。因此，没有一个统一的模型能够适用于所有的边缘设备，应结合硬件的特性，为不同的设备提供合适的模型，不仅要考虑模型大小和精度损失，还要考虑模型在设备上的执行性能，例如时延和功耗等。

（4）持续学习和协作学习

智能边缘计算为优化模型训练与推理提供了新的技术路径。目前的模型训练和模型使用通常是割裂开的，模型在事先收集好的数据集上进行训练，然后被部署到设备上进行使用。然而，模型使用中的数据通常和训练时的数据集是不一样的。例如，由于位置和光线的不同，每个智能摄像头看到的图像内容和特征都不尽相同，从而导致模型精度下降。当模型被部署到设备上以后，会根据设备上的输入数据进行适配和优化，而且随着设备处理的新数据越来越多，它会从中学习到新的知识，从而持续不断地提高模型性能，这就是持续学习（Continuous Learning）。此外，多个设备把它们学习到的不同的新知识合并起来，一起合作改进和完善全局模型，称为协作学习（Collaborative Learning）。与主要关注如何利用多方数据集进行模型训练而不相互泄露数据的联邦学习（Federated Learning）不同，持续学习和协作学习的重点是如何在模型部署后从新获取的数据中学习新的知识。

5.3.2　边缘计算技术面临的挑战

边缘计算技术的大规模落地应用受到限制，主要原因是部署和管理成本较高。边缘计算的体系结构是高度分布式的，因此其可以分布在任何地方。企业可能拥有数千台设备和数百个网关，边缘节点都配置了固件、操作系统、各种形式的虚拟机和软件等，需要由不同的制造商进行管理和维护，更新服务、持续管理、排除故障和维护网络安全的成本很高。因此，智能边缘计算技术的解决方案仍处于探索阶段，在设备连网与互连互通、系统更新、设备扩展，以及如何保障新的计算框架下的网络安全等方面都面临新的问题和挑战。

1. 边缘计算技术在商业部署方面的挑战

根据边缘计算技术在商业部署中的特殊用途，有一些重要因素必须加以考虑，其主要挑战如下。

（1）网络开放性：主要挑战是移动网络的边缘开放性，即移动运营商对整个产业链的控制，以及设备供应商之间进行交互的业务风险。

（2）多种服务和流程：应用程序开发人员、内容提供商、OTT 提供商和网络设备供应商等多种类型的第三方提供商负责服务类型创建和智能边缘计算服务器集群管理，因此所有参与者都必须面对新的商业模式和价值链的挑战。

（3）稳健性和可用性：在将智能网络集成到移动基站时，必须确保智能边缘计算服务器的稳健性，并且它们之间的集成不会影响移动网络的可用性。

（4）隐私和安全：智能边缘计算和其他通信系统的集成给用户和组织的安全和隐私带来了许多挑战。例如，在分析不同用户或当事方的数据时，需要更多地考虑隐私保护以及网络攻击所造成的安全威胁。

2. 边缘计算技术在发展方面的挑战

根据边缘计算技术的有关研究，其发展仍然面临一些需要应对的挑战，这些挑战可以被归类为需要进一步研究的开放性问题，具体如下。

（1）标准协议：边缘计算技术是一种比较新的技术，目前存在许多不同的边缘计算标准和协议，缺乏统一性和互操作性，阻碍了设备和系统之间的通信和数据交换。因此在实施阶段其协议需要通过行业和研究人员在统一的平台上合作实现标准化。

（2）有效部署：边缘计算的有效部署能够优化带宽利用率并显著降低时延，但其频谱使用优化面临系统组件复杂性的技术挑战。

（3）移动性用户和透明度：在具有透明迁移过程和平台异构性的智能边缘计算环境中，如何为"总是在移动"的用户提供不间断的服务也是一个需要应对的挑战。

（4）异构性和可扩展性：由于高端设备使用不同的接入技术，包括 4G、5G、WiFi 和 WiMax等，要确保边缘计算系统在异构性环境中维持稳定运行，必须为不同用户规模的各类平台提供足够的可扩展性。

（5）可用性和安全性：资源可用性通常取决于服务器容量和无线接入网络的性能，以确保能提供一致的服务。除了可用性之外，任何数据和应用程序的安全性都必须采用物理措施来提供保障。

（6）数据管理：所需的数据管理能力如下（包括但不限于）。

① 数据标准化，是指将不同来源（如物体、设备和传感器）的数据转换成规范、完整且易于理解的标准格式。

② 过滤和查询数据，使应用程序和分析能够有效地访问与使用相关数据。

③ 通过与边缘分析（Edge Analytics）技术的集成，可以实现数据采集、智能分析、生成可执行洞察、决策与实施，以及数据格式转换等核心功能，从而确保与物联网生态系统的集成。

④ 编译抽象数据和元数据，为本地分析或将其推送到云服务做准备。

3. 边缘计算技术在服务提供方面的挑战

创建一个使网络中的所有参与者（即物联网用户、服务/基础设施提供商和移动运营商）都能受益的先进的生态系统，将面临许多新的挑战，这些挑战总结如下。

（1）分布式资源管理：资源有限、应用程序数量不断增加以及移动通信量的大量增加，使得资源分配成为智能边缘计算成功推进与发展的一个重要挑战。应用程序性质的多样性、异构的智能边缘计算服务器、不同的用户需求/特性以及信道连接特性等，导致多用途资源优化分配方法在不同的情况下是不同的。在用户数量庞大的情况下，无线信道将面临严重的资源竞争问题，用户对稀缺计算资源的竞争将变得异常激烈。虽然集中式方法可以提供有竞争力的性能，但它的计算复杂度较低，传输数据占用的资源却很大。因此，集中式方法不适用于分布式智能边缘计算系统。此外，其可能没有用于信息交换和账户卸载的专用回程，即使有，由于共享大数据的高负担，无线信道也可能会拥塞。

（2）可靠性和移动性：在 5G 网络技术飞速发展的大环境中，如何管理移动性和确保可靠性是一个巨大的挑战。例如，若系统仅部署了少量小规模服务器，当用户（如车辆）移动时，可能导致频繁的服务切换，进而引发服务中断，影响整体网络性能。若用户在移动过程中超出当前服务器的覆盖范围，将无法继续接收服务。因此，必须确保移动场景下的可靠性。此外，卸载用户数量的动态变化会影响随机上行链路干扰的资源和随时间变化的计算资源，而由于无线通信和用户移动性的时变动态性，在移动环境中提供可靠的智能边缘计算服务确实具有挑战性。

（3）网络集成和应用程序可移植性：边缘计算技术服务器可以根据特定技术和业务需求部署在无线电接入网（Radio Access Network，RAN）中的不同位置，因此，一个重要的挑战是将智能边缘计算无缝集成到现有的主干网架构和接口中。边缘计算技术的存在和应用程序的启用不应影响基本的网络和外围硬件标准。边缘计算技术集成的关键在于智能边缘计算与 5G 网络进行交互的能力，从而实现业务调度并接收相关的控制信息。此外，应用程序迁移需要满足适用性需求，这就免除了应用程序开发人员设计不同边缘计算系统的多个版本的需求。

（4）边缘计算与云中心共存：分布式云中心拥有丰富的计算资源，能够快速处理大数据应用，并且支持大量用户，而分布式边缘计算技术在网络边缘的计算不仅可以满足用户的需求，而且可以减少由业务拥塞和传输时延引起的端到端时延。与 HetNet（异构网络）架构相比，采用分层的方式实现智能边缘计算是非常有益的，即将其分为用户层、终端计算层和云计算层。通过这种方式，智能边缘计算供应商可将计算资源注入小型 eNB（基站）中，以利用 HetNet 的优势实现无线传输多样化并扩展计算需求。然而，分布式边缘计算技术可能没有足够的计算资源来处理所有的账户请求，并且在完全依赖云提供关键时延服务方面也带来了挑战。因此，将关键的大数据/时延账户分发到分布式智能边缘计算服务器中，同时将账户密集型和时延容忍任务移动到数据中心云上的重要性是不言而喻的。边缘计算和云中心的共存是一个重要的问题，它们之间的相互作用还需要更多的研究。

（5）人与人互连和边缘计算互连共存：由于大量物联网配对连接，将传统的人与人（Human to Human，H2H）互连（例如语音、数据和视频）和智能边缘计算集成到 5G 网络中是一项具有挑战性的任务，表现为大量成对的物联网连接具有各种服务质量要求。例如，物联网系统由可运行不同类型应用程序的人型设备（Human-Type Device，HTD）和机器类型设备（Machine-Type Device，MTD）组成。MTD 具有一组混合的服务质量需求，例如时延、可靠性和能源效率需求，而 HTD 通常需要高速率和有限的能量预算。再如，智能边缘计算系统的设计必须既满足 H2H 业务的服务质量需求，又要保持机器与机器（Machine to Machine，M2M）业务的独特特性（例如实时响应和上下文感知）。

本章小结

物联网的发展促进了物理空间和信息空间的融合，越来越多的人、机、物被接入信息空间，并在此过程中产生了海量的数据，这在传输带宽和时效性等方面提出了更高的要求。而边缘计算模式将计算任务在靠近数据源的算力资源上进行处理，可有效降低系统时延、减小数据传输带宽、提高系统的可靠性、保护数据安全和隐私等。如今，物联网正经历从互连向智能、从智能向自主方向的演进。在 5G 万物互连时代，面对集中式的数据存储和处理模式所存在的难题，边缘计算应运而生。其通过在移动网络边缘提供 IT 服务环境和云计算能力，降低网络操作和服务交付的时延。边缘计算具有邻近性、低时延、高带宽等特征，在 5G 时代甚至是以后的 6G 时代都具有广阔的应用场景。本章主要介绍了边缘计算技术、智能物联网中的边缘计算技术，以及边缘计算技术的发展趋势，帮助读者深入浅出地学习边缘计算技术。

习题

1. 什么是边缘计算技术?
2. 边缘体系结构可以分为哪几类?
3. 边缘计算技术主要有哪些特点?
4. 边缘计算技术的使用原则有哪些?
5. 简述边缘计算技术可应用的领域。
6. 边缘计算技术的发展面临哪些挑战?

第6章
数字孪生技术

　　数字孪生是充分利用物理模型、传感器、运行历史等数据，集成多学科、多物理量、多尺度、多概率的仿真过程，在虚拟空间中完成映射，从而反映对应的实体装备的全生命周期过程。

　　数字孪生是个普遍适用的理论技术体系，可以在众多领域应用，其在产品设计、产品制造、医学分析、工程建设等领域应用较多。目前数字孪生应用比较深入的领域是工程建设领域，关注度高、研究热度高的领域是智能制造领域。本章将系统分析数字孪生技术，重点分析面向复杂系统运行状态评估和预测的数字孪生技术的概念、数字孪生的关键技术，并展望数字孪生技术的发展趋势。

6.1　数字孪生技术概述

数字孪生是物联网领域的一个概念，通过集成物理实体反馈的数据，辅以人工智能、机器学习和软件分析等，在信息化平台内建立数字化模型。这个模型会根据反馈，随着物理实体的变化而自动做出相应的变化。理想状态下，数字孪生可以根据多重的反馈源数据进行自我学习，几乎实时地在数字世界里呈现物理实体的真实状况。数字孪生的反馈源主要依赖于各种传感器，如压力传感器、角度传感器、速度传感器等。数字孪生的自我学习除了可以依赖传感器的反馈信息，也可以通过历史数据或者集成网络数据学习。后者常指多个同批次的物理实体同时进行不同的操作，并将数据反馈到同一个信息化平台中。数字孪生根据海量的信息反馈迅速进行深度学习和精确模拟。

数字孪生的关键作用在于，它完成了从现实物理系统到虚拟数字化模型的逆向映射，是工业领域的一次思维革命。人们试图将物理世界的完整状态信息映射到数字空间。只有实现闭环反馈的全生命周期追踪，才符合真正的数字孪生范式。这样，就可以真正在全生命周期范围内，保证数字空间与物理世界的协调、一致。基于数字化模型进行的各类仿真、分析、数据积累、数据挖掘，甚至人工智能的应用，都能确保与现实物理系统的适用性。智能系统的智能首要应感知、建模，然后才是分析、推理。如果没有数字孪生对现实生产体系的准确模型化描述，所谓的智能制造系统就是无源之水，无法落实。这就是数字孪生对智能制造的意义所在。

6.1.1　数字孪生技术的概念

2003 年，美国密歇根大学的迈克尔·格里夫斯（Michael Grieves）教授提出"镜像空间模型"（Mirrored Spaces Model）的概念，2006 年又提出"信息镜像模型"（Information Mirroring Model）的概念，而后演变为"数字孪生"。数字孪生也被称为数字双胞胎和数字化映射。数字孪生是在基于模型的定义（Model Based Definition，MBD）基础上深入发展起来的，企业在实施基于模型的系统工程（Model-Based Systems Engineering，MBSE）的过程中产生了大量的物理模型、数学模型，这些模型为数字孪生的发展奠定了基础。美国国家航空航天局（National Aeronautics and Space Administration，NASA）给出了数字孪生的概念描述：数字孪生是指充分利用物理模型、传感器、运行历史等数据，集成多学科、多尺度的仿真过程，它作为虚拟空间中实体产品的镜像，反映了对应物理实体产品的全生命周期过程。为了便于理解数字孪生，有学者提出了数字孪生体的概念，认为数字孪生是采用信息技术对物理实体的组成、特征、功能和性能等进行数字化定义和建模的过程；而数字孪生体是指在计算机虚拟空间存在的与物理实体完全等价的信息模型，可以基于数字孪生体对物理实体进行仿真分析和优化。数字孪生是技术、过程、方法，数字孪生体是对象、模型和数据。

数字孪生可用来在一个工厂的厂房及生产线建造之前，就完成其数字化模型，从而在虚拟的空间中对工厂进行仿真和模拟，并将真实参数传给实际的工厂建设。而厂房和生产线建成之后，在日常的运维中二者仍可继续进行信息交互。随着工业技术以及新一代信息技术的迅速发展，航空航天、工业制造等各领域的装备日趋复杂，如无人机、卫星、工业机器人、风力发电机等典型复杂装备的集成化和智能化程度不断提高。伴随着复杂装备的发展，其设计、研制、测试、运行、维护等全生命周期成本大幅度增加。同时，装备的复杂性大大增加了故障、性能退化以及功能失效发生的概率。因此，复杂装备的状态评估与预测逐渐成为研究的焦点。针对复杂装备运行的可靠性、经济性等问题，故障预测和健康管理（Prognostics and Health Management，PHM）得到越来越多的关注，并逐渐发展为复杂装备自主式后勤保障的重要技术基础。针对在线运行的状态监测、异常检测、故障诊断、退化和寿命预测、系统健康管理等成为当下的研究热点。

随着传感技术与物联网技术的发展，以及复杂装备运行环境的动态变化，装备监测数据量倍增，并呈现高速、多源异构、易变等典型工业大数据的特点。然而，当前 PHM 相关体系及关键技术研究主要由装备在已知、理想运行状态下的监测数据所驱动，难以满足复杂装备在动态、多变运行环境下实时状态评估与预测的精度及适应性需求。数字孪生技术的出现及发展为解决上述问题提供了新的思路。数字孪生从内嵌的综合健康管理系统中整合了传感器数据、历史维护数据，以及通过挖掘而产生的相关派生数据。通过对上述数据的整合，数字孪生可以持续地预测装备或系统的健康状况、剩余使用寿命以及任务执行成功的概率，也可以预见关键安全事件的系统响应，通过与实体的系统响应进行对比，揭示装备研制中存在的未知问题。数字孪生可通过激活自愈的机制或更改任务参数来减轻损害或进行系统的降级，从而延长寿命和提高任务执行成功的概率。

6.1.2　数字孪生技术的发展历程

数字孪生的概念模型出现后，美国和德国均提出 CPS（信息物理系统）作为先进制造业的核心支撑技术。CPS 的目标就是实现物理世界和信息世界的交互、融合，通过大数据分析、人工智能等新一代信息技术在虚拟世界的仿真分析和预测，以最优的结果驱动物理世界的运行。数字孪生的本质就是在信息世界对物理世界进行等价映射，因此数字孪生很好地诠释了 CPS，成为实现 CPS 的最佳技术。

2010 年，NASA 在太空技术路线图中引入数字孪生概念，意在采用数字孪生实现飞行系统的全面诊断和预测功能，以保障在整个系统使用寿命期间实现持续、安全的操作。之后，NASA 和美国空军联合提出面向未来飞行器的数字孪生范例，用于航空航天飞行器的健康维护与保障，并且将数字孪生定义为一个集成了多学科、多物理量、多尺度、多概率的仿真过程，根据飞行器的可用高保真物理模型、历史数据以及传感器实时更新数据，在数字空间构建其完整映射的虚拟模型，以刻画和反映物理系统的全生命周期过程，实现对飞行器健康状态、剩余使用寿命以及任务可达性等状态的预测。同时，利用数字孪生可预测系统对危及安全事件的响应，通过比较预测结果与真实响应，及时发现未知问题，进而激活自修复机制或任务重规划，以减少系统损伤和减缓系统退化。

美国空军研究实验室于 2011 年引入将数字孪生技术用于飞机结构寿命预测的概念模型，并逐步扩展至机身状态评估研究中。实验室构建了涵盖材料属性、制造规范、控制参数、建造工艺和维护记录等完整数据的机身高精度全生命周期数字模型，通过整合历史飞行监测数据开展虚拟飞行仿真，计算结构最大承载极限，验证适航安全标准，从而降低运维复杂度，提升飞机服役效能，并揭示了机身数字孪生实施过程中的关键技术瓶颈。

在上述数字孪生的理论与框架的基础上，国外多家高校和企业已展开对其关键技术的深入探索。例如，美国范德堡大学开发了一种基于动态贝叶斯网络的机翼健康监测数字孪生模型，用于预测结构裂纹扩展的概率。随着通用电气、西门子等公司的持续推动，数字孪生技术在工业制造领域的应用日益广泛。高德纳咨询公司在 2017 年与 2018 年连续将其评为全球十大战略性技术趋势之一。美国通用电气公司依托 Predix 平台，建立了覆盖资产级、系统级及集群级的数字孪生体系，使制造商和运营商能够全面掌握资产全生命周期状态，从而实现更精准的性能预测与运营优化。西门子公司则提出了"数字化双胞胎"的理念，旨在通过构建制造流程的虚拟映射，支持从产品设计到制造执行的全流程数字化。ANSYS 公司也推出了可用于构建数字孪生并集成工业物联网的解决方案，协助企业进行故障诊断、制订科学维护计划、减少非计划停机时间、优化资产运行效率，并为下一代产品的研发积累有效数据。

近年来针对数字孪生技术的研究聚焦于多个方向：界定智能制造背景下产品数字孪生的内涵，设计其体系架构，并探讨其在设计、制造与服务阶段的具体实现路径；从物理融合、模型融合、数据融合与服务融合 4 个维度，系统分析数字孪生车间信息物理系统融合的核心理论与关键技术；提出数字孪生驱动的应用准则，涵盖潜在应用场景及相应实施中需攻克的关键技术难题；针对航空航天、工业 4.0 与智能制造等领域，阐释数字孪生的具体定义，并梳理其在基于 CPS 的工业环境中所承担的功能，为相关领域的科研工作提供重要参考。

6.1.3　数字孪生技术的基本组成

迈克尔•格里夫斯教授提出了数字孪生的 3 个组成部分：物理空间的实体产品、虚拟空间的虚拟产品、物理空间和虚拟空间之间的数据与信息交互接口。

西门子公司认为数字孪生的组成包括产品数字化双胞胎、工艺流程数字化双胞胎和设备数字化双胞胎，并认为它们共同构成了企业的完整虚拟映像。国内也有研究者从产品全生命周期管理的视角提出，数字孪生的主要组成应涵盖从设计、工艺、制造、服务直至报废回收的全流程数据。这类观点普遍立足于产品本身，并依托产品生命周期管理系统在制造企业中推动数字孪生技术的落地。

另有研究从更全面的智能制造角度出发，提出数字孪生的组成应包括产品设计、过程规划、生产布局、过程仿真、产量优化等，使其更贴合智能工厂对全流程数字化映射的需求。还有学者从车间组成层面对车间数字孪生进行了定义，认为车间数字孪生的组成包括物理车间、虚拟车间、车间服务系统及车间孪生数据。其中，物理车间是真实存在的车间，负责接收任务并执行优化策略；虚拟车间则对物理车间进行实时仿真、监测与调控；车间服务系统作为软件支撑，负责驱动物理车间运行并收集反馈数据，从而实现虚实之间的闭环联动。

当把数字孪生视为现实世界实体或系统的数字化表现时，要更注重架构引领、模型驱动、数据驱动、虚实融合要求。因此，需从过程演化角度建立数字孪生的定义、展现、交互、服务、进化这五大能力。数据是整个能力模型的基础，五大能力围绕数据来发挥作用和效能。下面具体介绍五大能力。

（1）定义：以软件的方式定义客体

定义能力是利用软件定义的方式，将物理客体及其构成在数字空间实现客体属性、方法、行为等特性的数字化建模。数字孪生作为现实世界实体或系统的数字化表现，其构建能力是模型驱动的基础，是推动客体认识不断深入、不断定义的过程。

（2）展现：多维度的客体可视化

展现能力要求对数字空间中定义的客体的静态和动态内容进行展示。静态内容包括客体属性、方法、行为相关数据及其关联；动态内容是根据客体可视化需求动态、快速、准确展示实时或准实时的可变信息。展现能力最终通过 VR 等技术实现高逼真、高精度、高动态的信息展现，为科学认知物理客体提供手段。

（3）交互：与物理客体的紧密融合

交互能力是数字孪生有别于传统信息化系统和数字应用的关键特性。数字孪生通过多种传感设备或终端实现与物理世界的动态交互，依据定义模型和客体信息进行实时计算与分析，并将分析结果反馈给物理客体，为物理客体的执行提供信息参考，或为相应人员提供决策支持，从而可以更准确、及时、客观地把握客体状态并进一步增强与物理客体的耦合时效。

（4）服务：为物理客体赋能

服务能力是数字孪生对物理客体赋能的体现，主要包括多层级系统寿命估计、系统集群执行任务能力评估、系统集群维护保障、系统生产过程监控以及系统设计决策等功能。数字孪生利用先进的大数据分析和人工智能等技术，获得超出现有认知的新信息，为再设计、再优化客体提供支持，推动物理客体的改进和提升。同时，物理客体通过配备内置传感器件、物联器件及控制器件等，实现对数字孪生中计算、分析结果的传递和信息的接收，使客体在数字感知、反馈、分析、自主决策水平等方面得以提升。

（5）进化：基于数据的迭代和优化

进化能力是指可以随着客体的发展、存亡，在广度和深度两个维度实现对物理客体的详尽描述和记录。广度上的进化指可全面记录客体全生命周期内的状态、行为、过程等静态或动态信息，具备无限量信息接纳能力。深度上的进化指可随时复现客体任意时刻的状态，并可根据认知机理和规则推演或仿真未来时刻的"假设"场景，并预判其状态。另外，数字孪生具备自学习、自适应能力，可以对自身的各种能力实现迭代和优化。

6.1.4　数字孪生的关键技术

1. 多领域、多尺度融合建模

多领域融合建模强调在正常与异常工况下，从多学科视角对物理系统进行跨领域一体化建模，并从概念设计阶段入手，实现机理层面上的深度融合与协同设计。目前常见的建模方法通常是在特定领域内进行模型的开发与优化，后期再通过集成与数据融合方式将不同领域的独立模型组合为系统级模型。然而，这种方式融合层次较浅、可解释性不足，限制了多领域模型之间更深层次的交互与整合。多领域融合建模的关键挑战在于，多物理属性的融合会显著增加系统方程的复杂度与自由度，同时要求传感器采集数据须与实际系统高度一致，以支撑高精度传感模型对系统动态的实时更新。

多尺度融合建模则致力于整合不同时间尺度下的物理过程，以模拟复杂的科学问题。该类模型能够表征不同时间长度和空间尺度下的基本过程，并通过物理参数的协调，将不同计算模型有效衔接。相比忽略尺度划分的单尺度仿真模型，多尺度模型通常具备更高的模拟精度。该建模方法目前面临的难点主要集中在空间尺度、时间尺度及耦合范围三个方面。突破这些关键技术瓶颈，将有助于构建更精确、更可靠的数字孪生系统。

2. 数据驱动与物理模型融合的状态评估

对于机理复杂的数字孪生系统，由于难以构建高精度系统级物理模型，仅依赖基于物理的解析模型会导致状态评估效果欠佳。为此，可融合数据驱动方法，通过历史/实时运行数据对物理模型进行动态校正与增强，有机整合机理特性和数据特征，最终构建能实时同步目标系统状态的动态评估体系。当前主流的融合方法有两种：一是以物理模型为主，用数据驱动方法修正模型参数；二是并行运行两种模型并按可靠性加权输出。然而，这些方法在机理与数据的深层次融合方面仍显不足，既未充分挖掘系统特性，也缺乏对数据规律的深入考量，需要建立更精细的融合机制。

数据驱动与物理模型融合的难点在于两者原理层面的融合与互补，如何将高精度的传感数据统计特性与系统的机理模型合理、有效地结合起来，获得更好的状态评估与监测效果，是亟待考虑和解决的问题。

当前仍无法有效实现物理模型与数据驱动的结合，也因为现有工业复杂系统和装备复杂系统全生命周期状态无法共享，导致全生命周期内的多源异构数据无法有效融合。现有对数字孪生的乐观前景大部分建立在诸如机器学习和深度学习等高复杂度、高性能的算法基础上，预期将利用越来越多的工业状态监测数据构建数据或数学模型，借以替代难以构建的物理模型。但如此会带来对象系统过程或机理难以刻画、所构建的数字孪生系统表征性能受限等问题。如何有效提升复杂装备与工业复杂系统前期的数字化设计、虚拟建模、过程仿真等能力，进一步强化考虑复杂系统构成、运行机理、信号流程及接口耦合等因素的仿真建模能力,是构建数字孪生系统必须突破的瓶颈。

3. 数据采集和传输

高精度传感器数据的采集和快速传输是整个数字孪生系统体系的基础。温度、压力、振动等各种类型的传感器性能都要最优,以复现实体目标系统的运行状态。传感器的分布和传感器网络的构建要以快速、安全、准确为原则,通过分布式传感器采集系统的各类物理量信息以表征系统状态。同时,搭建快速、可靠的信息传输网络,将系统状态信息安全实时地传输到上位机供其应用具有十分重要的意义。数字孪生系统是物理实体系统的实时、动态、超现实映射,数据的实时采集、传输和更新对数字孪生具有至关重要的作用。大量分布的各类型高精度传感器是整个数字孪生系统的"前线",起到基础的感官作用。

目前数字孪生系统数据采集的难点在于传感器的种类、精度、可靠性、工作环境等受到当前技术发展水平的限制,采集数据的方式也受到限制。数据传输的关键在于实时性和安全性,网络传输设备和网络结构受限于当前技术水平,无法满足更高级别的传输速率。网络安全性保障在实际应用中同样应予以重视。

随着传感器水平的快速提升,很多微机电系统(Micro-Electro-Mechanical System,MEMS)传感器日趋低成本和高集成度,而高带宽和低成本的无线传输技术的应用、推广,能够为获取更多用于表征和评价对象系统的运行状态数据或异常、故障、退化等复杂状态数据提供必要的前提条件,尤其对于旧有复杂装备或工业系统,其感知能力较弱,距离构建信息物理系统的智能体系尚有较大差距。许多新型的传感手段或模块可在现有对象系统体系内或兼容于现有系统,构建集传感、数据采集和数据传输于一体的低成本体系或平台,也是支撑数字孪生体系的关键部分。

4. 全生命周期数据存储和管理

复杂系统的全生命周期数据存储和管理是数字孪生系统的重要支撑。采用云服务器对系统的海量运行数据进行分布式管理,实现数据的高速读取和安全冗余备份,为数据智能解析算法提供充分、可靠的数据来源,对维持整个数字孪生系统的运行起着重要作用。通过存储系统的全生命周期数据,可以为数据分析和展示提供更充分的信息,使系统具备历史状态回放、结构健康退化分析以及任意历史时刻的智能解析等功能。海量的历史数据同时还为数据挖掘提供了丰富的样本信息,通过提取数据中的有效特征、分析数据间的关联关系,可以基于数据分析结果获得很多未知却具有潜在利用价值的信息,加深对系统机理和数据特性的理解和认知,实现数字孪生体的高保真度与超现实映射特性。随着研究的不断推进,全生命周期数据将持续提供可靠的数据来源和支撑。

全生命周期数据存储和管理的实现需要借助服务器的分布式架构和冗余存储。由于数字孪生系统对数据的实时性要求很高,如何优化数据的分布架构、存储方式和检索方法,获得实时、可靠的数据读取性能,是其应用于数字孪生系统面临的挑战。尤其考虑到工业企业对数据安全与信息保护的严格要求,构建以安全私有云为核心的数据中心或数据管理体系,是目前较为可行的技术解决方案。

5. VR 呈现

VR 技术可以将系统的制造、运行、维修状态以超现实的形式呈现,对复杂系统的各个关键子系统进行多领域、多尺度的状态监测和评估,将智能监测和分析结果附加到系统的各个子系统与部件中。VR 技术在完美复现实体系统的同时将数字分析结果以虚拟映射的方式叠加到所创造的数字孪生系统中,VR 技术从视觉、声觉、触觉等各个方面提供沉浸式的 VR 体验,实现实时、连续的人机互动。VR 技术能够让使用者通过数字孪生系统迅速地了解和学习目标系统的原理、构造、特性、变化趋势、健康状态等各种信息，并能启发其改进目标系统的设计和制造，为优化和创新提供灵感。通过简单的点击和触摸，不同层级的系统结构和状态会呈现在使用者面前，提供比实体系统更加丰富的信息和选择，对监控和指导复杂装备的生产制造、安全运行以及视情维修具有十分重要的意义。

复杂系统的 VR 技术的难点在于需要大量的高精度传感器采集系统的运行数据，来为 VR 技术提供必要的数据来源和支撑；同时，VR 技术本身的技术瓶颈也亟待突破，以提供更真实的 VR 系统体验。

另外，现有工业数据分析往往忽视数据呈现的研究和应用。随着日趋复杂的数据分析任务以及高维、高实时的数据建模和分析需求，加强数据呈现技术的研究与应用，是构建数字孪生体系的关键支撑环节。目前很多互联网企业均不断推出数据呈现工具或软件包，工业数据分析可以在借鉴、使用这些数据呈现工具或软件包的基础上，提升数据分析可视化的性能和效果。

6.　高性能计算

数字孪生系统复杂功能的实现很大程度上依赖于其背后的计算平台，实时性是衡量数字孪生系统性能的重要指标。因此，基于分布式计算的云服务器平台是其重要保障，同时优化数据结构、算法结构等以提高系统的任务执行速度是保障系统实时性的重要手段。如何综合考量系统搭载的计算平台的计算性能、数据传输网络的时延以及云计算平台的计算能力，设计最优的系统计算架构，满足系统的实时性分析和计算要求，是云服务器平台应用于数字孪生的重要内容。平台数字计算能力直接决定系统整体性能。作为整个系统的计算基础，平台数字计算能力的重要性毋庸置疑。

数字孪生系统的实时性要求系统具有极高的计算能力，这有赖于计算平台的提升和计算结构的优化。系统的计算能力受限于当前的计算机发展水平和算法设计优化水平，因此，应在这两方面做突破以服务于数字孪生技术的发展。

高性能数据分析算法的云化、异构加速的计算体系（如 CPU+GPU、CPU+FPGA）是现有云计算基础上可以考虑的、能够满足工业实时场景下高性能计算要求的两个方向。

7.　其他关键技术

人工智能的热潮推动着数字孪生技术的发展，智能制造和工业智能的快速发展催动数字孪生技术的演进和成熟。考虑商用大数据和工业大数据的本质差异，诸如异常状态或故障状态仿真与注入、工业数据可用性量化分析、小样本或无样本的增强深度学习等，均是当前数据生成、数据分析与建模等方面的技术特征或研究难点。半物理仿真方法与验证评估体系的建立也是构建数字孪生平台的关键环节。

6.1.5　数字孪生技术体系

数字孪生技术的实现建立在多项先进技术融合发展的基础之上。其体系架构自下而上可分为数据保障层、建模计算层、数字孪生功能层与沉浸式体验层，下层为上层提供支撑，上层则不断扩展和增强下层的功能实现。

（1）数据保障层作为整个数字孪生技术体系的基础，承担着为上层结构提供稳定、可靠数据支撑的关键作用。该层主要包括高性能传感器数据采集、高速数据传输和全生命周期数据管理 3 个核心环节。借助先进传感器与分布式传感技术，数字孪生系统能够获取准确、全面的实时数据，这些数据是构建系统特征和实现状态感知的信息基础。相较于传统依赖专家经验的做法，实时传感信息更能精确反映物理系统的实际状态，尤其适用于运行阶段复杂、动态变化频繁的工业场景。

在数据传输方面，高带宽光纤通信有效解决了海量数据传输入带宽受限的问题，不仅大幅降低传输延迟，也显著提升了数字孪生系统对物理实体的实时跟踪能力。同时，分布式云服务器存储技术为全生命周期数据管理提供了坚实平台，其高效的数据结构与检索机制保障了历史数据的可靠存储与快速调用，奠定了云计算与大数据分析的数据基础。

（2）建模计算层是数字孪生技术体系的核心，承担将原始数据转化为有价值模型和评估结果的关键任务。该层不仅提供多尺度、多视角的系统建模能力，还支撑功能层所需的仿真、预测与决策功能。其核心任务包括构建高保真物理模型、数据驱动模型及混合模型，并依托高性能计算资源实现复杂系统的实时或超实时仿真。通过融合机理建模与机器学习方法，该层能够实现对系统行为更精准的刻画与状态推演，为故障诊断、性能预测和优化调控提供量化依据。此外，建模计算层还涉及模型校验、更新与自适应演化机制，保证数字模型与物理实体之间持续的一致性，从而发挥数字孪生在实际工业应用中的最大效益。

（3）数字孪生功能层向实际的系统设计、生产、使用和维护需求提供相应的功能。针对复杂系统在使用过程中存在的异常和退化现象，在数字孪生功能层开展针对系统关键部件和子系统的退化建模和寿命估计工作，为系统健康状态的管理提供指导和评估依据。对于需要协同工作的复杂系统集群，数字孪生功能层为其提供协同执行任务的可执行性评估和个体自身状态感知，辅助集群任务的执行过程决策。在对系统集群中每个个体的状态深度感知的基础上，可以进一步依据系统健康状态实现基于集群的系统维护保障，节省系统的维护开支和避免人力资源的浪费，实现系统群体的批量化维修保障。数字孪生技术体系的最终目标是实现基于系统全生命周期健康状态的系统设计和生产过程优化改进，使系统在设计生产完成后能够在整个使用周期内获得良好的性能表现。作为整个数字孪生技术体系的直接价值体现，数字孪生功能层可以根据实际系统需要进行定制，在建模计算层提供的强大信息接口的基础上，数字孪生功能层可以满足高可靠性、高准确度、高实时性以及智能辅助决策等多个性能指标要求，提升产品在全生命周期内的表现性能。

（4）沉浸式体验层的主要目的在于提供人机交互良好的使用环境，让使用者获得身临其境般的体验，并能够迅速了解与掌握复杂系统的特性和功能，便捷地访问数字孪生功能层提供的信息，获得分析和决策方面的信息支持。未来的系统使用方式将不再仅局限于听觉和视觉，同时还将集成触摸感知、压力感知、肢体动作感知、重力感知等多方面的信息和感应，让使用者在使用系统时能够完全复现真实的场景，并通过人工智能的方法了解与学习真实系统本身不能直接反映的系统属性和特征。通过学习和了解在实体对象上接触不到或采集不到的物理量及模型分析结果，使用者能够深化对系统的理解，进而在设计、生产、使用、维护等各个方面获得可验证的优化方案。沉浸式体验层是直接面向用户的层级，以用户可用性和交互友好性为主要参考指标。

6.2　智能物联网环境下的数字孪生技术

近年来，随着嵌入式传感器、低功耗无线通信技术和高效信号处理技术的蓬勃发展，智能物联网技术得到了快速发展与壮大。在探讨数字孪生与智能物联网的相互关系时，可以发现在数字孪生的不同定义中都将数据连接作为数字孪生的核心要素之一。其原因是数字孪生虚拟模型需要实时更新物理实体的数字信息，处理后的信息也必须从虚拟模型传输到物理实体中，以实现物理实体与虚拟模型的双向实时映射。在数字孪生技术的基本应用中，实现虚拟模型与物理实体全方位同步是基本目标，在此基础上数字孪生才能实现数据分析和产品/设备优化等更高层次的目标。

智能物联网凭借其对物理对象的识别与跟踪能力，能够提供精确且实时的数据，这不仅降低了通信成本，还简化了业务流程，提高了信息的准确性与效率。因此基于现有的智能物联网技术发展数字孪生技术是一个高效且便捷的途径。同时数字孪生虚拟模型需要实时更新物理实体的数字信息，虚拟模型对物理实体的行为做出分析与反馈的速度与信息流传输的速度密切相关，而智能物联网技术可以为数字孪生提供实时、全面的数据采集以及虚拟模型和物理实体之间的有效互连互通。智能物联网包含无线传感器网络、无线网状网络、无线局域网等多种异构网络，这些异构网络有利于提高数字孪生物理实体与虚拟模型间的通信能力、数据采集能力和数据存储能力。因此，数字孪生技术通过智能物联网可以更全面地实现物理世界与数字世界的无缝对接，为各行各业带来创新的解决方案。

6.2.1　数字孪生技术与智能物联网

若要实现数字孪生，必须将传感器运行、更新的实时数据反馈到数字系统中，进而实现在虚拟空间的仿真过程。也就是说，智能物联网的各种感知技术是实现数字孪生的必然条件。只有现实中的智能物联网能实时传输数据，才能对应地实现数字孪生，它是一种建立在互联网上的泛在网络。智能物联网技术的重要基础和核心仍旧是互联网，通过各种有线和无线网络与互联网融合，将物体的信息实时、准确地传递出去。智能物联网上的传感器实时采集的信息需要通过网络传输，数量极其庞大，这些信息是后续分析和决策的基础。数字孪生可以借助智能物联网和大数据技术，达到指标测量甚至精准预测未来的目的。

（1）指标测量

指标测量指基于采集有限的物理传感器指标的直接数据，并借助大样本库，通过机器学习推测出一些原本无法直接测量的指标。例如，可以利用一系列历史指标数据，通过机器学习来构建不同的故障特征模型，间接推测出物理实体运行的健康指标。

（2）精准预测

现有的产品全生命周期管理很少能够实现精准预测，因此往往无法对隐藏在表象下的问题进行预判。而数字孪生可以结合智能物联网的数据采集、大数据的处理和人工智能的建模进行分析并给予分析的结果，实现对当前状态的评估、对过去发生问题的诊断、模拟各种可能性以及实现对未来趋势的预测，进而实现更全面的决策支持。

数字孪生技术应用于精准预测的一个例子就是使用 3D 建模来为物理世界创建数字模型，并镜像呈现物理世界的位置、特征、属性、互动等最新复制版本。NASA 最早提出数字孪生模型，正是出于对未来紧急状况进行判断、分析、解答并排除障碍点的需求。事实上在地球环境下预想到所有在太空中会遇到的情况是不太可能的，如果在太空发生事故，解决问题的环境也会比在地球上的严峻得多。因此，NASA 的"阿波罗计划"至少建造了两个相同的空间飞行器，以反映航天器在执行任务期间的状况，也就是模拟仿真紧急情况，以获得更全面的解决方案。

数字孪生在未来的技术矩阵里将处于非常基础的位置。在新技术的价值闭环上，数字孪生也是关键的一环，而且与物联网技术一直是底层伴生关系，相辅相成。

6.2.2　数字孪生技术的智能应用

1. 产品领域

数字孪生的概念最早是用来描述产品的生产制造和实时虚拟化呈现的，但受限于当时的技术水平，该概念没有获得足够的重视。随着传感技术、软硬件技术水平的提高和计算机运算性能的提升，数字孪生的概念得到了进一步发展，尤其是在产品、装备的实时运行监测方面。从产品全生命周期的角度来看，数字孪生技术可以在产品设计、生产制造、维护及应用等各个阶段为产品提供支撑和指导。

（1）产品设计阶段

在产品设计阶段，数字孪生技术可以将全生命周期的产品健康管理数据的分析结果反馈给产品设计专家，帮助其判断和决策不同参数设计情况下的产品性能情况，使产品在设计阶段就综合考虑了后续整个生命周期的发展变化情况，获得更加完善的设计方案。例如，有学者在航空发动机全生命周期的数字孪生应用框架的基础上，提出了可靠性数字孪生的虚实映射模型，进行数字孪生在航空发动机可靠性领域的应用探索；有学者在分析在轨装配航天器结构组成及功能需求分析的基础上，提出了构建航天器数字孪生体的方式来虚拟表达在轨操作过程和结果预测；有学者尝试将数字孪生用于 3D 打印；有学者引入仿真软件，将其作为工具，使用数字孪生方法将设计方案在物理世界真实条件下的表现直接展示给设计者，从而增强产品开发组织的能力；有公司通过建立基于数字孪生的 3D 交互平台，根据用户的体验信息反馈持续改进虚拟世界中的产品模型，同时也在相应物理模型中进行改进；有学者研究了基于建筑信息的模型，构建建筑行业的数字孪生；还有学者讨论了基于数字孪生思想的核能设施维护，提出将数字孪生用于增强传统系统的工程分析流程。

（2）产品生产制造阶段

在产品生产制造阶段，数字孪生技术可以通过虚拟映射的方式对产品内部不可测的状态变量进行虚拟构建，细致地刻画产品生产制造过程，解决产品生产制造过程中存在的问题，降低产品生产制造的难度，提高产品生产的可靠性。例如，西门子基于数字孪生理念构建了整合制造流程的生产系统模型，形成了基于模型的虚拟企业和基于自动化技术的企业镜像，支持企业进行涵盖其整个价值链的整合及数字化转型，并在工业设备的生产流程中开展了应用验证；有学者将数字孪生技术应用于多个智能制造场景，包括产品构型管理优化、基于企业服务总线的物流智能工厂建设、员工与生产系统的实时协同交互，以及基于 CPS 的制造资源自组织配置与自适应协同控制，以实现加工服务的实时感知与智能决策。

（3）产品维护及应用阶段

在产品运行过程中，数字孪生技术可以全面地对产品的各个运行参数和指标进行监测与评估，对系统的早期故障和部件性能退化信息进行充分的反馈，指导产品的维护工作和故障预防工作，使产品能够获得更长的生命周期。在后勤保障过程中，由于有多批次全生命周期的数据做支撑，并能够通过虚拟传感的方式采集到反映系统内部状态的变量数据，因此产品故障能够被精确定位、分析和诊断，产品的后勤保障工作更加简单、有效。例如，NASA 将物理系统与虚拟系统相结合，研究基于数字孪生的复杂系统故障预测与消除方法，并应用在飞机、飞行器运载火箭等飞行系统的健康维护管理中；苹果公司在售出其 iPhone 时，同时售出了对应物理 iPhone 产品的虚拟产品——苹果操作系统，实现了对其产品的跟踪、监控，也实现了服务与产品的融合；有公司将数字孪生作为智能产品的关键性环节，在虚拟世界和现实世界间建立实时连接，将智能产品的每一个动作延伸至下一个产品设计周期，并实现产品的预测性维修，为客户提供高效的产品售后服务与支持；有学者提出将数字孪生与感官粒子技术相结合，实现航空航天器的实时检测、维修和更换；美国通用电气公司基于数字孪生体，通过其自身搭建的云服务平台，采用大数据、物联网等技术，实现对发动机的实时监控、及时检查和预测性维护；有公司将数字孪生技术运用到深空探测上，通过数字孪生技术，宇航员将能够实时获得地面人员的指令数据、模拟数据和解决方案，能够更加有效地执行操作任务；美国空军研究实验室通过将超高保真的飞机虚拟模型与影响飞行的结构偏差和温度计算模型相结合，开展基于数字孪生的飞机结构寿命预测；空中客车公司采用基于数字孪生的总装生产线"智能空间"解决方案，一方面使制造流程完全可视化，工艺装备及其在总装厂内的分布情况一目了然，另一方面通过数字孪生模型预测生产中可能遇到的瓶颈，提前解决问题，不断提高总装效率；有学者提出通过综合结构健康管理工具和多物理场模型实现数字孪生，对航班在正常条件和不利条件下的受损情况进行准确检测及预测，用基于数字孪生的模型预测飞机结构的损坏程度，而后利用飞机机翼的案例验证了其数字孪生模型的实用性。

通过将数字孪生技术应用到产品的整个生命周期，产品从设计阶段到最后的应用及维护阶段都将变得更加智能、有效。以卫星的监测、优化、管理和控制为例：基于遥感数据深度融合技术和系统动态实时建模和评估技术，能够通过卫星近实时遥测数据在地面站构建卫星的数字孪生体，实时反映卫星的健康状态并预估卫星各系统、各部件的使用寿命；在丰富的传感信息和基于数学模型的感知信息增强的基础上，对卫星状态进行全面、深入的分析和计算，提供全面且细致入微的卫星状态监测接口，让使用者对卫星当前的健康状态具有准确、细致的理解；同时还可以优化卫星的调度管理和控制，延长卫星的使用寿命。上述是数字孪生技术在产品应用及维护阶段的一个实例化应用，卫星实体和卫星虚拟模型之间的精确匹配是整个技术的核心。

2．智慧城市领域

基于数字孪生技术的智慧城市具有精准映射、虚实交互、软件定义、智能干预的特征。数字孪生城市作为数字城市的目标，也是智慧城市的新起点。随着信息通信技术的高速发展，当前社会已经基本具备了构建数字孪生城市的能力。全域立体感知、数字化标识、万物可信互连、泛在普惠计算、数据驱动决策等，构成了数字孪生城市的强大技术模型；大数据、人工智能、虚拟现实等技术推进技术模型不断完善，使模拟、仿真、分析城市的实时动态成为可能。

例如，我国将数字孪生技术应用于雄安新区，能够有效地发现园区内的故障；新加坡与美国麻省理工学院合作的 CityScope 为新加坡城市规划量身定制了城市运行仿真系统；西班牙桑坦德在城市中广泛部署传感器，以感知城市环境、交通、水利等运行情况，并将数据汇聚到智慧城市平台中的城市仪表板，初步形成了数字孪生城市的雏形，成为欧洲可推广的模板之一。目前，世界各国纷纷开展相关研究，并通过智能设备部署、关键基础设施和信息仿真、城市镜像等多种手段，构建不同形式的数字孪生城市模型和应用，取得了一定进展。智慧城市在建设过程中呈现以下特点。

（1）虚拟互连、数据共享

在互联网时代，万物互连、数据共享成为一种发展趋势，依托数字孪生城市模型打造的智慧城市更是深度融合了虚拟互连的概念和技术。如"虚拟新加坡"项目意图打造一个共同的数据平台，以实现数据的可视化，进行各种复杂的模拟。该项目在城市中布置了大量的传感器，所有的传感器汇集在一起形成一个包含整个城市数据的大数据平台，由此建立数字孪生城市模型。该模型数据涵盖城市中所有建筑的精确尺寸、整体格局，甚至是建筑的材质信息。目前，部分数据已向公众开放，人们可在线看到交通以及安全摄像头等数据。此外，西班牙巴塞罗那也非常重视物联网在智慧城市中的作用，在城市中布置了大量的末端无线传感器，以实时采集大量数据，并由特定的数据处理平台对集成的信息进行整合、分析，建成数字孪生城市模型。

（2）多场景模拟和推进城市服务智能化

在不同的智慧城市中，数字孪生城市模型均不同程度地体现出对不同城市服务场景的多层次、多维度和细粒度模拟。如德国的智慧城市建设项目多集中在节能、环保、交通等领域，依托"能源系统开发计划"创建了一个未来能源系统结构的数字孪生体，对整个能源供应结构进行数字化并模拟一系列场景。巴塞罗那智慧城市项目则在智能农业、城市卫生管理等方面发挥了较为显著的作用：其智能农业灌溉系统通过利用地面传感器将湿度、温度、气压等相关数据传回信息处理平台，进而实现农业灌溉的智能化管理；其智能垃圾回收系统在自身满载时会发出信号，工作人员将根据信号来管理、分配垃圾运输车的频率和路线。

（3）试点研究、示范推广

我国在开展智慧城市、物联网等建设方面采用试点研究、示范推广的应用模式。我国明确提出构建智慧城市方案的城市已超过 500 个，但数字孪生技术在智慧城市构建中的应用仍处于起步阶段。北京城市副中心构建虚实融合的数字化城市，借助数字孪生技术、建模技术等解决了城市建设中的一系列复杂问题。无锡在智慧交通、智慧建设、智慧旅游等领域持续推进，基本建成了城市大数据中心和支撑平台体系。此外，香港利用大数据建设智慧城市，通过城市数据建模仿真，为物理实体城市建设了一个平行的虚拟空间，利用数字孪生城市模型为政府及市民提供便利服务。

3. 医疗领域

未来通过各种新型医疗检测和扫描仪器及可穿戴设备，我们可以复制出一个数字化身体，并可以追踪这个数字化身体每一部分的运动与变化，从而更好地进行健康监测和管理。通过 5G 等传输技术，远程医疗也将更为普及，这对实现优质医疗资源下沉、提升自动诊疗水平有着重要意义。

6.3　数字孪生技术的发展趋势

目前，数字孪生技术的研究与应用还处于初级阶段，在工业应用方面仍然面临许多挑战，如建模技术、数据分析、信息安全和隐私保护等。数字孪生技术的发展离不开物联网、大数据等新一代信息技术的支持，要实现数字孪生技术的高速发展，构建一个高效、稳健的数字孪生系统，应当将数字孪生技术与新一代信息技术进行融合。本节将分析当前数字孪生技术的发展现状，介绍数字孪生技术在技术层面与应用层面的发展趋势。

1. 数字孪生技术在技术层面的发展趋势

现有的建模与模拟技术无法兼容，也无法查看模型全生命周期的所有信息，缺乏一种专有格式将物理实体的工程数据与模型进行整合，因此构建涵盖产品全生命周期管理、制造系统执行和车间运营管理的数字孪生模型将是重要的发展趋势。

可以预见未来的孪生数据将具有多格式、高重复性和海量等特征，将大数据分析融入数字孪生模型中，避免生产设备的实时数据覆盖历史数据，实现智能分析和预测；同时，将机械设计、电气设计、气动结构和控制单元等部门不同结构的数据进行融合，实现基于数字孪生模型的虚拟调试也是发展趋势之一。

智能决策系统的构建将是数字孪生技术的重要发展方向。数字孪生应当可以不断积累设计和制造知识，这些知识可以重复使用和不断改进。在虚拟模型与实际生产结果存在差异或物理实体与虚拟模型出现不同步时，智能决策系统需要根据已有的知识做出最优的反馈控制。

数字孪生系统的安全性也是数字孪生技术发展的关键因素。数字孪生系统拥有整个生产系统的所有核心数据，有较高的网络安全风险。因此，安全性不是数字孪生系统的一个附加功能，它必须从整个数字孪生系统的设计阶段开始就进行系统性规划和深度整合。

2. 数字孪生技术在应用层面的发展趋势

数字孪生技术在应用层面主要呈现以下发展趋势。

（1）在产品研发方向：利用数字孪生模型构建新型仿真系统，实现产品状态信息与数字孪生模型同步更新，在产品开发过程中及时发现产品设计、生产的缺陷，实现产品设计优化。

（2）在产品制造加工方向：构建工厂级别的设备集群数字孪生模型，实现产品全加工过程的实时监控、过程优化和远程控制。

（3）在产品运维方向：应用数字孪生实现产品运行、维护，特别是机械系统的维护，例如电梯系统、汽车系统、大型装备等。

同时应该注意，许多中小型制造企业并不具备完全数字化的能力，仅能对部分设备进行数字化，如智能仓库或供应链管理等。因此，如何将数字孪生在这些企业进行应用将是一个重要的研究方向。

随着工业信息系统、人工智能、机器学习、工业大数据等技术的快速发展，数字孪生技术在智能制造领域和装备智能维护领域展现了良好的前景，机器人、航空航天、新能源等行业均开始持续关注和探索数字孪生的技术体系、关键技术以及应用潜力。然而，数字孪生技术所描绘的美好前景与工业和装备领域的现实技术水平间存在着巨大的鸿沟，很多基础性的技术要求仍不具备，具体体现在如下几个方面。

（1）部分行业的数字化设计水平较低。航空航天、机器人等行业的优势更多体现在集成创新层面，基础设计水平仍然不高。很多传统行业的数字化设计水平较低，缺乏支撑数字孪生技术体系构建所需的基础数学模型、仿真模型等，尤其是关键核心部件或工艺过程的数字化仿真能力欠缺，成为制约数字孪生技术发展的一大瓶颈。

（2）复杂工业系统和复杂装备数据价值较低。现有典型复杂工业系统领域或复杂装备领域，大都具备对工业大数据的存储和管理能力，但工业数据建模和分析高度关联于不同行业领域的工程和专家经验，而数据分析师和领域工程师间的协同还存在隔阂，无论是管理机制、技术体制还是从业人员专业能力均存在局限。

（3）垂直领域的软件专业化水平较低。通用电气公司的 Predix 平台难以推广的一个原因是其定位于可以解决绝大部分行业的问题，但不同工业领域的基础水平和条件、信息处理流程、行业自身特色等存在不同，短期内难以构建适合于多领域、通用化的数字孪生技术体系和技术平台。

（4）成本和收益、研究和应用间的差距短期内难以弥合。装备领域由于其特殊性对成本和收益尚不敏感，但过小的规模和领域的特殊性决定了其短期内无法取得较大突破。

数字孪生技术体系涉及的其他关键技术，包括传感器及传感器融合技术、寿命预测技术、支撑试验和验证技术等，均与现实应用存在一定差距。边实践边优化的迭代模式，是当前不同领域构建数字孪生平台的有效方法。

本章小结

数字孪生概念是迈克尔·格里夫斯教授提出的，但信息技术的发展没有达到数字孪生技术在制造业中的应用要求，使得数字孪生技术在过去很长一段时间的探索被局限于航空航天领域。在全球新一轮科技革命和制造业产业升级的推动下，信息技术得到了爆发式发展。物联网与大数据作为数字孪生技术在信息采集与数据处理、分析领域的关键技术，也得到了学术界，甚至是全社会的高度关注。未来物理实体的虚拟化与信息化将会成为发展的重要趋势，同时由于数字孪生技术在实现物理实体与虚拟模型实时双向映射中的巨大优势，可以预见数字孪生技术将在推动智能制造方面拥有巨大的应用前景。

本章总结了各个行业和专家学者定义的数字孪生的概念，并从不同角度解读了这些概念；介绍了数字孪生技术的发展历程、基本组成及关键技术，同时分析了智能物联网环境下的数字孪生技术。在此基础上，探索了数字孪生技术的发展趋势。数字孪生技术在设计、生产、运维全流程中展现出理解、预测和优化物理系统的独特价值。虽然数字孪生技术尚处发展的早期阶段，但其应用潜力已不容忽视。

习题

1. 数字孪生的概念是什么?
2. 数字孪生由哪些部分组成?
3. 数字孪生有哪些关键技术?
4. 目前数字孪生仍有哪些不足?

第 7 章
情景感知技术

　　近年来，智能物联网的相关技术不断地取得进步，推动着数据的爆炸式增长。与互联网不同，智能物联网通过无线网络实现异构设备之间的互连，其具有高丢包率和低吞吐速率的特点。智能物联网通过各类通信技术将具有标识、感知或者执行能力的物理实体互连，形成了"物物互连"的虚拟网络。随着计算机及通信技术的迅速发展，情景感知技术应运而生。情景感知技术获得传感器采集的情景信息以后，将对信息进行智能处理，自动为用户提供适配服务。在智能物联网中，情景感知技术使设备能够根据环境变化和用户行为进行智能响应。智能物联网通过传感器实现实时信息采集，而情景感知技术则对这些信息进行智能分析，以实现更高层次的应用。因此，情景感知技术是智能物联网的重要组成部分，它通过提供环境感知能力，提升智能物联网的智能化水平，使物联网设备能够更加智能地响应环境变化和用户需求。

7.1   情景感知技术概述

情景这一概念在许多领域（包括语言学、哲学、人工智能中的知识表示和问题解决以及通信理论等）中都可以见到。在大多数的场景中，情景是一个关键概念，而逻辑学的发展使得基于知识的系统能够准确地对情景进行描述和推理。情景是可用于标识实体情形的一切信息。实体可以是一个人、一个地点或是与用户、应用程序交互活动有关的任何事物，包括人和应用程序本身。情景可能包括的信息有位置（人或物）、时间、应用程序的执行状态、计算资源、网络带宽、用户活动、用户意图、用户情绪以及环境条件等。情景的内容具有巨大的多样性，情景的获取方式和建模是值得研究的一个重要领域。而对于情景感知系统，有些学者给出了这样的描述：情景感知系统根据工作时的位置、附近的人和物体、可用的设备，以及一段时间内以上这些事物的变化来工作。情景感知技术使得这种系统能够自主做出动作，既减轻了用户的负担，又可以为用户提供辅助性智能预测。目前，从机器人到自主监视系统，很多已有的系统都被认为已经有感知的能力。然而，情景感知对一个系统而言到底意味着什么，这是一个值得认真审视的问题。

7.1.1   情景感知技术的基本概念

情景感知技术源于对普适计算的研究，最早于 1994 年被提出。情景感知简单来说就是通过传感器及其相关的技术使计算机设备能够"感知"当前的情景。在智能物联网中，情景感知技术可以实现多维感知，通过多个设备从不同维度提取信息，对信息的准确性进行印证。情景感知是关于特定环境要素的最新知识，时间和空间是其重要的参考。情景感知包括理解这些要素的含义、与这些要素相关的潜在威胁、在某些变量（例如时间）发生变化后它们在不久的将来对环境的影响，以及执行必要行动的能力等。虽然"情景感知"这一术语近年来才开始流行，但其核心概念在航空领域的应用历史可以追溯至更早。从发展脉络来看，情景感知核心思想的实践最初源自航空心理学研究，并率先应用于空中交通管制等安全关键系统，之后才逐渐扩展到社会各领域。

近年来，专家们正将情景感知概念引入网络防御领域，发展出"网络情景感知"这一新方向。其通过整合多源数据和攻击可视化手段，能显著提升防御者的态势理解能力。在安全威胁日益跨行业扩散的背景下，这种技术的重要性与日俱增。具备情景感知能力的组织能够有效识别并应对环境中的复合型威胁。

在"情景感知"一词的不同定义中，最简洁的是知名学者米卡·恩兹利（Mica Endsley）提出的：情景感知是在一定的时间和空间范围内对环境中要素的感知、对其含义的理解以及对其在不久的将来中地位的预测。恩兹利提出的情景感知三级模型最初是为了理解航空任务（例如，驾驶飞机和进行空中交通管制时，要求人们跟上动态变化的环境），但有人认为它可以扩展到其他领域。从本质上讲，任何需要人们跟踪事件的任务都是情景评估研究和应用的潜在候选任务。恩兹利提出的模型分为 3 个层次的情景评估，每个层次都是下一个更高层次的情景评估的必要（但不充分）先导。这个模型遵循一个信息处理链——从感知到理解，再到预测。从最低级别到最高级别，这一模型的 3 个层次说明如下。

① 一级情景感知：对环境要素的感知，是最低级别的情景感知。这是对关键要素或"事件"的识别，这些要素或"事件"组合在一起，用于定义情景。在这个层次中没有对数据进行解释，它所代表的只是对原始形式信息的初始接收。这一层次在语义上标记了情景的关键要素，以便在后续处理中进行更高级别的抽象。

② 二级情景感知：对当前情景的理解。如果数据能够被整合和综合，从而产生对当前所需执

行任务相关性的理解，那么理解可以从对要素的感知开始。这一层次通过整合一级情景感知的情景要素感知数据，构建全局战术态势模型，并基于领域术语的动态解析实时定义当前状态，最终为决策者提供快速响应支持。

③ 三级情景感知：预测未来状态。这是最高级别的情景感知，是当前形势向未来的投射，并且与预测未来环境要素的能力相关联。预测的准确性在很大程度上取决于一级情景感知和二级情景感知的准确性。这一层次支持在时间允许的情况下进行短期规划和选项评估。

情景感知的处理对象是环境中的情景信息。用户的情景信息通常是显而易见的，例如用户所处环境的温度、湿度和当前时间，但要给情景信息一个通用的定义却相当困难。1994 年，上下文感知（Context-Aware）被首次提出，并使用枚举的方式将情景信息分为 3 类来定义：计算情景，如网络的可用性、连接带宽、附近的设备（打印机、显示器、PC 等）等；用户情景，如用户配置、位置、附近的人、姿势行为、社会关系等；物理情景，如温度、光线明暗、噪声大小、交通状况等。该定义忽略了历史情景，即上述情景在时间轴上的变化。目前常用的情景信息的定义是：情景信息是可以用来描述实体情景（Situation）的任何信息。所谓实体是指人、位置或其他与用户及应用交互相关的物体，包括用户和应用本身。情景感知是获取情景信息并对其进行信息处理的操作。

很明显，情景感知有着诸多层面的应用，它对组织、团队以及个人在各类环境中的运作都至关重要。这就是为什么在如此多不同类型的环境和行业中都出现了情景感知概念，而不仅仅局限于航空领域。情景感知可以直接影响我们的生活，让生活变得更好。例如，根据定义，如果我们能够意识到我们所处的环境和它在不久的将来可能发生的变化，肯定可以做出更好的决策，从而避免许多不必要的问题出现。由于情景感知可以考虑到一个环境中与空间或时间有关的许多不同因素，因此当其中任何一个因素发生变化时，它就会告诉我们该因素对整体情况的影响。情景感知可以辅助决策者在复杂动态的领域中做出更高效的决策，包括发电厂运营、船舶导航、空中交通管制以及消防等重要领域。情景感知也被应用于一些非常基本的环境，如智能医疗保健系统的用例，该系统表明当存在良好的情景感知时，人们倾向于获得关于系统的更准确的信息，例如什么元素影响其输出以及输出如何影响整个环境，并且如果事先知道最后结果，将有助于更好地做出决策和实施计划。另外，人们观察到，较差的情景感知已经成为人为错误导致事故发生的基本原因之一。

7.1.2　情景感知系统的要素

已有的情景感知系统的用例表明，不同系统具有不同的特征，因此需要细化设计来满足各自的设计要求。情景感知系统的延伸性、多样性和复杂性仍呈现增长态势，然而人们已经注意到一些理念和软件体系结构是可复用于新的系统中的。人们主要通过五种感觉器官（眼、耳、鼻、舌、皮肤）所产生的视觉、听觉、嗅觉、味觉和触觉来感知外部世界，然后通过大脑对感觉器官传回来的信息进行加工，变成感受。人体对外界刺激的反应非常迅速，例如膝跳反射。通常这些反射可分为不经过大脑的直接反射和经过大脑即利用已有经验进行推理之后得出结论的间接反射。除了人类之外，人们发现昆虫、软件智能体和机器人这些截然不同的实体也有着类似的感知功能，这也就是情景感知系统的感知特征，即感知能力以及对刺激的反射能力。情景感知系统强调对实体的识别、理解和应用，同时也强调设计实体周围庞大的互连设备和组件的体系结构。

一般来说情景感知系统的基本要素可以归纳为感知、推理和行为，如图 7-1 所示。不同的系统可能在这三要素的实现细节上不完全相同，一些系统可能使用复杂的传感器，但推理较少；另一些系统则可能只使用简单的传感器，但需要进行大量的推理。此外，这些要素可以使用集中式系统实现，也可以使用分布式系统来实现。

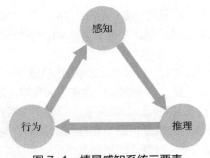

图 7-1　情景感知系统三要素

1. 感知

传感器和感觉器官都提供了感知物理世界信息或数据的途径。计算机系统可以利用这些信息或数据做出决策，并最终选择合适的反应动作，多传感器的组合可以为计算机系统推理提供更多的外部信息，使其对现实世界的理解和描述更加全面、准确。传感器是连接物理世界和计算机虚拟世界的"桥梁"。智能物联网中的传感器可以将环境中的情景信息转换成计算机程序可处理的数据，并通过导入数据来支持感知。传感器的类型多种多样，包括光传感器、温度传感器、烟雾传感器、动作传感器、触觉传感器等。除了这些常见的传感器，一些其他设备（如话筒、雷达、压力表和计算机上的时钟等）也可以被视为传感器。传感器可以嵌入房间的某些物品中、安置在汽车中、穿戴在身上、植入人体内，用于检测环境中的信息或人的方位。现在，越来越多的传感器应用于智能化汽车中，例如检测到下雨自动开启雨刷、检测到车距太近发出警报，甚至检测到驾驶员注意力不集中而自动提醒。可穿戴传感器可以检测人体的生理信号，如心率、体温等，应用于健康监测和情绪检测。

由此可以看出，传感器既可应用于日常物品，也可应用于专有设备。不同传感器信息的综合将为计算机系统提供接近真实世界的数据，但是在利用传感器数据和情景数据进行推理，进而还原符合事实的、连贯的真实世界方面还存在着极大的挑战。对相同的情景，使用不同的传感器组合得到的结果可能不尽相同。此外，情景感知设备中的感知技术也受到一些限制，首先，不同类型的传感器只能检测到有限的信息，例如温度传感器只能检测温度，而无法检测光照强度；其次，不同传感器之间的精度和稳定性也存在差异，例如，不同品牌的温度传感器可能会显示不同的温度值；最后，环境的变化和其他因素（如噪声等）也可能影响感知设备的准确性。因此，在使用情景感知设备进行数据采集和分析时，需要考虑这些限制，以确保得到准确可靠的结果。

2. 推理

基于知识的方法被用于表示和处理传感器捕获的情景信息。这类方法通过尝试使用一种丰富和精确的情景模型来实现更复杂的推理。

不同的模型可以用来表示不同的情景信息。例如，对于自动驾驶汽车来说，情景信息包括车辆周围的交通情况、路面状况、天气等，这些信息可以用计算机视觉和深度学习算法来表示和处理；对于智能家居系统来说，情景信息包括家庭成员的活动、室内温度、湿度、照明等，这些信息可以用传感器数据及规则引擎来表示和处理；对于智能工厂来说，情景信息包括生产线的状态、机器人的位置和动作等，这些信息可以用物联网传感器及工业自动化控制系统来表示和处理。由于不同情景的特点和需求不同，因此需要使用不同的模型来处理和表示情景信息。

情景信息推理的一个重要方向是处理不确定性。在表示不同类型的不确定性方面存在很多形式且均已被应用，包括概率赋值和集合成员的模糊度，如贝叶斯推理方法、D-S 证据理论和模糊论。

3. 行为

情景信息一旦汇总，或情景已被识别，系统就可以基于情景信息推理采取相应的动作。影响因素和系统的行为因不同的应用而不同，甚至行为本身就是下一步工作的感知过程。行为应该及时执行，即在引发行为改变的情景出现之前执行，在特定时间后执行的行为对用户而言是没有意义的。理想情况下，用户应该拥有控制权，并能够掌控、取消或停止系统的自主行为，甚至让其反向执行。对智能体系统来说，它可以在行为发生之前进行规划，由行为序列组成的复杂度是一致的，并且可能与后续步骤的感知或推理过程重叠。

情景感知系统与行为的可测量性和系统的可用性密切相关。在设计情景感知系统时，必须确保行为是可测量的，以使系统可以监测和控制行为的执行。同时，系统的可用性也是至关重要的，这是因为它决定了系统在实际环境中的实际效果。另外，由于情景感知系统通常由多个系统组成，因此它们之间的相互作用也需要研究和考虑。例如，在一个房间中，如果窗帘和室内设备都可以根据光线变化进行自动调节，那么它们之间可能会产生相互作用，从而导致系统的行为与预期不同，这是需要避免的。因此，在设计情景感知系统时，必须考虑行为的可测量性和系统的可用性，并确保系统之间的协同作用符合预期。自主行为的前提是情景感知系统必须能够触发并识别不同的情景，而这些情景的触发必须是可逆的或者执行的动作不会带来严重后果。因此，我们建议情景感知系统应遵循以下规则。

```
If Uncertainty (Context) < U and Severity (Action) < S
Then Do Action
If Uncertainty (Context) > U' and Severity (Action) > S'
Then Do Ask-User
```

上述规则中，U 表示最大不确定性阈值，U'表示最小不确定性阈值，S 表示最大安全系数阈值，S'表示最小安全系数阈值。

7.1.3　情景感知系统的结构

情景感知系统由感知、推理和行为 3 个子系统组成。

感知子系统负责从环境中获取传感器数据，并将其转换为计算机可识别的形式。该子系统使用各种传感器来获取情景信息，如摄像头、话筒、温度传感器等。通过感知子系统，智能物联网能够实现对周围环境的持续监测和智能感知，为数据分析和智能决策奠定基础。

推理子系统使用推理算法对感知子系统收集到的数据进行分析和推理，以得出有关当前情景的结论。推理子系统基于先前的经验和知识，从收集到的数据中识别和推理出相关的情景信息，并生成相应的输出结果。推理子系统不仅能够根据预设的规则和行为准则生成决策，还能为智能物联网提供自动化和智能化的响应能力，使其能够适应不同的环境变化并执行相应的操作。

行为子系统负责根据推理子系统提供的输出，采取相应的行动来响应当前的情景。该子系统包括执行器和控制器，可以通过自动化或人工干预来实现。行为子系统的主要任务是控制和管理与当前情景相关的物理设备或系统，以满足用户的需求。它可以自主决策或接受来自用户的指令，从而实现智能化的控制和管理。

在感知子系统的源数据采集阶段，系统必须考虑要识别的场景是什么、场景中的哪些信息是可以获取的、需要使用哪些传感器来获取这些信息等。在推理子系统的数据预推理阶段，需要选择合适的推理机制，从简单的事件–条件规则再到复杂的人工智能技术。在推理子系统的数据存储阶段，一些通过推理抽取出来的数据或知识需要存储起来。在行为子系统的应用阶段，为数据信息的应用选择合适的硬件和软件组件。这些组件的分配取决于应用条件，它们可能被安置在同一个机器上，也可能被安置在一个分布的系统中。感知子系统、推理子系统和行为子系统需要连接在一起。情景感知系统的通用结构有许多，图 7-2 所示为其中一种抽象层次结构。

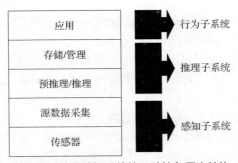

图 7-2　情景感知系统的一种抽象层次结构

其中，底层的传感器和上一层的源数据采集是相关的，之后便是对数据的预推理/推理，如果加上查询、再推理和更新，那么情景的存储和管理会更加复杂，这些都取决于应用需求。行为、推理和感知 3 个子系统都有可能与其他部分组成联合体或解耦，也有可能紧密相连成为一台设备。子系统本身可能由分布式组件构成，并且可以选择使用其自身的推理和感知子系统，而非使用共享的公共组件。这些子系统可能会有通用的接口（可能基于通用的服务理念），这使子系统间无须知道底层的细节就可以通信。这种抽象层次结构实现了各层隔离，确保单层变更不会波及其他层。以推理算法更新为例，服务调用方通过固定接口访问推理服务，完全不受算法变更影响。

7.1.4　情景感知模型

情景感知模型可以分为描述性模型、说明性（计算性）模型和多智能体计算模型。

1. 描述性模型

大多数发展起来的情景感知模型都是描述性的。恩兹利提出了一个通用动态决策环境中情景感知的描述性模型，描述了相关因素和潜在机制，如图 7-3 所示。该模型作为整体感知—决策—行动循环的一个组成部分，显示了众多个体和环境因素的相互作用。在这些因素中，注意力和工作记忆被认为是限制有效情景意识的关键因素。心理模型的形成和目标导向行为被认为是克服这些限制的重要机制。

1995 年，在麻醉学领域出现了一种描述情景感知状态的理论框架模型，对情景感知状态的组成描述为 3 个阶段：感知、理解和预测。感知阶段与确定麻醉监视器上显示的关键生理"事件"（恩兹利的一级情景感知）有关。理解阶段侧重于整合这些事件，以确定潜在问题（恩兹利的二级情景感知）和未来的预期趋势（恩兹利的三级情景感知）。预测阶段包括一条"快速"反应路径和一条基于模型的推理的"缓慢"思考路径，这两条路径都有助于计划生成和后续行动实施。尽管描述性模型能够识别动态和不确定环境中决策的基本问题，但其不支持对线索进行处理，无法为感知、评估情景和做出决策的过程提供定量模拟。此外，在嵌入式仿真研究中，还未发现任何描述性模型已经发展成为实际模拟人类决策行为的计算模型。

描述性模型非常有用，但是也有一些局限性。它可以解决一些在复杂和动态环境的情景感知中遇到的非常基本的问题，但当情景变得更复杂的时候，基于许多环境因素和人为因素的模型会对不同情景形成不同的理解，然后据此做出不同的决策，这些模型就不是可靠的解决方案了。目前许多针对情景感知的计算模型旨在更好地模拟人类的决策行为。由于计算模型是人类决策和情景感知的解决方案，因此重点应该放在开发能够表示或模拟人类行为的模型上。

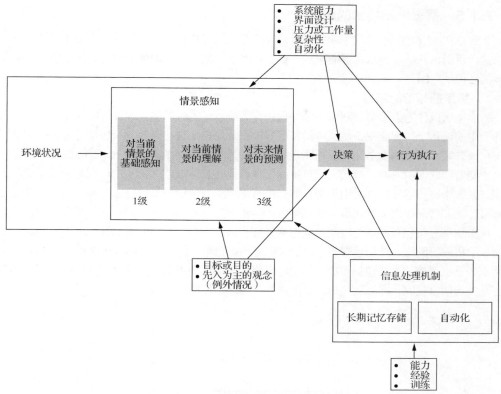

图 7-3　恩兹利提出的描述性模型

2. 说明性模型

与描述性模型相比，情景感知的说明性模型很少被提出，也很少有人去开发、使用。早期开发研究人员尝试使用产生式规则，将情景感知模型开发为一个产生式规则系统，其使用规则"如果一组事件 E 发生，则情况为 S"来评估情景。尽管这种模式识别（自下而上）类型的方法非常容易实现，但它缺乏因果推理（自上而下）类型方法的诊断能力。在因果推理类型方法中，使用假设情况 S 来生成预期事件集 E*，并将其与观察得到的事件集 E 进行比较：若 E*和 E 紧密匹配则证实了假设的情况，而不好的匹配则会激发新的假设。显而易见的是，这些早期的尝试使用简单的产生式规则系统对情景感知过程进行建模的做法表现不佳，原因有以下 3 个：

① 仅限于简单的正向链接（事件到情景）；

② 没有考虑到事件、情景的不确定性以及它们之间的联系规则；

③ 不利用内存，只反映当前事件的瞬时状态。

使用更复杂的产生式规则（例如，通过组合的正向/反向链接、合并"确定性因素"或更好的内部模型）可以很好地解决这些问题。

3. 多智能体计算模型

群体的多智能体计算模型被设计成每个智能体都有一些内部心智模型，这些内部心智模型包含其他智能体正在做的事情。在这些模型中，情景感知分为两部分：主体自身对情景的了解，以及主体对他人行动及其在情景变化时潜在反应的理解。到目前为止，这种多智能体计算模型仅被成功地应用于解决以下问题：假定其他人完全遵循条令（预先编程的行为规则）行事，并且主体代理不断地监视环境并对环境做出反应。目前尚不清楚这种方法是否可以扩展到相互反应更强烈的情况。

7.1.5　情景感知技术的应用

尽管早在 20 世纪 90 年代中期，情景感知技术就已经被提出，但是其应用是在近些年才发展起来的。目前情景感知技术在智能家居、智慧校园、智能农业、信息推荐、智能移动互连服务等领域都已得到应用。

1. 情景感知智能家居

智能家居以住宅为平台，利用一系列现代传感技术、无线通信技术、智能控制技术等，将家居环境中的设备变得智能化，使家居设备更好地服务用户，构建高效的家居设备综合控制及服务系统；提升家居环境的安全性、便利性、舒适性、艺术性等，并实现环保、节能的居住环境。

伴随着物联网的发展，智能家居系统越来越普及，智能电器无处不在。在基于情景感知的智能家居系统中，传感器集群对用户情景数据进行采集后上传给情景信息服务器，这些数据是后续进行服务推理进而提供个性化服务的基础，由情景信息服务器通过分布式文件系统进行存储和处理；再由顶端应用服务器进行控制，应用服务器将指令下发给对应的家庭智能网关，智能网关传送指令给传感器网络，从而控制整个家居，如室内的窗帘、灯光和室内温湿度等。图 7-4 所示为智能家居三层架构，主要包括智能感知层、网络层和应用服务层。智能感知层包括传感器集群、智能网关与信息接收，网络层包括情景信息服务与网络传输。

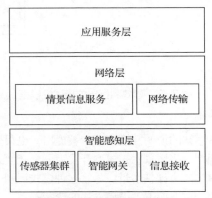

图 7-4　智能家居三层架构

智能家居集中控制家用电器与其他智能设备，基本情景感知都是围绕智能家居所处的场景来工作的。智能家居主要实现底层传感器的信息采集和智能电器的控制，具体介绍如下。

（1）灯光、窗帘等控制

例如，根据定位信息，在用户走近大门时，安防系统会感应用户位置，撤换安防模式，自动打开大门，并调整家庭灯光和窗帘等。用户也可以通过情景感知系统来预设用户场景，设置自己喜欢的灯光环境，如读书时可以自动调节书房光线，营造书房舒适、安静的环境；用餐时可以营造烛光晚餐的效果。

（2）家电控制

在情景感知智能家居系统中，用户不仅能够通过远程设备或声控等方式控制家电，更关键的是，系统能够主动理解用户所处的情景，并据此自动调整设备状态，提供智能化服务。例如，在用户回家的路上，系统可自动检测其位置，并结合时间、习惯等情景信息，提前开启空调调节室内温度，为主人准备好舒适的家居环境；也可自动控制热水器注水并加热至用户偏好水温。所有这些操作皆基于对用户情景的感知与判断，通过一体化情景设置，实现真正意义上的一站式智能响应，而不仅仅是单一设备的远程控制。

2. 情景感知智慧校园

随着云计算、大数据与智能物联网的兴起和快速发展，先进的信息技术正逐步融入教育行业，这使得高校信息化水平不断提升。然而，传统的校园管理还存在很多问题，智慧校园建设势在必行。智慧校园是基于物联网的集工作、学习、生活于一体的智能化校园环境，这个集成环境以各类应用服务系统为载体，将教学、科研、管理和校园生活全面融合。智慧校园主要有 3 个核心特征：一是提供智能感知环境和综合信息服务平台，发展基于角色的个性化服务；二是将计算机网络的信息服务整合到各种应用和服务中，实现互连和协作；三是通过智能感知环境和综合信息服务平台，为学校与外界交流提供接口。智慧校园是一个开放、创新、协同、智能的综合信息服务平台。随着智能物联网技术的深入研究和广泛应用，它解决了传统互联网中未充分考虑的人与物的联系问题。将智能物联网技术应用于智慧校园建设，可以改变校园内各种组织和个人之间的互动模式，提高信息传递效率，使响应更加灵活。在此基础上，可以构建智慧校园信息服务系统，通过智能物联网平台整合学校的各种软件和硬件，优化资源，深入挖掘业务，拓展应用场景，实现系统的有机联系，为师生提供便捷服务，全面提升学校的管理水平。

在大多数通用计算的研究中，已经应用了情景感知技术。情景感知主要通过传感器让物联网设备智能感知当前的情景。根据对校园师生真实的情景感知，考虑师生的需求，利用移动互联网技术或简单的传感器技术，构建不同感知环境下的智慧校园设施完整体系。在情景感知系统下，用户情景库是智慧校园设计的基础，在设计过程中，原有的用户情景库在不断变化。基于情景感知的智慧校园的基础架构主要包括应用服务层中间件、核心服务层中间件、基础服务中间件、用户层和资源层。

3. 情景感知智能农业

智能农业是信息技术和网络技术在农业领域的典型应用，其改变了传统的农业生产经营与管理模式，促进了农业智能化和精细化，极大地推动了农业生产和农业科研。情景感知是智能农业应用中使用广泛且极具潜力的一项重要技术。

为了提高农产品质量、降低生产成本、提升土地利用效率并减少生态环境污染，世界各主要农业国家正积极推进精准农业的发展，已建成多个面向大规模农作物种植的高度集成化农业应用系统。当前，协作感知测量与信息感知技术已成为精准农业发展的核心支撑。然而，由于现有技术体系仍存在一定缺陷，尤其是农业物联网在环境信息采集方面的能力尚显不足，难以完全满足精准农业系统对多源、实时数据的需求。

在这一背景下，情景感知技术作为一种高效的信息采集与智能处理手段，可为精准农业提供海量数据的智能化分析支持，有助于弥补现有系统在感知与决策层面的不足。现阶段，人类社会的主要食物仍然直接来自农业生产，农产品质量安全既关乎生态环境可持续发展，也是国民健康与民生保障的重要基础。

20 世纪以来，为保障粮食供应，设施农业迅速扩张，但化肥和农药的过量使用在提高产量的同时，也导致了农作物与环境的污染。随着食品安全和生态保护意识的提升，绿色农业逐渐受到世界范围内的重视。然而，农业生产经营存在产销分散、供应链冗长、管理水平不高等固有瓶颈，为农产品质量监管带来了严峻挑战。其中，对农产品在生产、流通和销售全过程的信息获取与处理，是实现质量安全溯源的核心所在。情景感知技术能够为农产品质量监管与溯源提供关键的信息技术支持，推动农业系统向智能化、透明化和绿色化方向迈进。

情景感知技术在智能农业中的典型应用包括场景数据获取、农作物数据解析和服务定制。具体如下。

① 在场景数据获取阶段，需要在田间设置光照、湿度、温度等数据采集传感器，并通过网络将传感器采集到的数据传输至服务器，且需要安装监测农作物长势的视频传感器监测系统。

②　农作物数据解析阶段，会对农作物生长与环境监测数据，以及长相、长势数据进行分析和处理，包括数据统计、特征提取以及模式识别等，实现农作物生长与环境监测数据之间的适应性分析。

③　服务定制阶段，会基于农作物长相、长势与环境监测数据之间的关系，建立综合分析模型；以提高农作物长相、长势为目标，为农业生产者提供农作物环境参数、管理栽培意见等多种辅助决策信息。

4. 情景感知信息推荐

随着网络的普及和发展，网络已经成为人们获取信息的一个重要途径。然而，随着网络信息量的日益增长，目前"信息超载"已经成为迫切需要解决的问题。信息推荐技术是目前备受关注的一项主动信息服务技术，它从大量信息中自动选择符合用户兴趣的内容推荐给用户，从而满足用户的个性化需求。传统的信息推荐方法主要有协同过滤方法、基于内容的推荐方法以及混合推荐方法。

传统的信息推荐方法，无论是协同过滤方法、基于内容的推荐方法，还是混合推荐方法，都是二维的信息推荐方法，只涉及用户与项目（信息资源），忽略了情景因素。对同一个用户而言，即使是对同一个项目，当用户处于不同的情景时对该项目的爱好（兴趣）可能都是不一样的。许多研究证明，情景对用户的行为有很大的影响，用户在不同的情景下，可能做出不同的选择。因此，在信息推荐系统中纳入情景因素，将传统的二维信息推荐系统扩展为多维信息推荐系统显得十分重要。在推荐系统中使用情景信息，首要的基础就是获取情景信息，继而处理情景信息、使用情景信息。与传统的信息推荐方法相比，基于情景感知的多维信息推荐系统不只考虑用户维度和项目维度，还考虑用户所处的情景因素，这些情景因素包括时间、地点等。

5. 智能移动互连服务

未来的移动互连服务将是智能化的服务，在依靠移动网络、物联网、云计算等资源的情形下，普适计算和个性化服务不再遥不可及。以人为中心的情景计算方式在支撑几乎所有的服务应用场景后，"所想即所得"式用户体验将深刻影响人们的生活方式和习惯。从通信服务到 LBS、搜索服务、社交网络服务（Social Networking Service，SNS），都将受益于情景感知计算平台利用物联网和网络资源提供的情景支撑。

情景感知计算商业化的先行者中，不乏具有战略视野的平台型企业。中国移动作为我国最具资源与条件开展情景感知服务的企业之一，依托其通信网络、物联网平台和数百种增值业务积累的数据资源，一方面通过情景感知计算优化自身业务体验、支持精准服务与后向付费模式，另一方面也逐步将其构建为开放平台，向第三方提供标准化服务，从而推动物联网、云计算与移动通信网络的深度融合。同样，阿里巴巴也通过旗下淘宝、支付宝、高德地图、菜鸟等多个生态服务，持续获取多维用户情景数据，不仅强化其电商和金融主营业务，更逐步构建起横跨消费、物流与位置服务的认知智能体系，深刻重塑现代数字生活的服务形态。

7.2　智能物联网环境下的情景感知技术

智能物联网无线设备的普及对人类生产和生活的发展起到了重要的推动作用。就通信网络而言，目前，新一代无线网络已经标准化；5G 技术的发展也能满足日益增长的流量需求，能够大幅提高传输速率并降低时延，这些都使得互联网具有了"触感"。最新一代的无线网络还提供了超高的可靠性，能够将大量不同类型的设备（例如车辆和家用电器）连接到互联网，形成物联网。随着智能物联网的发展，在系统层面实现情景感知的重要性也日益增加。

7.2.1　情景信息采集

情景信息的获取是情景感知服务的重要前置环节，是进行情景计算和提供情景服务的前提条件。情景感知的目标是通过普适计算资源在用户较少参与或者根本不需要用户参与的情况下实现对用户的服务推荐。因此,情景感知系统需要用户个性化信息,如生活习惯、日程表等,来辅助系统做出正确的决策。在智能物联网的背景下,系统通过部署在环境中的传感器和其他智能设备自动获取额外的情景信息。这些情景信息的收集对于智能物联网系统来说至关重要,因为它们决定了用户如何与系统互动完成任务,尤其是在用户难以直接做出决策的情况下。智能物联网中的情景感知代表了一种通用的输入模型,它包括隐式和显式的输入,允许任何应用程序在输入环境中或多或少地考虑情景感知。情景信息按照瞬时性,可以分为即时性情景信息和非即时性情景信息。

即时性情景信息:如时间、地点、当时天气、周围人群等。这类信息的获取往往依赖于无线网络技术、卫星导航系统定位技术、移动终端设备、便携式传感器等。当然,随着设备的升级和技术的进步,获取这类信息将变得更加容易和稳定。

非即时性情景信息:如用户的个人喜好、身份等。这类信息通常存储在系统的历史数据库中,甚至存储在第三方数据库中。服务提供商可能根据提供服务的需要通过第三方购买等途径以获取此类情景信息。不可避免地,这些信息往往涉及用户的个人隐私,因此在处理此类情景信息时,需要格外小心。

情景信息采集分为用户主动输入和传感器采集等方式,如图 7-5 所示。用户主动输入通常需要用户的参与,而传感器采集则可以更加普遍且不需要用户参与。用户主动输入指的是用户通过人机交互的方式主动输入个人信息、偏好、需求等情景信息,以使情景感知系统能够更好地理解用户的个性化需求和服务偏好。情景感知系统需要通过部署在环境中的传感器等设备来自动获取其他场景信息,例如,用户的位置信息可以在户外环境中通过卫星导航系统获得。在室内,可采用的技术有:基于卫星导航系统原理,采用红外、射频技术;基于信号传输时差的 Cricket 系统;基于信号衰落的雷达系统和基于视觉技术的定位系统。获取信息的方法有多种,如通过相应的传感器可以获得温度、湿度和加速度信息;时间信息可由系统内部时钟提供;通过动态监测可以获得与网络带宽相似的信息。为了保证情景信息采集的快速性和准确性,通常采用多传感器协同感知的手段。利用多传感器协作不仅可以提高系统的可靠性和可信度,还可以扩大传感器的覆盖范围,包括空间覆盖范围和时间覆盖范围。然而,由于传感器自身的质量和性能噪声的影响,传感器采集到的信息存在不完整、不准确问题,因此有必要对同一检测目标的多个传感器数据进行预处理。

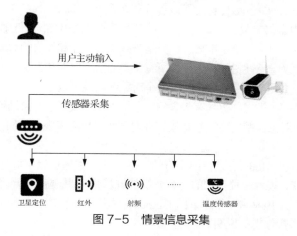

图 7-5　情景信息采集

7.2.2　情景信息建模

情景信息是情景感知的基础。由于智能物联网设备数量庞大,各种传感器收集的数据类型多样(如位置、时间或光照强度等),这些数据的多源异构特性需要进行有效的表示、传输和存储。

为了实现语义互操作，即让不同的应用程序能够共享和理解"有意义"的信息，需要对这些数据进行统一的描述，或者定义标准的数据格式和协议。智能物联网系统必须能够有效地从低层次的情景信息中提取"有意义"的高层次信息，这就需要对情景信息进行有效的组织和表达，以确保信息的准确性和可用性。

情景信息的建模可以分为两个层面：一是形式上的统一，即不同的情景信息采用相同的表示方式，如关键值模型，其主要目的是解决信息的高效存储和查询等问题，并不涉及语义；二是支持语义上的统一，如基于本体论的知识表达，通过统一的语义表达解决情景信息语义互操作和利用效率问题。

1. 关键值模型

关键值模型（Key Value Model）指使用键–值对，通过提供情景信息的关键词及其值来描述。该模型建模简单，键–值对易于管理，但物联网中各传感器获得的信息之间总存在一定的联系，这种联系在物联网的信息处理中是相当重要的，而该模型割裂了这种联系。

2. 模式标识模型

与使用各种标识语言（如 HTML 和 XML 等）对事物进行标识一样，模式标识模型采用标签分层标识对象，这种表示方式又称为 Profiles 配置。万维网联盟（World Wide Web Consortium，W3C）定义了复合功能/首选项配置文件（Composite Capabilities/Preference Profiles，CC/PP），还有用户代理配置文件（User Agent Profile，UAProf）标准，它们都用 XML 来表述，扩展后可用于情景建模。

3. 传统 E-R 模型

传统实体–联系模型（Entity-Relationship Model）又称为 E-R 模型，由陈品山（Peter Chen）于1976 年提出，是一种概念数据模型。它将现实世界转化成实体、联系和属性等几个基本概念，并用一种较为简单的 E-R 图来表示。

物联网中存在大量的实体，而传统的 E-R 模型受关系模型规范的限制，在进行数据建模时经常需要临时增加新的实体，不能有效地表示现实世界。在实体间的联系上，传统 E-R 模型仅使用类似 $n:m$（其中 n、m 分别表示实体集合，：表示集合间的联系）的形式来表示，这种表达方法在较为复杂的物联网情景感知时显得无能为力。

4. 面向对象模型

面向对象模型（Object Oriented Model）以传统 E-R 模型为基础，兴起于 20 世纪 80 年代。面向对象模型认为客观世界由特定结构、功能且具有相互联系的对象组成，最低限度必须具有对象、类、对象标识、继承性和对象包含 5 个基本概念。类是具有相似属性和方法的对象的集合，每个对象都是它所在类的一个实例。继承性指子类继承其所有父类的全部属性和方法。通过继承，提供数据和方法重用机制，避免了重复定义。对象包含指一个对象的属性可以是另一个对象，这不仅使类之间具有层次结构，而且某一个类内部也具有包含的层次结构，形成复杂对象结构。由于采用了对象的继承和包含机制，面向对象模型比传统 E-R 模型在对现实世界的表现上更加自然、有效。

5. 本体模型

本体模型（Ontology Model）是目前流行的一种方法，本体可以很好地描述情景信息。本体的概念最初起源于哲学，表示客观存在的一个系统的解释和说明。随着智能信息处理技术的发展，本体被赋予了新的概念。1993 年，格鲁伯（Gruber）提出了一个关于本体的经典定义，即"本体是概念模型的明确的形式化规范说明"。

本体构建的目标是获得相关领域的知识，通过确定该领域的公认词汇，可以实现对该领域知识的共同理解，使其满足物联网对语义互操作的要求。基于本体的知识表达包含 4 层含义：概念模型（Conceptual Model）、明确（Explicit）、形式化（Formal）和共享性（Share）。"概念模型"指对客观世界中某些现象的相关概念进行抽象而得到的模型，它独立于特定的环境状态；"明确"指所使用的概念和这些概念的约束都需要明确定义；"形式化"指本体必须具有计算机可读性；"共享性"指本体中体现的是共同认可的知识，反映的是相关领域中公认的概念集。本体的概念满足物联网语义互操作和资源重用的要求，是物联网中主要的建模方法。关于本体的构造，目前还没有统一的标准，影响较大的是格鲁伯提出的 5 个准则：①明确性和客观性；②完整性；③一致性；④最大可扩展性；⑤最小约定。传统的本体生成多依赖领域专家，易存在倾向性，同时及时、动态地更新也比较困难。因此，当前的研究热点集中在自动及半自动地生成本体。（半）自动本体生成大致可分为确定本体的领域、本体分析、本体表示、本体评估和本体确定。其中本体分析是由数据源分析出本体的概念及关系，数据源包括结构化数据（如数据库）、非结构化数据（如纯文本）和半结构化数据（如 XML、HTML）。本体表示方式可以多种多样，如一阶谓词逻辑、语义网络、基于框架的系统等，但目前使用较普遍的是 W3C 推荐的万维网本体语言（Web Ontology Language，OWL）。本体评估用来判断构造的本体的优劣，采用的方法有选择相应的应用进行实验和基于"黄金标准"（Golden Standard）与手动构建的本体进行比较。

7.2.3　情景信息处理

情景感知的最终目标是提供用户需要的服务。在获得当前环境和用户的情景信息后，如何有效地利用这些信息是实现情景感知系统的关键。

情景信息处理作为情景感知计算中十分关键的一环，对采集到的情景信息进行聚合操作、数据过滤及筛选操作和情景翻译等生成有意义的数据，以满足上层用户的需求。情景信息处理过程的主要目的是解决以下两个问题。第一，不同设备采集的情景数据格式不一，数据类型多样，导致情景信息无法关联。这使得系统难以确定这些设备是否为同一个目标收集数据，也无法有效地利用数据。第二，设备的灵敏度、传输及存储过程中发生错误及设备老化等，常常导致获取到的数据存在误差、缺失和不一致的问题。这些存在问题的数据会降低所有数据的可用价值。为了有效处理情景获取过程中的数据，需要对情景数据进行进一步处理。这关系到情景感知系统的成功实现。由于情景数据的获取途径多种多样，不同的数据格式和类型需通过情景聚合操作将分散的元数据信息有效整合，从而满足上层应用的需求。过滤和筛选数据则旨在剔除不相关的和冗余的数据，留下与当前情景相关的高质量数据。通过设置不同的过滤器参数，可以实现不同的过滤效果。数据的过滤和筛选操作可以减少数据处理的计算量，提高数据的精度。情景翻译是将情景数据有效转换，将这些信息"翻译"成计算机能读懂的语言。

智能物联网环境下的信息采集为多传感器协同感知，需要解决的主要问题是信息的预处理。信息预处理面临的问题首先是数据关联，即建立某一传感器与其他传感器测量数据的关系，以确定它们是否为关于同一个目标的测量处理过程。数据关联处理的结果不仅可以减少信息处理的计算量，还可以提高信息处理的精确度。其次是信息的去冗余及冲突处理，以得到准确的传感器测量数据。传感器自身故障及在网络传输中遇到的错误等都会造成采集到的数据不完整或存在噪声，而多传感器的存在不可避免会造成数据不一致和数据冗余，增加网络传输负担。通过数据清理将多个传感器在空间或时间上的冗余及互信息依据某种准则进行组合，可以获得监测对象的一致性解释和描述。常用的数据清理方法有：采用数据平滑技术（如分箱、聚类、回归等）消除噪声数据；通过一定策略填充空缺值；采用卡尔曼滤波算法、D-S 证据理论和模糊理论等处理复杂数据。其中，卡尔曼滤波是一种最优化自回归数据处理算法，通过协方差递归估算出最优值，由于只保留上一时刻的协方差值，因此其运行速度很快。D-S 证据理论是对传统概率论的扩展，该理论采用信任函数而非概率作为度量手段，其核心在于通过对部分事件的概率加以约束以构建相应的信任函数。由于无须提供精确且难以获得的概率值，此理论与模糊理论相似，在处理不确定性问题时均表现出较强的灵活性。

　　智能物联网环境中的数据集是海量、复杂的，没有哪个情景处理技术能够在整个数据集上是最优的。我们不能简单地否定某项技术，也不能仅仅依赖单一技术，往往需要根据特定的应用结合各技术的特点，选取相应技术或综合利用多种处理技术，来得到最优输出。

7.3　情景感知技术的发展趋势

　　随着笔记本计算机和智能手机等移动设备的普及，普适计算的应用也得以广泛发展，其中，情景感知系统是普适计算的重要的应用领域。这种系统将设备与用户的日常生活紧密集成，通过感知用户的环境、活动和需求等情景信息，为用户提供个性化的服务和体验。情景感知系统能够使其操作适应当前的情景，而无须明确的用户干预，因此旨在通过考虑当前所处的情景来提高可用性和有效性。

　　情景感知的定义中所涉及的术语——"感知""理解""预测"是理解、分析和决定的心理行为。换言之，信息系统并不会产生情景感知，它是通过提供情景感知所基于的原始数据来实现应用操作的。情景感知技术的发展趋势具体介绍如下。

　　1. 机器感知拟人化

　　情景感知系统的最终目标是让系统获得接近用户感知的周围世界的表示，机器感知拟人化如图 7-6 所示。情景信息采集设备获取各种输入信息后，通过处理终端对数据的处理，经由通信设备将数据传给机器，帮助机器更好地感知环境。其面临的一个重要的问题是如何缩小用户和系统对现实世界的感知（或理解）之间的差距。对定位技术而言，多种传感手段（如卫星导航系统）和数据信息解释手段已经建立。然而，对许多其他场景的传感器来说，通常没有单一且易于理解的方法来解释所感测到的信息。使用者对周围环境的感知是建立在人类感官的基础上的，同时又与日常生活中的经验和记忆有关，人类的感知是多方面的。例如，当一个用户在深夜独自从无人的公共汽车站步行回家时，可能会感觉到黑暗、安静和寒冷，同时他也可能会感觉到害怕，但如果他下班回家，在周围都是人的情况下再处于这一场景时，虽然也可能会觉得周围环境黑暗、安静和寒冷，但他的心情大概率是放松和自由的。这个例子表明，仅仅依靠传感器数据并不能提供完整的图像，即使是一个近乎完美的设计和实现方法，也不能做到像用户那样来感知环境、解读环境。

图 7-6　机器感知拟人化

　　由此可知，传感器已经在促进人与设备之间的交互，但机器仍然不能完全感知环境，无法"阅读"当前情景及其上下文关联的全部相关性，机器仍然需要被明确地告知应该去做什么。与人类相比，设备缺乏一个完美的感知系统来充分发挥情景意识的潜力，如何让机器、设备像人一样感知并理解情景，是当前情景感知技术面临的挑战。

2. 多传感器融合技术

多传感器融合技术在很多领域都受到了广泛的关注。多传感器融合是指对不同的知识源和传感器采集的数据进行融合，以实现对观测现象更好的理解。多传感器融合的本质就是可以智能整合一系列传感器数据的软件，然后利用整合结果来提高性能，可以使用相同或类似类型的传感器阵列来实现高精度的测量，也可以通过整合不同类型的传感器输入来实现更复杂的功能。

物联网情景感知技术的应用离不开多传感器融合。从表面上看，多传感器融合的概念很直观，但实际上要真正实现一个多传感器融合系统是比较困难的，这不仅仅是纯粹的技术挑战，还涉及隐私、安全，以及未来基础设施的发展等。

3. 将情景作为对象

由情景感知系统的结构可以看到，情景信息的应用是物联网情景感知技术的最后一个环节，也是最终目的。为了利用情景感知，一个系统必须能够识别情景，评估它们对自己目标的影响；能够记忆情景，将各种属性与特定情景联系起来，向用户传达情景描述。这就要求将情景视为对象，类似物理对象或概念对象。在二级情景感知融合中，情景感知被认为是基于计算机的过程，可以识别和操纵情景，计算机负责根据情况来做出相应决定。这与以人为本的情景意识不同，在以人为本的情景意识中，人需要先意识到，然后利用这种意识进行决策。这种对计算机系统的要求产生了许多问题，需要由计算机系统的开发者来解决。

通过以上的描述我们可以知道情景感知的本质是对与主体相关的所有客体的认识，以及主体相对于这些客体的关系的认识。换句话说，感知不仅意味着认识对象，还意味着认识关系。那么，如何确定哪些关系是真正相关的也是一个需要解决的问题。

4. 安全、信任和隐私

在现实生活中无处不在的对物体的自主操作可能会给人们的安全和隐私带来威胁，特别是基于情景感知的应用程序会使用户产生一直处于被监控状态的感觉。

解决情景感知计算中的安全和隐私问题非常重要。情景感知系统有两个关键的安全问题：一是确保位置和身份信息的隐私性；二是确保安全通信。在实际应用中，除了保护通信内容外，还应保护内容的来源和目的地。然而，现有的情景感知系统很少提供令人满意的安全解决方案，甚至有些系统选择完全忽略安全和隐私问题。一般来说，要提供最佳的隐私保障是困难的，而且费用高，但是用户应该有权利控制他们的情景信息以及谁可以访问这些信息。因此，系统架构需要为用户提供一种可以权衡隐私保护和功能实现的机制，然而，实际应用中很难具体说明什么样的情景信息应该在什么时候对谁可见。随着物联网和移动云的部署，交互的规模、复杂性、移动性和异构性都在急剧变化，这使物联网变得难以控制，并且容易面临来自应用程序、网络或物理层面等的多种安全威胁。为此，需要使用创新的加密技术、加密的数据流访问控制技术等来确保数据管理和数据交换的安全，并检测/删除恶意软件。另外，普通用户对于隐私保护的认知尚不成熟。由于移动环境是动态且不可预测的，移动用户必须具有信息使用透明权和选择权，以便了解他们的个人信息，同时也需要了解授权服务提供商正在进行的数据收集及授权服务的情况。

除此以外，物联网情景感知技术还会面临以下困难。

① 如何确切地定义情景：情景是一个广泛的概念，包含在一种情景中可能被识别的所有参数。应用程序和框架必须定义情景，并确定受其范围限制的相关参数。

② 如何确定一个合适的感知模型：情景感知架构的开发仍处于初级阶段。大多数模型和架构都是基于特定任务的，其标准和支持工具尚待开发。

③ 如何感知情景数据：情景感知系统需要从多个传感器和设备中收集大量的数据，这些数据类型各异且格式不一致，因此需要进行有效的整合和处理，以提高数据的可用性和精度，而目前适用性情景感知设备正处于开发过程。

④ 如何表示和存储情景信息：情景表示方案应该促进上下文解释和情景共享过程，并遵循标准化的结构。

⑤ 如何通过情景推断和调整系统行为：解释情景和调整系统行为是情景感知的主要挑战，解释过程是以适应为导向的。

⑥ 情景感知系统的评估：需要定义评估标准来验证情景感知系统，需要概述情景感知产品的质量控制和最终用户满意度的措施。

"互联网+传感器"推动物联网发展的同时也进一步推动了传感器的加速发展，如今物联网技术是感知技术最大的应用平台之一。想要实现人与物的连接，需要紧跟传感器市场脚步，提高重视程度。因为传感器在物联网发展中具有非常重要的作用，所以其发展前景广阔。

目前，情景感知是人机交互中一个富有挑战性的领域。其基本思想是赋予计算机感知能力，以便使其能够识别用户与信息系统交互的情况。一旦系统识别出交互发生在哪个情景中，这些信息就可以用来改变、触发和调整相应情景中的应用程序和系统的行为。

创建情景感知的交互系统是困难的，用户需要学习如何与系统交互，并调整自己的行为，同时必须了解应用程序的变化和适应性行为，并将其与它们所处的情况联系起来，否则用户将很难学会使用这个系统。创建符合用户期望的可理解的情景感知系统至关重要。

随着科技的不断进步，情景感知已成为常见的主流技术之一，例如在智能手机中，配备了卫星导航系统接收器和其他位置检测手段。这使我们能够以不同的方式利用环境。例如，当与朋友约会时，不再需要打电话告诉对方迟到了或询问见面地点，情景感知系统可以自动提供这些信息。随着设备技术的不断发展，情景感知将越来越多地应用在消费设备中，会更精确地感知用户信息并为其提供服务。

本章小结

计算机科学和通信技术的发展使得计算模式发生了很大变化，计算的智能化程度也越来越高。本质上，计算机不理解我们的语言，不理解我们的世界如何运作，也无法像人类一样轻松地感知当前信息的形式。那我们是否能改进计算机，使之能够获取情景，进一步感知情景，丰富人机交互通信以提供更好的计算服务呢？答案是肯定的。这就是物联网情景感知技术。本章介绍了情景感知技术的基本概念与要素，以及情景感知技术的应用和发展趋势，帮助读者对物联网情景感知技术有进一步的了解。

习题

1. 简述情景感知的概念。
2. 情景感知与普适计算有什么关系？
3. 情景感知系统的基本要素包括哪些？
4. 说出几种情景信息建模。
5. 举出一些物联网情景感知技术应用的例子。
6. 简述物联网情景感知技术的发展趋势。

第8章

协同技术

随着对智能物联网关注度的不断提高，关于智能物联网的研究日渐升温。伴随着协同理论的发展，研究者相继提出协同是智能物联网发展的重要方向。虽然近年来关于智能物联网和协同理论的论文数量日益增多，但在智能物联网协同领域开展研究并取得成果的学者并不多。本章将针对智能物联网协同的概念、协同联盟技术、协同方法等方面的研究现状进行介绍，并对今后的研究方向进行探索。

8.1　协同技术概述

8.1.1　协同技术的基本概念

智能物联网不仅解决了物品到物品、人到物品及人到人之间的连接问题，而且通过集成人工智能技术，进一步提升了物联网的智能化水平。与传统互联网相比，智能物联网将物品和更多人工智能技术纳入网络世界，使它们成为人们生活的一部分，强调物品也是可以感知或被感知的智能体。这使智能物联网成为一个规模更加庞大、功能更加复杂的网络。因此，在智能物联网中必然存在各种协同问题，可将其概括为以下几个主要方面。

（1）协同资源的使用

任何网络中的资源总量都是有限的，智能物联网尤其如此。正如大家所了解的那样，智能物联网实现世界的互连互通并不像互联网那样可以通过光缆等有线介质或移动网络轻松实现，而是要利用 RFID 技术、无线传感器网络技术、智能嵌入式技术等。这些技术的共同特点就是规模可以很大，但同时又有很多应用方面的限制，如能量有限、通信能力有限、感知范围有限等。因此，在使用这些技术的时候，必须建立有效的协同机制，以使整个网络的负载趋于均衡，提高资源利用率，延长整个网络的寿命。

（2）协同任务的分配和执行

物联网强调普遍感知，因而有学者将其称为泛在网，即无所不在的网络。而智能物联网的泛在性和复杂性已远远超过传统物联网，其中的各种应用任务纷繁复杂、千差万别，庞大的数据量和通信量极大增加了事件合理分配和高效执行的难度。因此，合理而有效地描述任务、分解任务和分配任务，提高任务的执行速度，降低运行期间的能量消耗和其他资源消耗，减少或消除系统冲突，使构成网络的各组成部分能够并行、协同工作，发挥网络的最佳性能便显得至关重要。

（3）协同信息与信号处理

智能物联网致力于实现网络整体的智能化，其中大规模异构网络的动态不稳定性、底层资源受限、海量数据交换、无集中式中心控制结构等极大地增加了事件处理的难度。同时，不同节点之间又存在连接和交互需求，异构数据也存在聚合和整体分析需求，这使智能物联网事件处理还需要关注协同信息和信号处理的问题。这对依靠在 RFID、无线传感器网络、智能嵌入式等各方面资源都非常有限的设备实现各种应用的智能物联网来说具有重要意义。

除了以上所述的几个方面，智能物联网在不同的应用场景中还有其他需要协同的方面。

8.1.2　协同技术的必要性

在智能物联网的应用中，协同技术的必要性主要体现在以下几个方面。

1. 执行层面的必要性

依靠智能物联网的各种技术工作在智能物联网底层的单元称为执行单元，这些执行单元组成的层称为执行层。而执行单元存在以下几个特点，因此协同是必要的。

（1）能量有限

智能物联网的"网"在很多时候是临时布设的，有些甚至基于移动的目标，其动态性能良好，并且大多数应用都是在无人值守的环境下完成的。其底层的执行单元通常靠电池供电，一旦电池电量耗尽，该执行单元便处于"死亡"状态。因此，智能物联网的执行层对能量有效性的要求近乎苛刻，这就要求各执行单元互相协作，均衡网络负载，延长整个网络的寿命。

（2）通信能力有限

智能物联网实现互连的技术都只有非常有限的通信能力。以 RFID 为例，其通信半径只有 100m 左右，因此，想要依靠单个执行单元完成数据传输或与上层应用进行交互是不现实的。可行的办法是利用执行单元之间的自组织和协同能力进行多跳路由通信，从而解决个体通信能力弱的问题；同时，可以进行有效数据融合，减少通信数据量和能耗。

（3）执行能力有限

这一点在环境监测或工业控制类应用中表现得十分明显。试想，环境监测中的单个执行单元对环境的感知能力一般只有几十米，想获得全局、完整的信息，如果不进行协同感知，单凭某个或几个执行单元，几乎是不可能的。而在工业控制领域更是如此，如果每个执行单元仅仅"各司其职"，非但无法完成工作，甚至会造成严重的后果。

（4）分布式部署

在智能物联网的众多应用中，底层执行单元的数量非常庞大，且它们在空间上呈分布式部署。因此在智能物联网中，大量执行单元通过分布式协作的方式共同完成用户下达的任务是一种常见现象。这种分布式协作可以提高任务执行的效率，还可以增强系统的灵活性和可靠性。用户不需要关心是哪些执行单元在工作，更不必关注某个执行单元上的数据，只需要发出命令，然后获得自己感兴趣的信息即可。

2．应用层面的必要性

从用户应用层的角度看，智能物联网在以下几个方面的协同是必要的。

（1）多任务并行性

用户在同一时刻可能会提出多个不同的应用请求，而在多用户网络中同一时刻的任务请求更多，类型也千差万别，甚至可能出现不同的用户提出截然不同的应用请求的情况。这就要求智能物联网在应用层能统筹规划，有效协同各个用户之间的不同请求，最优化地调动全网资源，实现对多个任务的并行处理，最大限度地满足用户的要求。

（2）实时性

对实时性要求较高的智能物联网应用对网络的协同能力也会要求较高。通常来说，对实时性要求较高的应用应该优先获得网络中相关资源的使用权，这就意味着网络中其他需要占用同样资源的应用要相应地被推后。因此有必要协同整个网络中的任务调度和资源分配，使实时任务较快地被执行，同时不会对其他的任务造成过于严重的影响。

（3）资源竞争

用户无法知道当前网络中哪些资源正在被使用，更不知道网络中其他用户对网络提出怎样的应用请求，而用户会在任何需要网络服务的时刻提出任何可能的请求，那么，在同一时刻一个资源可能被网络中多个用户同时请求。如果资源是独占式的或资源的使用需要一定的时间才能释放，就会对用户体验造成消极影响，因为用户可能要等待较长的时间，这在很多时候会让人不耐烦。

综合以上几个方面不难看出，在智能物联网的应用中，必须通过协同工作才能有效地利用整个网络的资源，提供较好的用户体验。一个大型的任务能否完成取决于网络中的各个部分是否合理、有效地协同工作。因而，协同技术是实现智能物联网可靠性的必要手段。

8.1.3　协同技术的难点和挑战

与传统物联网和任何使用协同技术来协调资源使用的系统一样，智能物联网也无法绕开以下协同技术的难点和挑战。

1．可扩展性

任何协同系统都必须处理这样一个问题——系统规模超大且规模不断变化。显然，智能物联网正是这样一种网络：本身是大规模、高密度的，同时各种不同类型、不同功能的新的子网络会动态加入其中，原有的网络组成部分也会因为各种原因退出网络。因而，智能物联网存在可扩展性挑战。这就要求设计的协同算法必须是分布式的、可扩展的，能够适应网络规模的不断变化。

2. 实时性

为满足实时性需求，智能物联网必须协同工作。然而，在实际应用中却很难做到严格的实时性。例如，利用物联网实现移动目标的监视与追踪具有很高的实时性要求，为了完成任务，所需资源必须在任务执行前配置完成。如果在协同上花费时间过多，就不能及时执行任务；相反，如果在协同上花费时间过少，就无法找到合适的资源而不能很好地完成任务。因此，协同系统必须平衡协同的时间（计算时间、通信时间等）和执行任务的时间。

3. 稳健性

在智能物联网中，稳健性包含以下两个层面。

第一个层面，在智能物联网的应用中，底层执行单元的数量非常庞大。这些单元往往由通信能力相对较弱的设备组成，例如 RFID 设备、无线传感器网络设备、红外设备等。因此，智能物联网必须能够适应资源及通信的间歇性失效，而这正是由底层设备的固有限制所导致的。毫无疑问，如果所有资源都失效，那么系统根本无法工作；如果只有部分资源失效，就要求系统在降低性能的情况下继续工作。由于智能物联网存在数据冗余，有时甚至可以要求系统在不降低性能的前提下继续工作。

第二个层面，智能物联网存在大量环境噪声与测量噪声。环境噪声是由智能物联网的感知层所在区域环境产生的，测量噪声是由各执行单元自身产生的。为了保证网络的性能，智能物联网必须有效地解决噪声问题。

4. 高效能性

协同系统的高效能性可以从两方面分析：一方面，当网络负载非常小时，协同系统必须保证高质量地完成任务，如精确追踪移动目标；另一方面，当网络负载非常大时，系统无法高质量地完成任务，这时要求系统在考虑实时性的前提下尽可能高效地使用有限的资源。

5. 网络负载及相位变换

当网络负载很小时，网络不需要太大的计算量就能完成任务分配。当网络严重过载时，资源可以很容易地全部分配出去，这时分配任务需要的计算量同样很小。但是当网络负载处于临界状态时，需要的计算量很大。如果网络负载仅次于临界状态的负载，可行的任务分配方案很少，寻找合适的方案就成为很困难的事情；如果网络负载仅大于临界状态的负载，同样需要大量的计算来解决问题。临界状态附近的计算复杂度称为相位变换，系统协同的目的之一就是避开相位变换以提高系统的实时性。

6. 局部信息与全局目标之间的矛盾

在智能物联网中，构成感知层的执行单元通常具有非常有限的感知或被感知能力。在运行过程中，网络往往不受外界特别是人的控制，而是能根据系统环境的变化自主做出决策，从而改变环境，达到系统预先设计的目标。没有任何执行单元能控制整个感知层，获取全局环境。所有执行单元只了解与它直接通信的执行单元的信息。这里的信息包括能量、处理器和通信信道的使用情况等。执行单元必须根据所了解的局部信息来实现全局目标。不难看出，协同信号与信息处理是应用环节的一大难点。

7. 能量问题

能量问题是智能物联网协同的关键技术难点之一。在很多应用中，感知层处于非常恶劣的环境，不可能进行能量补给。在规模庞大的网络中，对单个执行单元进行重新供电也是不现实的。另外，协同处理本身势必会增加系统的能耗，因此在设计协同算法时要考虑能量问题。

8.2 协同联盟技术

智能物联网的终端节点具有独立解决问题的能力，作为一个分布式系统，它具有自组织特性，这些能力与特性与多智能体系统非常相似。如果把智能物联网终端节点看成智能体，那么智能物联网本质上可以被视为一种多智能体系统。但是智能物联网也有其独有的特征，如执行层单元的能量严格受限、信息处理和通信能力较弱、采用无线通信方式、大规模和高密度部署等。因此，多智能体系统中的协同方法不能直接应用到智能物联网中，需要进行一些改进。目前，基于多智能体理论的智能物联网协同技术主要是基于协同联盟的方法。

在智能物联网中，大量的传感器、有线/无线信号发送器、路由器、终端、人等均可定义为网络中的节点。节点之间经常需要协作来完成任务求解。假设网络中有一个节点集合和一组待求解任务，单个节点无法独立完成某一任务，通过多个节点协作能提高求解效率，节点之间可以通过协商形成节点联盟（Coalition）来共同承担该任务。

节点联盟不仅可以完成那些单个节点不能完成的任务，而且可以调整目标、消解冲突、共享资源、共同构造优化求解方案，从而使得整个物联网系统能够以最优的配置、最高的效率来求解既定任务，并获得最大利益。因此联盟是智能物联网的重要协同方法。

自 1993 年联盟方法被提出以来，联盟机制已成为分布式智能系统研究的一个重要方面，得到越来越多的重视。被其研究成果对物联网的发展有着十分重要的理论意义，并已在物联网中得到应用。

8.2.1 协同联盟过程及其联系

在物联网中，A_i 作为任务 t_j 的承担者，自主运行联盟生成算法计算出面向任务的最优联盟 $C_{\text{ini}}(A_i, t_j)$。其中 A_i 称为初始节点；$A_k \in C_{\text{ini}}(A_i, t_j)$ 称为联盟候选人。这称为联盟生成。

A_i 以合理的效用划分规则与 A_k 协商，试图说服候选人参加联盟，每次协商成功，联盟就增加一个成员，最终形成 $C_{\text{final}}(A_i, t_j)$，系统不保证 $C_{\text{final}}(A_i, t_j) = C_{\text{ini}}(A_i, t_j)$。这称为联盟形成。

可见，联盟生成是单个节点的计算行为，而联盟形成则是多个节点的协商过程。设 t_j 的联盟生成时间为 Δt_G^j，联盟形成及任务完成时间为 $\Delta t_F^j + \Delta t_E^j$，通常 $\Delta t_G^j \ll \Delta t_F^j + \Delta t_E^j$。物联网中多任务 $T: t_1, t_2, \cdots, t_m$ 的求解过程如图 8-1 所示，多任务联盟的生成是串行的，而多任务联盟的形成是并行的。

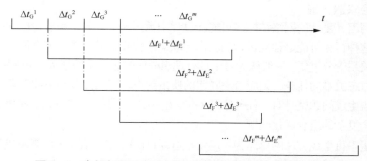

图 8-1 多任务联盟生成、形成及任务完成在时间上的关系

8.2.2 协同联盟生成

1. 单任务联盟生成

智能物联网环境下的协同是指通过较少的交互行为实时传递更多的有效信息，合理地分配资源和任务以达到综合生产效益的最佳化。针对具体任务，动态选择和激活适当的节点组成任务求

解联盟，消解冲突、共享资源，从而以最优的配置和最高的效率完成任务，这是智能物联网运作的重要方式和主要途径。如何快速生成面向任务的节点联盟是需要解决的首要问题。

协同联盟问题可以形式化地描述如下。

（1）设节点集 $N=\{A_1,A_2,\cdots,A_n\}$，任意 A_i 都有一个能力向量 $\boldsymbol{B}_i=(b_i^1,b_i^2,\cdots,b_i^r)$，$b_i^j\geqslant0$（$1\leqslant i\leqslant n,1\leqslant j\leqslant r$），用于定量描述 A_i 执行某种特定动作的能力大小，可以表示节点的感知、计算、执行、通信和学习等能力大小。任务 t 具有一定的能力需求 $\boldsymbol{B}_t=(b_t^1,b_t^2,\cdots,b_t^r)$。节点完成任务 t 可获得相应的收益 $P(t)$。

（2）定义一个联盟 C，其是 N 的一个非空子集。联盟 C 有一个能力向量 $\boldsymbol{B}_C=(b_C^1,b_C^2,\cdots,b_C^r)$，$\boldsymbol{B}_C$ 是联盟中所有节点能力向量的总和，即 $\boldsymbol{B}_C=\sum_{A\in C}\boldsymbol{B}_i$。联盟 C 可以完成任务 t 的必要条件是：$1\leqslant i\leqslant r$，$b_t^i\leqslant b_C^i$。

（3）假设：在特征函数对策（Character Function Games，CFGs）中研究联盟生成。每个联盟 C 的值用一个特征函数 $V(C)$ 给出。假定 $V(C)\geqslant0$，且 $V(C)=P(t)-F(C)-C(C)$。式中 $P(t)$ 指完成任务 t 所获得的收益；$F(C)$ 指联盟成员总能力折合的成本；$C(C)$ 指联盟协作求解 t 过程中的额外开销，主要是通信开销。如果联盟 C 不满足上述必要条件，则 $V(C)$ 为 0，否则 $V(C)$ 为正数。

节点联盟生成问题就是面向任务 t 寻找最优的联盟 C（$C\subseteq N$），使 $V(C)$ 尽可能大。在智能物联网中，不同节点之间几乎都存在彼此合作形成联盟的可能，可能的联盟总数同网络中节点的数目呈指数关系。为了得到一个满意的结果，必须考虑所有或大部分的联盟组合可能，因而联盟生成问题是一个复杂的组合优化问题。一般采用不大于多项式复杂度的可实现算法。

在智能物联网环境中，这个优化问题将添加许多约束条件，需要有针对性的算法。常用的算法如下：基于"联盟结构"求解多任务联盟，联盟的生成过程就是在联盟结构图中进行搜索，这种算法大多通过约束条件来裁剪、搜索"树"，减少搜索空间；提供一种类似的树枝约束算法，这种算法在降低算法复杂度的同时也牺牲对最优解的求解，往往得到一个与最优解相近的次优解；基于遗传算法求解协同联盟，在可接受的时间内所求解的质量有所提高；引入蚁群算法来求解单任务联盟，并进一步设计计算资源受限环境下的多任务联盟生成算法。

2. 多任务联盟生成

智能物联网因其复杂的网络结构，可能在过程中承担多个任务，系统可以面向每个任务生成其节点联盟，这种行为可能是独立进行的。由于联盟间存在多种关系，如资源、质量、费用等，因此协同这些关系十分重要。一般认为对于具有理想顺序时态关系的任务，可采用串行联盟策略；对于具有交叠时态关系的任务，则应考虑联盟的质量约束、超加性合并与冲突竞争等。

多任务联盟生成问题就是对于任务序列 T：$t_1,t_2,\cdots,t_m$，寻找 m 个联盟，使得联盟值总和尽可能大。这是一个复杂的组合优化问题。

多任务联盟串行生成方法的思路为：定义紧迫度 $U(t)$，这是任务 t 在规模或收益等方面对系统的相对重要程度；系统首先根据紧迫度 $U(t)$ 对 T 中的任务进行排序，然后依次求解；当算法求得任务 t_j 的最优节点联盟，开始求解下一个任务 t_{j+1} 的最优节点联盟时，单元之间的"熟悉度"不再是初始值 τ_0，而是上次求解结束时调整的"熟悉度"，它作为一种非常宝贵的经验知识，将有效指导算法后面的求解过程，减少搜索时间和计算量。

生成过程中可能出现的情况是：在算法生成前两个任务的联盟时，计算量较大，但随着联盟历史的积累，后面联盟的生成速度越来越快，计算量越来越小。这么说是有根据的，因为在物联网系统中待求解任务的性质、类型不会发生根本性变化,这就意味着:系统经过一段时间的运行后,很多节点可能会生成相对稳定的并且是成功的联盟。在任务发生重大变化的情况下,算法仍然可以找到最优解,不过搜索时间要长一些,因为此时的先验知识已难以提供有效的指导。

多任务联盟超加性合并的思路为:面向任务的领域(Task Oriented Domain,TOD)理论,对任意两个任务 t_1、t_2,设 $B(t_1)$ 和 $B(t_2)$ 分别是其执行能力需求,有 $t_1 \subseteq t_2 \rightarrow B(t_1) \leqslant B(t_2)$,而超加性是指对于任意两个任务 t_1、t_2,有 $B(t_1 \cup t_2) \leqslant B(t_1) + B(t_2)$。对 m 个并行任务集 $\{t_i\}$,显然在它们全部组成一个任务并由一个联盟执行时,系统具有最小执行能力需求和最大效用。TOD 理论同样适用于物联网应用。

8.2.3 协同联盟形成

1. 协同联盟形成的基本理论

在智能物联网系统中,联盟完成任务可以获得一定的效用,甚至可能有额外效用。从人工智能的角度考虑,智能物联网中的各个节点具有自私性,它们参加联盟的原因是对其自身有一定的效用。因此智能物联网协同联盟所追求的目标是在网络中形成面向任务的全局最优节点联盟,实现全局利益最大化,同时使节点个体得到满意的报酬。

在生成面向任务 t 的最优联盟之后,为鼓励节点结盟,系统管理者必须指定一种合适的效用划分规则。目前这方面的研究主要考虑如何在联盟内节点间划分联盟的效用(联盟的值),特别是额外效用,使节点在决策时愿意形成全局更优联盟。效用划分是否合理直接影响联盟的形成及其稳定性。

联盟形成的基本理论是 N 人合作对策论。N 人合作对策主要考虑如何划分联盟值,检查划分的稳定性和公平性,使节点在决策时愿意形成全局最优联盟;它没有考虑算法,只考虑解的存在性,也不考虑计算资源、通信开销和计算分布等要求。N 人合作对策可为物联网中联盟的形成提供一定的指导。

在特征函数对策中研究联盟形成,结成联盟 S 可以获得的效用由特征函数 $V(S)$ 给出。假定 $V(S) \geqslant 0$,与资源的数量成正比。如果联盟 S 不能完成任务,则 $V(S)$ 为 0,否则为正数。联盟扩张可以带来额外效用,额外效用采用 ΔV 表示。

联盟形成机制的要求如下。

① 有效性。各方分享所有共同效用,$V(S)$ 代表联盟 S 可以获得的总效用,$u(A_i)$ 代表节点 A_i 从联盟中所获得的效用,则有 $\sum_{A_i \in S} u(A_i) = V(S)$。

② 稳定性。

* 个体:形成联盟后不会有节点单独退出联盟而获得更大效用。
* 群体(Pareto 最优):增大联盟内某些节点的效用就会损害其他节点。
* 联盟:部分节点退出联盟去组成新的联盟时不会获得更大的效用。

③ 简单性。交互过程的计算、通信开销应该比较小。

④ 分布性。不需要中央决策。

⑤ 时效性。当节点有与其他单元形成联盟的可能时,越早加入联盟,其效用越高。

2. 协同联盟形成方法

(1)Shapley 值法

多数划分方案根据 Shapley 值,规定一个节点应得的效用值等于它在联盟随机的所有形成次序中贡献的效用增量与构成此次序概率的加权平均值:

$$u(A_i) = \sum_{S \subset N, i \notin S} \frac{(n - |S| - 1)! \cdot |S|!}{n!} \left(V(S \cup \{i\}) - V(S) \right) \tag{8-1}$$

其中，S 是 N 的不包含 A_i 的真子集。Shapley 值法计算复杂，计算复杂度与联盟中节点数成指数关系，而且其过分强调效用分配的平等，忽视在具体联盟形成过程中各节点行动的不同，导致整体效用增加时原联盟成员的效用下降，联盟不稳定。

（2）非减性效用分配法

有些文献提出的解决办法是承认联盟形成历史所产生的效用不平衡，保证效用"非减"，鼓励节点扩大联盟来获取更大的效用。非减性效用分配原则如下。

- n 个节点同时形成联盟，其新增效用 V 被平分，即 $u_i = \dfrac{V}{n}$。

- 已有联盟 $\{A_i \mid i \leqslant n\}$ 和 $\{A_j \mid j \leqslant m\}$ 在形成新联盟 $\{A_i, A_j\}$ 时所增加的效用在所有成员间平分，即 $\Delta u = \dfrac{V(\{A_i, A_j\}) - V(\{A_i\}) - V(\{A_j\})}{n + m}$。

为了防止在联盟效用分配中处于劣势的若干节点可能会退出联盟去创建新的联盟，如 Postman 问题中的振荡，在节点中设立契约法则：一旦多个节点组成联盟，且效用分配矢量 $\boldsymbol{u} = (u_1, u_2, \cdots, u_n)$ 确定，则任何节点或节点子群体退出联盟时，必须向联盟中其他节点支付 $\boldsymbol{u}$ 中规定其他节点所获得的效用与其他节点继续维持此联盟所能获得的效用之间的差额。

单个节点的行为策略为：寻找新的联盟形式；计算每种联盟中自己可获得的效用，并加入效用最大的联盟。

这种协同联盟形成方法具有简单、时效性强等优点，优于 Shapley 值法。但也有局限性，其过分追求计算简单性，对额外效用的平均分配完全没有顾及后加入联盟的节点的利益，导致这些节点可能因不满足于劣势效用而退出联盟。而契约法则把这些节点强制在联盟中，以维持联盟的稳定性，这严重打击了能给联盟带来额外效用的节点加入联盟的兴趣，不利于全局最优联盟的形成，因此应该降低契约法则使用的概率。

联盟中的节点在一定的效用划分规则下获得相应的效用，这种效用可以作为物联网系统中节点进化的定量化依据。节点根据获得的效用多少申请相应的等级进化，从而在不同的等级间迁移，获得的效用越多则等级提升越大（对于物联网系统，则表现为设备中断优先级提高、通信带宽加大等）。物联网系统应该是这种"动态进化的"等级系统。

（3）基于利益均衡的联盟形成策略

基于利益均衡的联盟形成策略可以提高对额外效用分配的合理性，从而抑制联盟的不稳定因素，降低契约法则使用的概率，在动态开放环境中有利于全局最优联盟的形成，更好地满足稳定性、时效性、分布性等要求。一方面，原联盟成员效用非减且在整体效用分配中处于优势地位；另一方面，后加入联盟的节点对这种体现利益均衡的效用分配方案表示满意，不会轻易退出联盟去创建新的联盟。

（4）基于模糊评判的节点能力贡献量化方法

考虑到节点在任务求解过程中具体贡献多少能力向量是无法精确衡量的，因此，量化节点在联盟中的贡献是进行合理效用划分的关键。基于此，有学者提出一种基于模糊评判的节点能力贡献量化方法：首先模糊评价节点的各维能力贡献率，然后综合计算出整体贡献因子，并据此完成联盟效用的合理划分。这种基于模糊评判的节点能力贡献量化方法，较好地解决了节点在任务求解过程中其能力贡献难以确定的问题。据此进行联盟效用划分，不仅从一个全新的角度实现按劳分配，满足联盟形成的稳定性、时效性和分布性等要求，而且对节点执行任务具有很好的激励机制。这种方法也有局限性，在进行模糊评价时，节点间需要频繁交互，增加了通信资源开销。

（5）联盟形成的 Nash 平衡问题

无论采用何种效用分配方案，都需要考虑联盟形成是否可持续地维持到任务 T 被完成，这称为联盟的稳定性问题。

在物联网中，由于各个节点的行为驱动力是追求个人利益的最大化，而不是考虑全局性的利益，因此产生了各节点是否能够维护该联盟的问题。假设有一联盟 S 及其成员 A，在采用某种效用分配方案时，发现在联盟 S 中可获得的效用小于单独参与任务可获得的效用，则成员 A 将脱离该联盟。发生这种情况，即说明该联盟不稳定。

基于对策论中的 Nash 平衡概念，可形式化描述物联网中的联盟稳定性问题。在对策问题中，Nash 平衡点被定义为：在一个由 n 个行为组成的元组中，每一个个体对应其中的一个行为，如果其中任意一个个体单方面地改变行为，将不可能获得更多的效用时，称该 n 元组为 Nash 平衡点。

类似地，可以给出物联网系统的联盟 Nash 平衡定义：在由 n 个节点组成的物联网中，对于任务 T，由 m 个节点组成的联盟 $S=\{A_i\,|\,i\leqslant m\}$，若 S 满足以下条件，则该联盟是 Nash 平衡的。

- 条件 1：$\forall A_i \in S$，当 S 中其他节点均不解除该联盟关系时，若 A 单方面脱离 S，将不可能获得更大的效用。
- 条件 2：$\forall A_j \notin S$，当 S 中所有节点均不解除该联盟关系和效用分配方案时，若 A 单方面加入 S，将不可能获得任何效用。

在上述定义中，条件 1 将保证 S 中的节点不会脱离联盟，条件 2 将保证 S 之外的节点不会主动加入联盟。所以，此处的 Nash 平衡即表现为联盟的稳定性，称为 Nash 平衡意义上的稳定性。

8.2.4　协同联盟通信机制

作为节点间协同合作的基础，通信机制也是智能物联网中任务协作的基本理论问题，必须予以解决。在已有研究中，主要针对的问题是如何利用已有的网络技术实现智能物联网在知识层次上的交互，形成一个处于知识水平上的交互语言。基于知识交换的节点通信语言——知识查询与操作语言（Knowledge Query and Manipulation Language，KQML）是软件节点之间通信的消息协议和格式，已成为事实上的标准。但是，面向智能物联网的应用，仍需在此基础上构建一种联盟协作的即时、高效的节点通信模型。在智能物联网中，各个节点通过相互间的消息发送和接收协同工作。因此通信机制对智能物联网的设计而言，有着基础性的作用，它影响着系统的整体协作能力、稳健性和可扩展性。在实现过程中，选用一些成熟的软件或应用程序开发接口有助于提高程序的可靠性、可移植性，减小开发工作量。

在智能物联网中，为实现知识共享和问题分布求解，可采用的通信模式大致划分为 5 种：无通信模式、消息模式、方案传递模式、黑板模式和 Agent 通信语言模式等。

（1）无通信模式

无通信模式是指节点通过"理性"思考和推理而不以通信的方式得到其他节点的任务方案或计划。这种模式适用于节点目标之间没有实质性冲突的情形。显然，基于这种模式的物联网是一个紧密耦合系统，各节点之间或者是完全"透明可见"的，或者它们需要不断地思索和推理其他节点所有的行动计划，而后者可能带来并发理性推理的高计算复杂度。这往往会造成系统实现困难、性能降低、系统功能和规模不易扩展等限制和缺点。因此，这种系统基本不具备节点系统的优越性。

（2）消息模式

消息模式是目前软件系统（尤其是面向对象的系统）中常用的传统方法，如（远程）过程调用、（远程）函数调用等。节点使用一组事先约定的格式和规则通过消息形式相互传递计算请求和处理结果，当特定状态出现或预先定义的事件发生（如节点收到其他节点发来的消息，或者节点感知到环境的某些变化）时，这些规则就会被激活，节点于是采取相应的行动。该模式通常采用中心化架构，以某一方节点为任务中心，其他节点则向该中心请求服务。其优点是高效、支持分布式计算和移动计算；缺点是不灵活、不便于扩展、不利于节点合作等。图 8-2 所示的消息传送结构示意图正是这种模式的典型实现：客户机先与服务器建立连接，发出请求后再等待服务器对其响应。

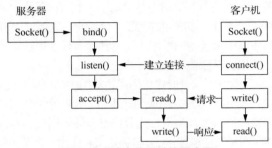

图 8-2   消息传送结构示意图

（3）方案传递模式

方案传递模式是指在相互协作的节点之间，一方给另一方传递其整个任务方案，相互取得对问题的一致理解和相应的解决方案。这种模式也常见于分布式计算和分布式人工智能（Distributed Artificial Intelligence，DAI）应用中。尽管它可使节点的合作求解比较容易实现，但它有许多缺点。例如，传递方案带来的时空开销较大；传输过程易出错；不灵活，无法在状态多变、不确定的现实环境下应用等。

（4）黑板模式

黑板是一个公共存储区。在黑板模式下，每个节点通过直接对黑板内容进行读和写来获得消息、结果和过程信息。黑板模式结构如图 8-3 所示，主要包括黑板、包含调度程序的控制单元和多个节点（知识源）。黑板模式的优点是集中控制、共享数据结构、解决单一任务效率高。其缺点是：集中控制由调度程序完成，而调度程序的复杂性和性能往往成为整个系统的瓶颈；共享数据结构难以灵活地使用异构数据源，而在物联网中广泛存在异质的节点；公共存储区的建立、维护和控制将带来大的计算、通信资源开销。因此，在分布式问题求解系统中，往往不采用黑板模式。

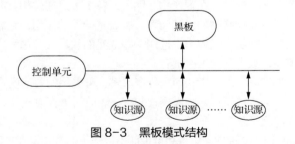

图 8-3   黑板模式结构

以上 4 种模式具有一些共同的缺点，即它们都不能或很难明确表达问题空间的语义和节点通信的语义；它们都需要与节点自身的求解逻辑融合成一体才能实现通信。显然，这不利于支持物联网的灵活性、可扩充性和异构性。

（5）Agent 通信语言模式

Agent 通信语言模式是指节点可以通过某种"高级"的通信语言来表达它关于其生存环境的认识、观念、态度，以及它的知识、解题能力、合作愿望和方式、情感和它对问题空间的理解和定义等。这种专门用于智能体通信的语言称为 Agent 通信语言（Agent Communication Language，

ACL）。这是该模式有别于上述 4 种模式的显著特征，它能较好地满足智能节点通信的基本要求，其特点是灵活、通用、支持知识共享和合作等。该模式的研究已成为物联网中多节点交互的主流研究方向。

ACL 最简单的形式是一条通信消息：（<原语>，<消息内容>）。原语即消息类型，它的定义基于言语行为理论；消息内容除包含消息的发送者、接收者、消息发送时间等固定信息外，还包括与应用的具体领域有关的信息描述，研究者需给出非形式化的语义解释。ACL 中最知名的语言就是 KQML。

ACL 的实现可以充分利用现有的网络通信技术。可以在开放系统互连（Open System Interconnection，OSI）七层通信模型的应用层上建立一种 Agent 通信规范，方便地实现包含知识信息的信文传递。传输控制协议/互联网协议（Transmission Control Protocol/Internet Protocol，TCP/IP）已成为 OSI 七层通信模型中事实上的网络互连标准，同时在网络应用层上存在许多支持该协议的应用软件。通过这些应用层上的支撑软件，可方便地实现节点间跨平台的信文传递。这些网络通信技术不是本书研究的对象，我们更关心的是如何实现节点在知识层次上的跨平台知识共享，这也是构造智能物联网的基础。

8.2.5 面向目标跟踪的协同联盟形成算法

有学者基于蚁群系统的反馈运行机制，提出一种具有"负反馈"特性的协同联盟形成算法。算法设计以目标跟踪为应用背景，根据目标的移动，动态唤醒部分传感器节点形成联盟，协同完成对目标的跟踪。

定义感知区域为 F，在 F 内均匀分布 n 个传感器节点，传感器节点集合 $A = \{A_1, \cdots, A_n\}$，设传感器节点位置向量集合 $L = \{L_1, \cdots, L_n\}$，其中 L_k 为 A_k 的空间位置向量。

定义信息素量 τ_k 为传感器节点 A_k 当前的能量状况（能量剩余百分数，$\tau_k \in [0,1]$）。

运动目标 O 进入区域，最早探测到的传感器节点 A_i 成为联盟发起者 A_{sponsor}，它在唤醒其他节点参加目标跟踪联盟时，将主要考虑各节点的信息素量（能量状况）和各节点到 O 的距离，并唤醒信息素量较大且距离目标较近的节点形成联盟。节点 A_k 的唤醒概率为：

$$p_k(t) = \begin{cases} \left[\tau_k\right]^\alpha \left[\dfrac{R_c - \left\| L_k - l_o(t) \right\|}{R_c} \right]^\beta, & \left\| L_k - l_o(t) \right\| \leqslant R_c \\ 0, & \text{其他} \end{cases} \tag{8-2}$$

式中，$l_o(t)$ 为 t 时刻目标 O 的空间位置向量，R_c 为传感器节点有效探测半径。

依概率对各个节点执行唤醒或休眠操作，被唤醒的节点组成联盟，对目标实施跟踪定位。持续跟踪 Δt 时间，根据目标新的空间位置，更新各个节点的唤醒概率 $p_k(t)$，重新执行唤醒或休眠操作，因此随着目标的运动，区域中的跟踪联盟是动态变化的。当目标离开感知区域时，跟踪过程结束。

定义传感器节点 A_k 在 t 时刻的状态标志位 $\theta_k(t)$：

$$\theta_k(t) = \begin{cases} 1, & t \text{时刻} A_k \text{处于唤醒状态} \\ 0, & t \text{时刻} A_k \text{处于休眠状态} \end{cases} \tag{8-3}$$

定义传感器节点 A_k 在动态联盟中的量化工作时间 T_k：

$$T_k = \sum_t \theta_k(t) \tag{8-4}$$

跟踪结束后需要对节点信息素量进行更新，对于那些曾被唤醒组成联盟的节点，除了有信息素的挥发，即休眠状态下的能量消耗，还将有信息素的消减，即负反馈。节点 A_k 的信息素量更新：

$$\tau_k \leftarrow \rho \cdot \tau_k - \Delta \tau_k, 1 - \rho \in (0,1) \tag{8-5}$$

式中，参数 $1-\rho \in (0,1)$ 表示节点在休眠状态下的能量消耗率；$\Delta \tau_k$ 表示节点 A_k 的信息素消减量。

$$\Delta \tau_k = \begin{cases} \xi \cdot \dfrac{T_k}{\sum_t T_k}, & \text{传感器节点} A_k \text{曾参与联盟} \\ 0, & \text{否则} \end{cases} \tag{8-6}$$

其中，$\Delta \tau_k$ 与 A_k 在联盟中的量化工作时间成正比；ξ 是信息素的消减因子，可调节与修正。

综上，当下一个目标到来时，联盟发起者唤醒那些曾经参加过联盟的节点的概率降低，而倾向于唤醒那些未曾参加或较少参加联盟的节点形成跟踪联盟，从而将能量消耗平均到多个节点上，达到充分利用多个传感器节点的能量以延长网络存活时间的目标。

为了保证有效跟踪和避免资源浪费，分别定义最小唤醒节点数 $w_{\min}$ $(w_{\min} \geqslant 3)$ 和最大唤醒节点数 $w_{\max}$。另外，系统在完成 $NC_{\max}$ 个目标跟踪任务之后，将通过网络查询获取各个传感器节点的实际能量状况，作为各节点当前的信息素量 $\tau_k(k)$，该操作有利于保证此后决策的正确性。

系统的跟踪精度和能量消耗是算法的主要性能指标。

（1）目标跟踪误差 $\phi(O)$

定义目标 O 的跟踪误差 $\phi(O)$ 为系统在间隔为 Δt 的时间点上对目标定位的误差绝对值的均值，即

$$\phi(O) = \overline{\left| l_o(t) - l_o^*(t) \right|} \tag{8-7}$$

$l_o(t)$ 表示在 t 时刻传感器节点对目标定位的位置，$l_o^*(t)$ 为目标的实际位置，可见 $\phi(O)$ 越小，跟踪精度越高。

（2）能量分布均方差 $\sigma(t)$

定义 t 时刻能量分布均方差 $\sigma(t)$ 为在 t 时刻感知区域内 n 个传感器节点的信息素量 $\tau = \{\tau_1, \cdots, \tau_n\}$ 的均方差，即

$$\sigma(t) = \sqrt{\frac{1}{n} \sum_{i=1}^{n} (\tau_i - \bar{\tau})^2} \tag{8-8}$$

$\sigma(t)$ 越小，说明网络能量消耗越均衡，即能量消耗较好地平均到多个节点上，网络的存活时间得以延长。

（3）网络健康度 $H(t)$

定义 t 时刻网络健康度 $H(t)$ 为在 t 时刻感知区域内尚有效的传感器节点总数与节点总数之比，即

$$H(t) = \frac{n_{\text{alive}}(t)}{n} \tag{8-9}$$

式中，$n_{\text{alive}}(t)$ 表示 t 时刻感知区域内尚未失效的节点总数。可见，健康度越高，算法对节点的保护性能越好，网络的存活时间越长。另外，定义网络存活时间 T 为30%的节点失效时网络的工作时间。

8.3　协同方法

8.3.1　协同方法——协商

协商是非常重要的一类协同方法。协商就是在一群智能体间进行一系列的通信，使得多个智

能体为了解决某些共同问题而遵守大家都赞同的协议。有学者进一步指出：为了有效地进行协商，智能体必须对其他智能体的信念（Belief）、愿望（Desire）和意图（Intention）进行推理。为此要完成以下工作：

① 信念模型的表达维护；

② 获取其他智能体的信息推理方法；

③ 影响其他智能体的信念及意图。

协商作为人工智能的一种方法，常被用在基于博弈论的协商、基于计划的协商、混合类协商 3 种方法中。即协商可以与其他协同方法一起使用。

（1）基于博弈论的协商

智能体的协商过程分为两个阶段：真正的协商阶段及计划执行阶段。博弈论把时间考虑进去，因为时间会影响协商的结果。当处理两个智能体的协商行为时，基于博弈论的协商方法的计算复杂度尚可；当考虑多个智能体的协商行为时，收益矩阵变得很大，以至于无法处理。在多智能体系统中，如果不考虑不确定性行为，很难把基于博弈论的协商应用到实际系统中。

（2）基于计划的协商

协商的很大一部分工作是处理各种各样的冲突。当智能体拥有不同的局部计划时，为了避免冲突，智能体必须协同它们的计划。这个过程大部分是随机和任意的，但并不总是如此。例如，如何决定一个智能体改变本地计划可由智能体所拥有的其他计划决定。每个智能体都拥有多个协商计划，但是无论在哪个计划中，智能体都要维护其目标的重要性，即对其目标的重要性保持"忠诚"。

（3）混合类协商

从人类自身来看，人们总是要通过一种或多种协商手段达到相互交流、相互作用的目的。受此启发，一些学者将人类相互协商的手段用在智能体之间。

8.3.2　协同方法——合同网

在多智能体系统的所有协同方法中，合同网是最知名、使用最广泛的协同方法之一。合同网是在经济领域中用于管理商品及服务的合同机制的基础上发展而来的，其最终目标是：找到合适的智能体来执行待分配的任务。合同网执行的基本步骤如图 8-4 所示。

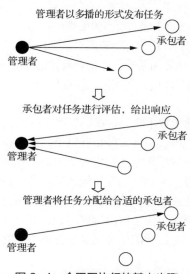

图 8-4　合同网执行的基本步骤

在合同网中有两种角色——管理者和承包者。管理者是拥有任务的智能体，承包者是执行任务的智能体。

从管理者的角度来看，合同网的执行步骤是：

① 以多播的形式发布任务；

② 接收承包者发布的标的；

③ 将任务分配给合适的承包者；

④ 接收并合并任务的执行结果。

从承包者的角度来看，合同网的执行步骤是：

① 接收管理者发布的任务；

② 对任务进行评估；

③ 给出响应（拒绝、投标）；

④ 如果标的被接收则执行任务；

⑤ 向管理者报告任务执行的结果。

适合用合同网解决的问题应具有以下几个条件：

① 要解决的任务具有良好的层次结构；

② 问题能很好地分解；

③ 任务之间的耦合作用弱。

合同网方法的优点有：

① 适合进行动态任务分配；

② 智能体可以动态地加入或移出系统，系统提供自然的平衡状态；

③ 提供可靠的分布式控制及故障恢复机制。

8.3.3　基于协商的智能物联网协同方法

智能物联网是分布式网络，它具有自组织的特性，其终端节点拥有独立解决问题的能力。这些特点使以智能体系统中的合同网为原型开发智能物联网的协同方法成为可能。当任务之间存在弱耦合作用、任务之间存在明显的层次关系且任务分解非常简单时，传统的合同网可以很好地解决任务分配问题。但是，智能物联网是实时系统，其状态不断发生变化，变化的趋势无法预知，而且网络的任务存在复杂的相互作用，因此传统的合同网不能直接应用于智能物联网的协同。这意味着，虽然智能物联网可以借鉴多智能体系统中的协同方法，但需要对其进行改进以适应智能物联网的特殊需求。为了解决此类问题，有学者提出基于任务再分配的动态仲裁方法。在此方法中，协商过程总是以当前的迭代结果为基础，并结合具体情况继续迭代，提高协商效率、保证实时性。为了解决人、物之间的相互作用，智能体之间在传递简单数值信息的同时还传递任务之间的相互关系。

此外，有学者还利用组合拍卖技术解决智能物联网中的协同问题。传统的拍卖方法一次只分配一个任务，由多个智能体竞争，而在智能物联网中，需要很多终端节点同时执行任务，即同时要分配多个任务。此外，传统拍卖方法假定智能体是自私的，只考虑自身利益，即智能体的收益只受已分配和待分配任务的影响。而在智能物联网的任务分配过程中，因其任务之间存在复杂的相互依赖性，导致智能体的收益不仅受到已分配和待分配任务的影响，还受到其他智能体任务的相互作用和关系的影响。为了解决这些问题，有学者开发了迭代式组合拍卖方法，此方法一次可以分配多个任务，允许智能体考虑多个任务之间的相互作用情况，可以处理复杂的任务关系。

综上所述，基于协商的方法主要通过合同网及拍卖方法与协商相结合来解决智能物联网的协同问题。基于协商的方法包括基于中心的任务分配方法、仲裁方法、迭代式组合拍卖方法和动态仲裁方法。基于中心的任务分配方法需要逻辑上的数据处理中心,仲裁方法、迭代式组合拍卖方法和动态仲裁方法是基于中心的任务分配方法的拓展算法。仲裁方法可以用来处理实时性要求弱的问题,而迭代式组合拍卖方法、动态仲裁方法可以用来处理实时性要求较高的问题。对于物联网,基于协商的方法主要有动态仲裁与迭代式组合拍卖两种方法。

1. 动态仲裁方法

多智能体系统在开发任务或资源的分布式分配协议时,协商所需条件都是预先定义好的。但是实际环境并非如此,智能体面对的问题大多是动态的,即当智能体在进行任务或资源分配时,会出现新任务和新资源,同时已有的任务和资源会消失。已有的协议有两种解决方案:一是在协商完成后再进行新任务分配,二是重新开始协商。前者忽略新旧任务之间的相互作用,因为新任务和旧任务都是各自独立被分配的;而后者没有丝毫的考虑就丢弃协商成果,协商成果没有得到有效利用,而且当意外事件频繁发生时,程序会不断地重新启动,无法保证程序的稳定性,无法解决实质性问题。理想情况下,当意外出现时,已获得的协商成果应该被有效利用。没有参与协商的智能体可以向正在进行的协商提供自身的功能。当某个智能体出现故障时,系统应该通过改变当前的任务分配来适应这种情况,而不是要求重新开始协商。由于受资源约束,系统不能进行充分的信息交换,因此仲裁者只能利用局部信息。在物联网协同技术中,考虑到任务之间存在超可加性与次可加性关系,系统通过相互交换局部信息来解决这类问题。通过分析不同类型任务及其相互关系,仲裁者可以在很大程度上剪裁、搜索空间。

动态仲裁方法的基本原理为:首先从终端节点中选择一个节点作为仲裁者(即合同网中的任务管理者,负责产生新的任务),仲裁者根据自己的知识对所有待分配的任务进行初步分配,然后将分配方案分发给相应节点;接收到分配方案的节点对分配给自己的子任务集产生一个标的,表明自己对相应任务集的执行能力并将标的返回给仲裁者;仲裁者在接收到标的之后对所有标的进行综合分析并产生一个更好的分配方案,从而完成第一次协商过程;然后由仲裁者发起第二次协商,直到时间片用尽或获得一个满意的方案。例如,如果仲裁者认为对一个终端节点而言,两类任务之间存在正的相互作用,那么这两类任务分配给此终端节点的可能性就很大;如果仲裁者认为对给定终端节点而言,两类任务之间有冲突,那么这两类任务就不该分配给此终端节点。计算概率分布的算法根据相互作用表中的信息对任务进行评价,即给出一个权值来衡量此任务的重要程度,然后利用随机的、基于启发式的方法进行搜索。

动态仲裁方法可以动态调整协商中的任务集。因为相互作用表存储了不同类型任务相互作用的信息,所以在协商过程出现新任务时,可以利用这些信息来计算其概率分布。动态仲裁方法具有极强的实时性,智能体事先无须知道将要花多少时间进行协商。在任何时候终止此方法,均可以返回适当的任务分配方案。

2. 迭代式组合拍卖方法

与动态仲裁方法相似,迭代式组合拍卖方法首先也要从终端节点中选取一个节点作为中心节点,称为拍卖者。该终端节点根据系统的情况产生新的任务集,然后将没有分配的任务(包括新的任务和以前没有分配的任务)和已经分配的任务以一定的形式向周围节点发布。不同的是拍卖者不负责任务分配,而是将所有任务以广播形式发布给周围节点。终端节点在接收到该广播消息后根据自身能力从任务集中选取自己能执行的任务集合,并根据自己对集合中各个任务的执行效率产生一个标的,标的表征该节点执行对应任务集的能力。最后将自己能执行的子任务集连同标的返回给拍卖者,很容易计算出这样的标的有 $2n-1$ 个。拍卖者根据周围节点发来的标的制订任务分配方案并将最终的任务分配方案分发给相应节点。如果时间足够,能够生成最优分配方案。

组合拍卖方法允许把待分配的任务打包，从而提高任务分配的效率。不过，组合拍卖方法有两个问题需要解决：一是智能体必须决定对哪个任务子集进行投标，此问题为标的产生问题；二是基于这些标的，拍卖者必须决定采用哪个任务分配方案使智能体的费用总和最少。

智能体之间以相关标的（Relevant Bid）来描述任务之间的关系。为了找到最优解，使其费用最少，需要产生所有的相关标的。假设没有产生所有的相关标的，那么由组合拍卖方法计算出来的任务分配方案是次优的。但是对智能体而言，产生所有相关标的是不可行的。

为了解决标的产生问题，可以采用迭代式组合拍卖方法，又称为增长式任务分配改进（Incremental Task Allocation Improvement，ITAI）算法，这个算法不以标的产生作为输入，而是让智能体逐步发现标的。

迭代式组合拍卖方法包括以下 3 个步骤。

① 生成初始分配方案。

② 初始化任务连接图，每个向量对应一个任务。

③ 迭代改进分配方案，过程为：先在两个非连接图间增加一条边，再根据最新增加的边改进分配方案。

第一步可以采用顺序拍卖方法快速生成初始分配方案，找到次优解。第三步是在第二步经过初始化形成的任务连接图基础上进行的。在执行迭代过程的第一步时，都要加进一条边，使其连接两个子图。例如，在第一次迭代的过程中，加进的一条边连接两个顶点；在第二次迭代的过程时，加进去的那条边可以连接另外两个顶点，或者连接另外一个点及已经相邻的两点中的一点，这样就生成一个具有 3 个顶点的连接图。

在每一步迭代过程中，针对当前新生成的连接图，迭代式组合拍卖方法会找到最优的分配方案。当整个任务连接图连通时（即当增加一条边的时候，无法连接两个未连通的图），迭代过程终止。这个过程是实时的，在任何时候都可以终止该程序，并且可以返回目前为止所发现的最优解。

下面以水下声波传播网络中移动目标的探测与追踪为例来说明相关问题。在位置的测量中，单个终端节点只能确定目标到终端节点的距离，这样至少需要 3 个终端节点才能计算出目标的位置。图 8-5 所示为追踪问题示意图，在图 8-5（a）所示中，终端节点 1、2 能确定目标可能在 1、4 位置出现，终端节点 2、3 能确定目标可能在 2、4 位置出现，终端节点 1、3 能确定目标可能在 3、4 位置出现，从而确定目标在位置 4 出现。如图 8-5（b）所示，在速度的测量中，单个终端节点所测得的速度只是目标的速度在声波传播方向上的分量；终端节点 1 只能测量速度 v_1，终端节点 2 只能测量速度 v_2。根据运动学原理，当目标在平面上移动时，至少需要两个终端节点才能确定移动目标的速度。

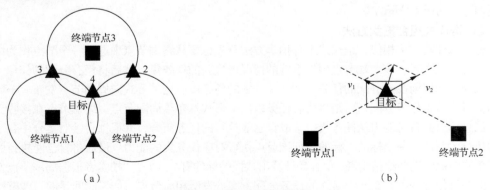

（a）   （b）

图 8-5   追踪问题示意图

从获取目标的位置和速度的过程来看，多个终端节点必须协同工作才能完成任务。为了提高追踪的精度，一方面要尽量降低网络时延，另一方面要让尽可能多的终端节点以最快的采样频率参与到追踪中来，但这会消耗过多的网络资源。实际中，目标是不断移动的，速度和方向都不定，系统具有极强的实时性，这增加了网络中分配资源的难度。所有这些给终端节点的协同工作带来了挑战性难题。

例如，在水下场景的智能物联网中，终端节点进行一次测量时需要预热时间，那么当一个节点连续测量多个数据时就可以节约能量。为了解决这些问题，可以采用迭代式组合拍卖方法。

同样也可以利用动态仲裁方法解决该网络中的协同问题。分布式物联网是一个实时系统，传统的合同网不能直接应用。为了解决这个问题，可采用任务再分配策略，采用这个策略的仲裁方法就是上文所描述的动态仲裁方法。在此方法中，当某个事件发生时，协商过程不重新开始，而是以当前的迭代结果为基础，结合具体情况使迭代过程继续下去。为了解决任务之间的相互作用，智能体之间不只传递数字标的，还传递任务相互作用信息。智能体通过相互作用表来获取任务之间的关系。

显然，动态仲裁方法和迭代式组合拍卖方法都是基于中心的任务分配方法，即存在一个中心节点，任务的分配过程是由中心节点和周围节点通过协商完成的。所不同的是：在动态仲裁方法中，任务的组合与分配都是由仲裁者完成的，这就要求仲裁者必须有较强的处理能力；在组合拍卖方法中，对任务的组合是在周围子节点上进行的，因此对子节点能力具有较高的要求。另外，在迭代式组合拍卖方法中，拍卖者的声明中不包含任务分配，节点可以对所有的任务子集进行投标，在单触发组合拍卖中，在获胜者被宣布之前，算法只迭代一步。在动态仲裁方法中，仲裁者的声明中携带任务分配方案，节点仅对其分配的任务进行投标，然后处理程序重复进行，当时间用完时，仲裁者宣布到目前为止发现的最好分配方案。

8.3.4　其他协同方法

智能物联网协同除了前面介绍的方法外，还有基于组织结构设计的方法、基于分布式约束满足的方法、基于代理的方法等。

1．基于组织结构设计的方法

基于协商的方法只适用于处理小规模网络的问题，针对智能物联网大规模部署和广泛性的特点，有学者提出一种基于组织结构设计的方法，对网络进行分区管理。该方法能够处理智能物联网这样大规模网络的协同问题，此方法包括简单分层和垂直分层两种。

（1）简单分层方法。简单分层方法将问题域划分成大小相同的矩形区域，每个区域中有一个区域管理者和若干个成员，区域管理者负责本区域的信息流和数据流的控制。区域管理者保留本区域的详细情况，包括区域大小、区域中终端节点的数据和情况（包括位置、角色、能力等），还有一个追踪器列表和目标轨迹。追踪器受区域管理者控制，并控制本区域的终端节点来追踪目标。每个区域中的终端节点只与本区域的区域管理者和追踪器通信。区域之间的通信由区域管理者来进行。这样每个区域内部的通信量较少，从而可以对本区域进行有效的管理。同时，这种组织结构有很好的可扩展性，使系统可以处理大规模网络的协同问题。

（2）垂直分层方法。垂直分层方法首先将问题域划分成大小相同的矩形区域，每个区域选出一个领导者；再由这个领导者形成第二层结构，再进行区域划分，每个区域选出一个领导者，形成第三层结构。依此类推，可产生 n 层结构。

基于组织结构设计的方法解决智能物联网的分布式追踪问题具有以下 3 个显著特点。

① 每个终端节点由单一智能体控制，这些智能体组成大型的异构冗余组织结构。通过对不同

智能体赋以不同的角色，使之完成不同的目标，从而达到限制智能体计算量的目的。

② 每个智能体都是完善的、自主的问题解决器。每个智能体拥有与具体问题相关的软实时控制结构（Soft Real-Time control Architecture，SRTA），此结构对智能体的活动进行建模和调度控制。每个智能体还拥有与具体问题相关的模块，这个模块用来了解周围环境，并对环境做出响应。

③ 用可扩展的多级协商协议（Scalable Protocol for Anytime Multi-level negotiation，SPAM）来处理节点之间的冲突。SPAM 和 SRTA 在解决终端节点的任务分配问题上起着非常重要的作用。SPAM 使得智能体能够查询终端节点，在系统动态进行分布式协商时，可以动态检测并解决冲突问题。如果说 SPAM 用来解决智能体之间的冲突，那么 SRTA 则用来处理智能体内部的冲突。组织结构设计限制信息传播的距离，这不仅能够减少通信量，还可以简化任务分配及协商进程。

基于组织结构设计的方法是最简单的协同方法之一，其显著特点就是从系统的层次上预先定义智能体的责任、能力、连接方式及控制流程等相关内容。基于组织结构设计的方法将终端节点按位置划分成不同区域，如图 8-6 所示。通过分辨区域的高度与宽度，终端节点很容易确定自己所属的区域，每个终端节点由一个智能体来控制，在给定区域内，智能体可以执行一个或多个高层任务：管理区域、追踪目标、收集终端节点的数据和融合收集到的数据等。每个区域都有一个区域管理员，负责管理本区域的活动，包括产生并发布探测计划、通过地址簿存储并查询有关节点信息、选举追踪管理员。在这里，区域管理员的作用是连接区域内各个节点。同时，区域管理员还负责区域之间的通信。区域中还存在若干追踪目标的追踪管理员，追踪管理员按照一定的规则产生，并从区域管理员那里获取必要的信息，追踪管理员可以与其他区域的区域管理员及追踪管理员联系。追踪管理员也会要求一些智能体收集必要的信息，但是建立在这个智能体自愿的基础上。

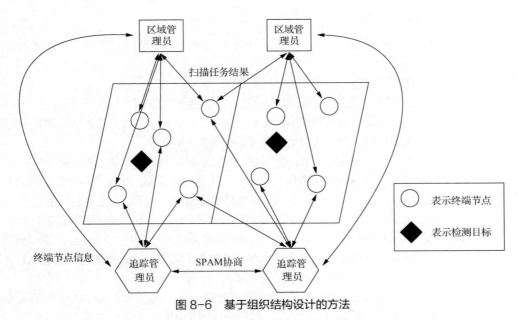

图 8-6 基于组织结构设计的方法

由于绝大部分通信都限制在区域内部，因此区域的形状及大小会对系统的性能产生影响。如果区域过大，即区域内包含过多的物联网终端节点，那么通信信道就会饱和。如果区域过小，那么随着目标的移动，追踪管理员就必须与不同的区域管理员及追踪管理员进行联系。每个区域的实际大小与终端节点的密度是紧密相关的。设计者需要考虑不同环境下终端节点的检测范围、通信介质特性和目标的移动速度。

基于组织结构设计的方法中，智能体的类型、角色、相互作用的形式等都需要事先指定。在进行组织结构设计时一般要考虑可扩展性、可靠性、速度和效率等特性，实际方案一般侧重于一个和几个特性，智能物联网所采用的基于组织结构设计的方法侧重于可扩展性。

基于组织结构设计的方法能够很好地解决大规模网络的协同问题，尤其是智能物联网的协同问题。但是由于终端节点的通信范围限制，当检测目标从一个区域进入另外一个区域时，系统的开销增大，会牺牲系统的响应速度。

2.　基于分布式约束满足的方法

分布式约束满足问题（Distributed Constraint Satisfaction Problem，DCSP）最初用来解决下棋、着色等经典分布式优化问题。分布式约束满足问题可以表示成一个三元组 $\text{DCSP}=(Z,D,C)$，其中 Z 是变量集合，$Z=\{x_1,x_2,\cdots,x_n\}$；D 是 Z 的解集，$D=\{D_1,D_2,\cdots,D_n\}$，其中 D_i 是离散的有限集合，是变量 x_i 的取值范围；$C=\{C_1,C_2,\cdots,C_n\}$ 是约束集合，$c_i(x_i,\cdots,x_j)$ 是定义在笛卡儿空间 $D_i^*,\cdots,D_j^*$ 上的判别式，问题的目标是找到 $x_1,x_2,\cdots,x_n$ 中的一个恰当取值，使所有判别式 $c_i(x_i,\cdots,x_j)$ 都得到满足。

根据分布式约束满足问题的定义，可以将这一理论应用于智能物联网：将智能物联网的终端节点视为一个变量，将终端节点的各种行为视为变量的取值，将终端节点之间的关系视为变量之间的约束。通过这种方式，智能物联网中的任务调度问题可以转化为分布式约束满足问题，从而利用分布式约束满足理论来解决智能物联网中的协同问题。有学者给出基于分布式约束满足的方法解决分布式任务分配问题的一般过程，如图 8-7 所示，先将分布式任务分配问题映射成分布式约束满足问题，再对分布式约束满足问题求解，得到分布式约束满足问题方法，也就是分布式任务分配方案。

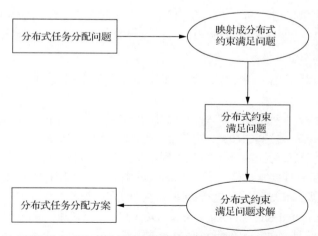

图 8-7　基于分布式约束满足的方法解决分布式任务分配问题的一般过程

移动目标的监视与追踪是智能物联网的典型应用。在追踪问题中，鉴于单个终端节点感知能力、计算能力和通信带宽方面的制约，智能物联网中的多个终端节点必须协同工作才能完成任务。这里的协同主要指通过信息的协同处理，实现目标定位及追踪。一般追踪过程可分为 3 个阶段：检测、定位和预测。在追踪移动目标之前，终端节点需要对目标进行探测，以便在第一时间发现进入检测区域的目标。为了节约能量，相邻终端节点应避免同时检测共同覆盖的区域，这是因为此时只需一个终端节点就可以完成检测任务。故首先要解决的问题是分布式检测调度的问题，即找到终端节点的检测顺序，使物联网监视整个区域的能耗最小。

智能物联网在进行检测调度时需要实现两个相互矛盾的目标：尽快检测到尽可能多的移动目标，以提高系统的响应速度和效率；与此同时，尽可能减少能量的消耗以延长系统的生存时间。此外，智能物联网具有良好的可扩展性，即系统检测到目标的时间应该和网络规模无关，这对于大规模部署的智能物联网系统尤为重要。

分布式检测调度问题可以描述成分布式着色问题，而分布式着色问题恰恰是基于分布式约束满足的方法研究的经典问题之一，因此可以用基于分布式约束满足的方法来解决分布式检测调度问题。

一般可把检测调度问题看成加权无向图的着色问题，着色目标是使不能满足的约束的权重之和最小。加权无向图的一个节点对应一个终端节点，两个节点的连线代表约束，对应两个智能体间共享的检测区域，权值的大小代表共享区域的大小。当两个终端节点同时检测共享的检测区域时，共享区域越大，损失的能量就越多。每一种颜色对应一个时隙，每个节点至少需要一种颜色，表示至少检测一次，也可以有多种颜色（意味着多次检测），这样做的目的是提高被检测的概率。

进一步将每个终端节点看成由多个节点组成的超级节点，每个子节点对应终端节点将要检测的一个区域。在超级节点内部，因为终端节点在任意时刻只能检测一个区域，所以任何两个节点都不能共享一个颜色。换句话说，超级节点内的节点颜色是互斥的。这个约束来自硬件的限制，必须得到满足。此外，为了节省能量，某些终端节点有时候会被"关掉"，因此不一定要用掉所有颜色。当两个超级节点的内部节点共享相同检测区域时，它们之间就产生约束。这些约束如果不满足，需要同时减小那些超级节点之间不满足的约束的权重之和。

对检测调度问题建模：令 $G(V,E)$ 是无向图，其中，V 是超级节点的集合，E 是边集。每个超级节点 $v \in V$ 由 k 个子节点组成，$v_1, v_2, \cdots, v_k$ 代表可被终端节点检测的 k 个区域。$(u_i, v_j) \in E$ 为节点 $u_i \in u$ 与 $v_i \in v$ 之间的边，称 u_i 与 v_j 是相邻的。每个超级节点有 T 种颜色可供分配，每个终端节点的活动频率是 $a \leqslant 1$。$|T|$ 为调度周期长度，a 描述终端节点的活动频率，$1-a$ 描述终端节点被关掉的频率。当给定着色 T 时，节点着色可以遵循以下几个原则。

① 每个超级节点可着 $[aT]$ 种颜色，这意味着，如果 $[aT] > k$，则在超级节点内部有些节点可以着多种颜色。

② 每个节点至少着一种颜色，超级节点内部的任意两个节点不能着相同的颜色。

③ 尽量减少超级节点之间的冲突，最小化未被满足的约束的权重之和。当不允许有冲突或存在冲突阈值时，问题就归结为寻找允许的最少颜色及对应的调度方案。

受智能物联网实时性要求的影响及资源约束的限制，要求用检测调度的方法限制通信流量，并且智能体只能依靠局部信息进行决策，这样的方法被称为低负载分布式方法。分布式 Breakout 算法（Distributed Breakout Algorithm，DBA）与分布式随机算法（Distributed Stochastic Algorithm，DSA）就是两种主要的低负载分布式方法，这两种方法都是解决分布式约束满足问题的成熟算法。

（1）分布式 Breakout 算法

讲解分布式 Breakout 算法之前，先要讲解集中式 Breakout 算法，它是经典的约束满足方法，用恰当的策略跳过局部极小点。在用 Breakout 算法求解约束满足问题时，算法依据权重调整变量的取值。首先将每个约束的权重赋值为 1，权重大的变量拥有更大的概率改变取值，如果取值相同，则变量按照字典顺序排序，排在前面的有更多的机会改变取值。如果所有约束都得到满足，则算法结束。否则寻找满足如下条件的变量：改变该变量的值可以减小不满足的约束的权重之和。如果这个变量存在，就改变其值。如此循环下去，直到无论怎么选取变量的值都无法减小不能满足的约束的权重之和为止。至此，算法找到极小点。如果还有约束不满足，算法不是另外随机选取一组初始值重新开始，而是将所有未被满足的约束权重加 1，然后继续执行。增加约束的权重可以避免算法陷入局部极小点，使算法能够找到全局最优点。

集中式 Breakout 算法可以拓展成同步的分布式 Breakout 算法，假定每个智能体都有唯一的标志码。如果两个智能体共享一个约束，就称它们是邻节点。每个智能体只与它的邻节点通信。在分布式 Breakout 算法的每一步，智能体都要与邻节点交换当前取值，如果要改变取值，则计算可能的权值变化情况，并据此决定是否改变当前值。为了避免变量同时改变所取的值，在相邻的智能体中，要求只有那些能减小权重的变量才有资格改变它的取值。

（2）分布式随机算法

分布式随机算法的思想很简单。首先每个变量随机选取一个值来完成初始化。在随后每一步骤中，如果智能体在上一步改变取值，那么它就把当前状态发送给周围的邻节点，周围的邻节点接收状态信息，然后随机决定是否改变当前值。改变当前值的原则就是减小那些不满足的约束的权重之和。

对分布式随机算法而言，关键是如何根据当前状态及周围节点的状态决定变量的下一个取值，如果智能体无法找到新值来提升当前状态，这个智能体就应该保持当前取值不变。如果智能体有一些取值可以提升当前状态，那么它就会依照某个概率来改变当前取值。

3．基于代理的方法

在智能物联网中，大量不同类型的系统需要分布式地协同工作以满足用户需求。由于物联网终端系统的异构性，智能物联网存在多种通信方式和通信协议。例如，计算机设备可以通过有线网络彼此连接，实现高效、稳定的数据和信息交换；而传感器节点则通过无线方式，基于数据包（Packet），使用多跳方式传送数据；用户手机等移动设备，则使用无线通信和蓝牙技术与物联网中的实体相互通信。为了实现不同通信方式和通信协议实体协同互连通信，可以使用代理（Proxy）实现多种通信协议之间的相互转换。

除了通信协议的转换外，代理还可以用作数据缓冲装置，在物联网空间和应用系统之间进行内容匹配和内容过滤等。通常，考虑代理软件对计算机能力和内存的需求，代理运行在使用连接骨干通信方式和无线网络的计算机设备上。在物联网中，使用代理方法进行协同互连通信的特征体现在如下 3 个方面。

① 所有通信协议的转换都是可以通过代理完成的，这使多种应用终端可以在物联网中使用。

② 协议和内容的转换处理可以在需要的时候分散到其他的实体处理，降低对实体处理能力的要求。

③ 可以实现不同通信层的数据转换，这样可以根据无线连接的具体情况，对代理进行定制开发等。

代理是一种处理动态内容匹配的常用方法。现在已经有一些通用的代理框架，可以定制或扩充，来解决特定的问题。在此讨论物联网中代理框架的常用机制。代理框架通常要实现的主要功能如下。

（1）适配模块开发

代理框架中最重要的部分就是适配模块。适配模块实现不同通信协议的转换。一个代理可以使用多个适配模块实例，以满足不同应用和语境的内容适配和协议转换需求。考虑应用的当前语境，代理在运行时决定所使用的适配模块的类型。在某些情况下，可能需要多个适配模块组合完成通信协议的转换和内容的适配。此时，代理框架需要支持对适配模块的优先级、排序和组合等的定义。在设计代理框架时，通常要考虑可扩展性。通常使用基于组件的方法来开发和实现适配模块及实现适配模块的动态载入机制。

（2）适配模块选择

适配模块的选择及使用的条件，以及使用时机是代理框架的可扩展的特征，可以使用不同编程接口或基于规则的配置两种方法来选择。在使用不同编程接口的方法中，应用程序的需求和需要的适配模块必须使用代理框架提供的应用程序接口编程实现。在基于规则的配置方法中，开发者必须定义规则。规则包含使用客户的网络状态描述的触发条件、执行的适配模块和规则的优先级等。代理框架在转发消息时，根据语境和转发的内容在规则库中查找，确定需要使用的适配器。基于规则的配置方法容易配置、不易出错、不用处理框架内部编程细节。同样重要的是，只有内容的提供者可以决定在不同的语境中使用哪个适配模块。

（3）语境监测

语境信息包括执行环境的客户概况和条件，如网络和节点的可用资源、负载、能量等，其收集和监测是代理框架的一项重要功能。网络状态（如可用宽带和连接情况等）的探知，通常是通过监测功能或服务来完成的。与应用相关的信息可以在应用发出连接请求时，通过包含概况的定制数据库或监视设备资源的状态得到。在代理框架中，当语境发生变化时，产生和发出异步事件。代理需要对异步事件进行解释和处理，以执行相应的行为。

（4）适配模块载入和执行

根据适配模块载入和执行的方式，代理框架可以分为可配置代理和动态代理。在可配置代理中，适配模块在代理部署时静态定义，开发者可以通过定义触发规则来改变代理的行为，触发规则定义适配模块执行的语境和次序。可配置代理支持适配模块的组合和配置验证。动态代理支持按照当前语境，动态和按需从适配模块库中载入适配模块。适配模块的动态载入给代理框架提供更大柔性，缺点是载入时间长。

8.4　协同技术的问题

支持异构网络融合的终端协同技术被看作移动通信技术的核心组成部分之一，也是现阶段的研究热点之一。但是，应该看到：在这种以终端协同为基础的、有基础设施网络与无基础设施网络的融合网络环境中，无线技术的异构性，各种无基础设施网络所共有的多跳性、动态性和自组织性，以及终端之间的协同性会带来路由协议、网络控制技术、移动性管理、服务提供、系统性能评价等方面的诸多问题。在解决这些问题之前，协同技术的发展与完善仍有很长的路要走。

本章小结

本章探讨了智能物联网中的一个关键问题——协同问题，并针对智能物联网的特点讲解了一些经典解决方案和技术。多智能体理论是解决智能物联网协同问题的有效途径，尤其是基于协同联盟的方法，它为智能协同物联网的设计和构建提供了理论指导和方法论支持。这些方法和技术有助于实现智能物联网中的高效协同，优化资源分配，提高系统性能，并确保系统的可扩展性和自适应性。

习题

1. 协同技术有哪些方法？
2. 联盟生成与联盟形成之间有什么区别？并简述二者的过程。
3. 基于协商的方法有哪些？
4. 智能物联网协同方法除有基于协同联盟的方法和基于协商的方法外，还有哪几种？

第 9 章
智能物联网的应用实践

　　物联网是一种快速发展的创新技术，在日常生活和市场中具有各种各样的应用、功能，以及提供各种服务。它可以被定义为一个涉及互连设备和对象的全球动态信息网络，旨在实现人、服务和设备在任何时间、任何地点的互连和交互。智能物联网利用众多创新和先进的技术将人工智能应用到设备中，以使设备能够处理信息和数据并获得知识；开发了实时的、自主的智能决策系统，减少了对人类参与和干预的需求。物联网从提出到发展至今，已经从开始的示范展示与试用阶段，发展至全面联动的实用阶段，在防灾减灾、资源控制与管理、新型能源开发与管理、食品安全与公共卫生、智能医疗与健康养老、生态环保与节能减排、新型农业技术运用与管理、城市智能化管理、现代物流、国防工业等领域发挥了巨大作用。而智能物联网是新一代信息技术自主创新突破的重点方向，蕴含着巨大的创新空间，在芯片、传感器，近距离传输、海量数据处理，以及综合集成、应用等方面，创新活动日趋活跃，创新要素不断积聚。智能物联网在各行各业的应用不断深化，将催生大量的新技术、新产品、新应用、新模式。目前，基于物联网技术路径而形成的应用，已经遍布我们生产生活的方方面面，而智能物联网在各行业的应用将为我们的日常生活带来深刻的变革。通过集成先进的传感器、数据分析和人工智能技术，智能物联网不仅提高了设备的互连性，还提高了系统的智能化水平，从而实现更高效、更便捷、更个性化的服务。

9.1 智能工业——工业可视化安全管理系统

目前工业领域是物联网应用最多的领域之一，因为工业领域所涵盖的能够联网的事物十分丰富，例如印刷设备、车间机械、矿井与厂房等。工业物联网的应用集中在石油、天然气与工厂环境。虽然工业级物联网仍处于早期阶段，但它被认为是一种快速发展的创新技术，在日常生活及广泛的市场和行业中具有各种应用、功能和提供各种服务，从而促进和加强了信息和通信技术作为工业领域创新推动者的作用。

智能工业旨在将物联网技术引入制造业和生产部门，其目标是通过灵活的工作流程实现高效、低成本的生产。实现这一目标的手段是在制造和生产过程中广泛纳入网络系统，以便在系统和生产流程中插入智能，使其具有高连通性和通信能力，并将其协调到更复杂但更灵活的过程中，从而实现高质量、低成本产品生产。智能工业物联网有望成为工业生产的"第四次革命"，通过广泛采用网络系统，不仅可以实现更高水平的自动化，而且能够实现大规模定制制造及商品和服务生产，并且易于编程、配置和控制的生产线也为工业生产提供了灵活性。在过去的 20 年中，高性能低功耗处理器、存储器和通信组件取得了显著的进步，这些进步为部署到用户或现场的大量设备带来了显著的处理能力，从而实现了高效的处理和联网。智能消费设备已成为常态，智能手机提供数百种应用程序，能够提供从识别旅行和交通路线到移动银行和健康监测等服务；智能电视结合并提供各种类型的娱乐和网络服务，实现从定制的电视频道控制和管理到互联网游戏和家庭设备管理；智能家电监控各种参数，从环境温度到水和能源消耗等，使人们能够高效地管理自己的家，从而达到所需的生活质量，同时降低各个方面的运营成本。

智能工业将具有环境感知能力的各类终端、基于普适技术的计算模式、移动通信等不断融入工业生产的各个环节，大大提高制造效率，改善产品质量，降低产品成本和资源消耗，推动传统工业迈向智能化的新阶段。智能工业的实现基于物联网技术的渗透和应用，并与未来先进制造技术相结合，形成新的智能化的制造体系。所以，智能工业的关键技术在于物联网技术。

物联网技术在工业领域的应用如下。

（1）制造业供应链管理：应用于企业原材料采购、库存、销售等领域，通过完善和优化供应链管理体系，提高供应链效率、降低成本。例如，通过在供应链体系中应用传感器网络技术，空中客车（Airbus）构建了全球制造业中规模最大、效率最高的供应链体系之一。

（2）生产过程工艺优化：通过智能物联网中的传感器节点可以实现生产线工艺检测、实时参数采集、生产设备监控、材料消耗监测等，使生产过程的智能监控、智能控制、智能诊断、智能决策和智能维护水平等不断提高。例如，钢铁企业采用各种传感器和通信网络，实现对生产过程中加工产品的宽度、厚度、温度等的实时监控，从而提高产品质量，优化生产流程。

（3）产品设备监控管理：各种传感技术与制造技术融合，可实现对产品设备操作使用记录、设备故障诊断的远程监控等。

（4）环保监测及能源管理：物联网与环保设备的集成，可实现对工业生产过程中产生的各种污染源及污染治理各环节关键指标的实时监控。例如，在重点排污企业排污口安装无线传感设备，不仅可以实时监测企业排污数据，而且可以远程关闭排污口，防止突发性环境污染事故的发生。又如，电信运营商已开始推广基于物联网的污染控制实时监测解决方案。

（5）工业安全生产管理：在矿山设备、油气管道、矿工设备中嵌入和配备传感器，能够感知危险环境中工作人员、设备、机器、周边环境等方面的安全状态信息，将现有分散、独立、单一的网络监管平台提升为系统、开放、多元的综合网络监管平台，从而实现实时感知和管理、准确识别、快速响应和有效控制等。

（6）智能制造：制造业是世界上规模最大、互连程度最高的物联网市场之一，涉及的业务、流程、服务、产品等多种多样，因此被视为物联网工业的核心组成部分，对民生和国家经济影响巨大。智能物联网可以为制造领域提供大量的解决方案，其特点是其应用的复杂性和广度、多样化的信息物理系统和制造运营管理（Manufacturing Operation Management，MOM）。一些物联网应用和服务在产品生命周期的各个阶段增强了整体生产力和产品质量管理（如质量规划、控制、保证和改进等），包括先进的监控和跟踪、性能和可维护性优化以及人机交互等。

5G 作为新一代移动通信标准，凭借其高数据吞吐速率和低时延特性，会从两个方面影响物联网智能工业设备的应用：一方面，5G 具有突破性的实时数据共享能力，摆脱了传统专用高速网络的限制，为无人驾驶和智能工业等应用场景提供关键支持；另一方面，5G 可以显著提升设备连接规模，工业运营可部署数以千计的连网设备，同时远程站点也能更高效地使用物联网智能工业设备。

展望未来，物联网工业设备将在数字化转型中扮演重要角色，尤其是在企业试图将生产线和供应链数字化的时候。此外，大数据分析将演变为整合物联网智能工业数据，这将使企业能够实时检测不断变化的情况并做出相应的反应。尽管智能工业设备已经存在一段时间了，但在现实世界的应用仍处于初级阶段。随着 5G 与物联网的普及，越来越多的企业将意识到物联网智能工业的潜力。

例如，蜂鸟视图公司专注于可视化技术研发及应用，在智能制造领域早有布局，利用可视化技术结合智能硬件、物联网、互联网、大数据等新一代信息技术，打造"工业物联网平台"。该平台能优化生产资源配置，提高制造资源的利用率，为企业提升经营管理能力，助力传统工业实现信息化、数字化、智能化转型。蜂鸟视图推出的"工业可视化安全管理平台"主要以丰富的三维地图为基础，通过结合智能物联网与定位技术，可以对整个工厂的人员及设备进行实时监控、预警和分析等，多方位保障厂区安全，努力提升工业信息化及智能化水平，展现企业安全管理的新形象。

1. 安全管理方面

安全管理方面，工业可视化安全管理平台基于"一张图"的理念，结合智能物联网与定位技术，实现对生产状态和安全信息的实时数据采集、风险分析、智能推演、应急处置、辅助决策等功能，推动厂区安全管理的现代化、信息化和智能化建设。

（1）日常管理可视化

利用可视化手段对厂区主要道路、建筑物内外部、设备设施等关键信息进行真实、完整展现。同时平台将各项基础数据与三维地图结合，支持将人员定位、设备监控、信息查看等智能化管理功能进行可视化展现，协助管理决策，实现有"图"可依，提升日常管理效率。

（2）人员安全管理

通过平台制订智能维保计划，设置巡检路线，只需员工佩戴智能定位工卡，即可精准展现人员位置、静止状态，还能调取历史巡检轨迹；遇到特殊情况时，员工可通过工卡，发送位置以及时获取帮助。平台为人员安全管理提供了支持，完善了工厂安全生产监管体系。

（3）危险品及区域管理

基于感知技术与智能装置对工厂的温湿度、气体及烟雾进行实时智能监控；日常监测潜在的安全威胁，设置自动预警，防患于未然。发生异常情况时，系统可迅速感知，通过自动报警协助管理者采取应急处理。

对危险品安置区进行重点监控，在平台中划定敏感区域，设置电子围栏进行安全预警。当区域内工作人员数据发生变动（人员过多/过少）时，平台会第一时间发出警报；非区域人员误入该区域时，平台会发出提示并与该区域视频进行联动，全局查看区域报警情况，提醒负责人采取相应措施，避免人员伤亡和危险事故发生。

（4）应急指挥

平台遇突发事件时转入应急指挥模式，通过处突预案的形式联动现场视频设备，通知相关人员及部门，协助指挥者了解事态进度、研判处理突发情况，发挥应急力量以控制事态发展。

2. 设备管理方面

在设备管理方面，基于工业物联网平台，将工厂、人员、机器和生产资料通过网络技术高度结合，打造出全厂级可视化管理系统，使管理者可以从宏观的角度了解各个生产环节的设备、工艺等情况，从而找出生产过程中的弱点，以便有针对性地提高生产效率。

（1）与原有系统结合

平台与原有的自动控制系统相结合，对生产设备进行集中管控，通过物联感应上传设备数据，并对设备数据进行实时监测；建立设备管理数据库，确保设备状态实时可见，并可查看设备所处现场环境及其参数等真实情况。

（2）运输设备可视化

基于智能物联网中的传感器及高精准定位技术，建设一个"全面感知、全面覆盖、全面可视、全面可控"的智慧运输车辆管理系统，可以有效监管运输车辆的实时位置及运行状况，实现精细化的运输车辆管理。为运输车辆安装智能定位设备，平台提供实时查看车辆工作状态、车辆安全行驶速度设置、车辆轨迹回放、违规停放自动告警等功能，杜绝车辆扎堆、员工散漫的情况。

（3）智能调度

建立运输车辆资源数据库，依据车辆的运行路线、运行区域、运行时间表等，分析车辆运行规律，依据就近原则合理分配，并为其自动规划最优路线，将车辆调配业务进行合理配置，提高工业用车的利用率。

（4）智能化仓储

仓储管理系统采用高精度的定位技术，通过可视化地图编辑工具，实现对仓库信息可视化规划、库房物资的出入库管理、自动生成报表等智能化仓储管理功能，提高了库房管理的工作效率，并有效降低了人员成本。

9.2　智能农业——农业生产环境监测系统

我国许多农田仍以传统生产模式为主，依靠人工经验管理农业生产，人员缺乏系统的科学指导。在传统农业生产中，浇水、施肥、打药等农事操作完全依赖农民的经验判断：瓜果蔬菜是否需要浇水？施肥、打药时如何精准控制浓度？温度、湿度、光照及二氧化碳浓度等环境因素怎样实现按需调控？凭经验解决这些问题不仅浪费大量的人力物力，也对农业可持续性发展带来了严峻的挑战。我国要实现高水平的农业生产和优化生物环境控制，突破农田信息获取困难与智能化程度低等瓶颈，实现农业信息化，最重要的关键技术之一就是信息获取手段。而在新型农业智能物联网中，运用网络中的温度传感器、湿度传感器、pH 传感器、光照度传感器、二氧化碳传感器等设备，可检测环境中的温度、相对湿度、pH 值、光照强度、二氧化碳浓度等物理量参数，保证农作物有一个良好的、适宜的生长环境。远程控制的实现使技术人员在办公室就能对多个农业大棚的环境进行监测控制，采用无线网络来测量获得农作物生长的最佳条件。农业智能物联网具有感知、互连、智能的特征，是基于计算机应用、物联网、视频监控、5G 等技术而构建的集农业专家智能、农业生产物联控制和有机农产品溯源三大应用为一体，实现农业综合智能信息化的解决方案。当前，农业智能物联网的具体作用有以下几点。

（1）构建新型农业生产经营体系。提升农业生产经营的科技化、组织化和精细化水平，提升农业生产效率；规范用好农村土地流转公共服务平台，提升土地流转透明度，保障农民权益。

（2）开展精准化生产方式。推广成熟、可复制的农业物联网应用模式；在基础较好的领域和地区，普及基于情景感知、实时监测、自动控制的网络化农业生产环境监测系统。

（3）提升网络化服务水平。鼓励通过移动互联网为农民提供政策、市场、科技、保险等生活信息服务；支持互联网企业与农业生产经营主体合作，利用大数据、云计算等技术为农业生产提供服务。

（4）完善农副产品质量安全追溯体系。充分利用现有的互联网资源，构建农副产品质量安全追溯公共服务平台，实现农副产品从农田到餐桌的全过程可追溯，保障人们"舌尖上的安全"。

农业智能物联网已经广泛应用于农业生产的各个领域与环节，如农业生态环境监测、动植物生物信息监测、农产品安全溯源、水产养殖、农业大棚、冷链运输等。

随着标准化农业、智能农业、精准农业的发展，智能感知芯片、移动嵌入式系统、传感器网络等技术在农业种植中的应用范围逐步扩大，智能物联网技术正在现代化农业中发挥着越来越重要的作用，为实现农业生产的全天候监测、标准化种植、智能化管理，帮助农民抗灾、减灾，提高农业综合效益，促进现代农业的转型、升级提供技术支撑。其中，准确、可靠的农田信息是实施精准农业的基础和依据，而获取农田信息的关键是保障数据的采集和及时传输。

智能农业生产环境监测系统的网络架构主要包括感知层、传输层、应用层。系统依托部署在农业现场的各类传感器节点，实现对作物生长环境、气象条件等数据的智能采集与分析，支持环境参数可视化展示、异常预警及远程专家指导。用户可通过手机 App 或 PC 平台实时监测温湿度、光照等数据，并远程调控风机、水阀等设备，显著提升农业生产管理效率。

智能农业生产环境监测系统由现场硬件（传感器、摄像机、控制器等）和软件管理平台构成，支持用户通过移动终端随时查看环境监测数据、图像视频信息，并实现生产设备的远程精准控制。各功能模块协同工作，形成完整的农业生产环境智能监测与管理体系。

9.3　智能交通——无人驾驶汽车

随着社会经济的发展，汽车的数量持续增加，交通堵塞、环境污染、能源短缺等现象日趋严重，已成为世界各国面临的共同问题，交通基础设施通行能力也渐渐满足不了日益增长的交通需求。交通智能物联网作为一个迅速兴起的能改善交通拥堵、减少交通负荷的有效技术措施，越来越受到国内外政府决策部门和专家学者的重视，在许多国家和地区得到广泛应用。

城市交通被认为是物联网所有应用场景中最有前景的。随着城市化的发展，交通问题越来越严重，而传统的解决方案已无法解决新的交通问题，因此，交通智能物联网应运而生。物联网智能交通指的是将先进的信息技术、数据传输技术以及计算机处理技术等有效地集成到交通运输管理体系中，使人、车和路能够紧密配合，从而改善交通运输环境并提高资源利用率。在智能物联网时代，智能交通系统全面覆盖了信息采集、动态诱导、智能管控等环节，通过智能物联网技术实现交通管理的智能化和自动化。通过对机动车辆信息和路况信息的实时感知和反馈，在卫星导航系统、RFID、地理信息系统（Geographic Information System，GIS）等技术的集成应用和有机整合的平台下，实现对车辆从物理空间到信息空间的唯一性双向交互式映射；通过对信息空间虚拟化车辆的智能管控，实现对真实物理空间的车辆和路网的"可视化"管控。

　　对出行者而言，通过物联网智能交通系统发来的实时交通信息，一是出行者可在出行前根据所获取的实时信息以及自己的需求选择一条合理的出行线路，从而节约出行时间和经济成本；二是在出发前或者出行途中，出行者通过获得拥堵信息，可以及时改道，从而避免拥堵，保证出行安全和提升出行体验。

　　对整个交通行业而言，物联网传递的实时交通信息对整个路况的优化起到了显著的作用：①如果出行者根据所获取的实时交通信息，听从道路系统建议，整个交通网络的车流就能够得到均衡，整体通行速率也能够得到大幅度提高；②增强应急能力，缓解交通拥堵，减少二次事故的发生，通过及时公布交通信息，引导出行者，舒缓事故区域的交通，从而缓解交通拥堵的压力；③减少能源的使用，提升环境质量。

　　对社会需求而言，随着小汽车数量的迅速增加，传统的人工停车管理方式及系统已经不能满足停车场在效率、安全等方面的要求。自动停车管理系统利用现代化的机电设备提供有效的停车管理和维护功能，不仅减少了人力的使用，而且在效率、安全性以及计时计费的准确性上都有了极大的提升。

　　智能交通系统作为交通现代化建设的重要内容、国家战略对交通运输提出的重大需求，是我国智能交通行业未来发展的主要思路。随着物联网的推广和普及，以及物流传感技术的发展和进步，物联网智能交通正在向新一代智能交通发展。车联网以及物联网技术的发展，将对道路上的人、车、物实现全面感知，包括对道路的实时运行状况、道路交通流数据、外场设备的运行状况、各类交通违法行为、交通设施现状等的监测与掌控，这些信息都将为各项交通应用和信息服务提供基础支撑。同时，交通系统安全运行的智能化保障将是未来智能交通发展的重要方向。交通安全涉及交通系统的多个要素，仅解决单一要素的问题不能从根本上改善交通安全水平，未来交通系统安全运行的智能化保障将重点集中于运用现代信息技术来分析事故成因、演化规律、管控策略，以及设计主动安全技术和管理方法，从人–车–路协调的角度实现交通安全运行防控一体化。最后，面向交通实时的管控需求，未来物联网智能交通系统将会集成图像视频、卡口电警、信号控制、交通检测、交通诱导等各类交管业务系统，为交通警情处置、勤务特勤管理、重点车辆管控、交通违法处置等提供集成管理手段。将智能交通算法和交警指挥调度业务进行深度整合，为交通拥堵预警疏导、动态指挥调度、交通组织优化和交通信息服务提供辅助决策支持，为城市交通常态及突发事件状态下的有效指挥和管控提供技术支撑。物联网智能交通行业已被公认为是物联网产业化实际应用中最能够取得成功的有限行业之一，必将创造出更大的应用空间和市场价值。

　　无人驾驶汽车是一种能够感知环境并在无人参与的情况下运行的车辆，它不需要人去控制车辆，也不需要人在场。无人驾驶汽车可以像经验丰富的人类驾驶员控制汽车一样到达指定地点。

　　无人驾驶汽车依靠传感器、执行器、复杂算法、机器学习系统和强大的处理器来执行软件。无人驾驶汽车根据位于车辆不同部位的各种传感器创建其周围环境的局部地图：雷达传感器监测附近车辆的位置；图像摄像头探测交通信号灯、读取路标、追踪其他车辆、寻找行人；激光雷达（光探测和测距）从汽车周围反射光脉冲，以测量距离、探测道路边缘和识别车道标记；车轮上的超声波传感器在停车时检测路缘和其他车辆。然后，软件处理感知系统根据所得到的道路信息绘制路径，并向汽车的执行器发送指令，执行器控制汽车加速、制动和转向等。其中，车辆系统使用的硬编码规则、避障算法、预测建模和目标识别帮助软件遵循交通规则并规避障碍物。无人驾驶汽车涉及自动控制、计算机、电子信息、人工智能等多门学科，系统非常复杂，不仅具有加速、减速、制动、前进、后退以及转弯等常规的汽车功能，还具有环境感知、任务规划、车辆控制、智能避障等类似人类行为的人工智能。它是由传感器系统、知识库、机械装置以及行为控制器等组成的相互联系、相互作用、融合视听信息的复杂动态系统。

量产无人驾驶汽车的实现主要需经历 4 个阶段：驾驶员辅助阶段、半自动驾驶阶段、高度自动驾驶阶段和完全自动驾驶阶段。在完全自动驾驶阶段，典型的代表有谷歌公司和百度公司自主研发的无人驾驶汽车。其中，百度无人驾驶汽车项目于 2013 年起步，由百度研究院主导研发，其技术核心是"百度汽车大脑"，包括高精度地图、定位、感知、智能决策与控制四大模块。其中，百度自主采集和制作的高精度地图能记录完整的三维道路信息，能在厘米级精度实现车辆定位。同时，百度无人驾驶汽车依托国际领先的交通场景物体识别技术和环境感知技术，实现高精度车辆探测识别、跟踪、距离和速度估计、路面分割、车道线检测等功能，为自动驾驶的智能决策提供依据。百度无人驾驶汽车可自动识别交通指示牌和行车信息，具备雷达、相机、全球卫星导航等电子设施，并安装同步传感器。车主只要向导航系统输入目的地，汽车即可自动行驶前往目的地。在行驶过程中，汽车会通过传感设备上传路况信息，在大量数据基础上进行实时定位分析，从而判断行驶方向和速度。图 9-1 所示为百度开发的第一代无人驾驶汽车。

图 9-1   百度开发的第一代无人驾驶汽车

9.4   智能电网——输电线路在线监测系统

电力是国家经济的命脉，是支撑国民经济的重要基础性产业，也是国家能源安全的基础组成部分。智能电网就是电网的智能化，其建立在集成的、高速双向通信网络的基础上，通过先进的传感和测量技术、先进的设备技术、先进的控制方法以及先进的决策支持系统技术的应用，实现电网的可靠、安全、经济、高效、环境友好和使用安全的目标。其主要特征包括自愈、激励和保护用户、抵御攻击、提供满足用户需求的电能质量、容许各种不同发电形式的接入、启动电力市场以及资产的优化高效运行。我国高度重视智能电网的发展，在该领域取得了显著的成绩，相关技术已达到国际领先水平。

目前，在我国多年的电力体制改革下，输电网信息化建设的投入力度增大，基本实现了自动化，形成了较为发达的光纤通信网络，数字信息交换速度得以提高，但仍存在以下一些问题。

（1）传统电力系统的能源供应主要是煤炭、石油等化石能源。这使得电力系统面临化石能源枯竭带来的安全问题，以及化石能源的大量使用而造成的环境污染和大气中温室气体的浓度显著上升的问题。

（2）传统电网的电能从生产到消费一般要经过发电、输电、配电、用电等环节，造成能量的严重浪费。在现有技术和经济条件下，电能不能直接大量储存，所以发电和用电必须保持平衡，否则将会危及电力系统的安全性和用电的连续性。

（3）各省区域间电网互连互通发展较为缓慢，长期以来形成的"以省为实体"的格局都在追求自我平衡。这导致电网内部的互连互通壁垒难以打破，跨区域送电量较小。

（4）传统的电力系统以集中式供电为主，在全国建设大型煤电、水电和可再生能源基地，然后输送到各个消费地，并不适合分布式能源系统的需求。分布式能源系统适合多种能源类型的发电需求，相关研究在我国尚处于起步阶段。

为解决以上问题，我国大力推进物联网与电力网络的智能融合，即物联网智能电网建设。与传统电网相比，智能电网体现出电力流、信息流和业务流高度融合的显著特点。智能电网架构如图 9-2 所示，其包含感知层、网络层和应用层 3 个部分。感知层主要包括无源无线测温传感系统、RFID 系统、可见光图像传感器、导线测温传感器和配网监测终端等，用于采集各项数据，并通过通信链路将数据传至网络层，经由电力骨干光纤网络，通过物联网网关传至应用层的主站工作系统，为用户提供各种应用，如输电线路状态监测、电网智能维护和配网数据采集等。

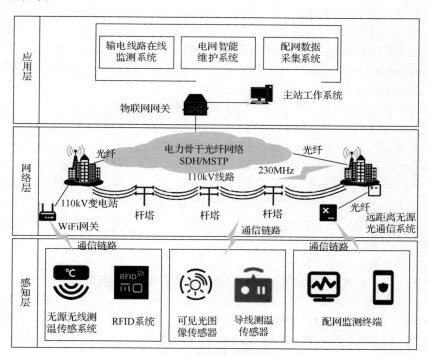

图 9-2　智能电网架构

智能电网先进性和优势主要表现在以下几个方面。

（1）具有坚强的电网基础体系和技术支撑体系，能够抵御各类外部干扰和攻击，能够适应大规模清洁能源和可再生能源的接入，电网的坚强性得到巩固和提升。

（2）信息技术、传感器技术、自动控制技术与电网基础设施有机融合，可获取电网的全景信息，及时发现、预见可能发生的故障。故障发生时，电网可以快速隔离故障，实现自我恢复，从而避免大面积停电现象的发生。

（3）通信、信息和现代管理技术的综合运用，将大大提高电力设备使用效率，降低电能损耗，使电网运行更加经济和高效。

（4）实现实时和非实时信息的高度集成、共享与利用，为运行管理展示全面、完整和精细的电网运营状态图，同时提供相应的辅助决策支持、控制实施方案和应对预案。

（5）建立双向互动的服务模式，用户可以实时了解供电能力、电能质量、电价状况和停电信息等，合理安排电器使用；电力企业可以获取用户的详细用电信息，为其提供更多的增值服务。

智能电网是电网技术发展的必然趋势。通信技术、计算机技术、自动化技术等在电网中得到广泛、深入的应用，并与传统电力技术有机融合，极大地提升了电网的智能化水平。传感器技术与信息技术在电网中的应用，为系统状态分析和辅助决策提供了技术支持，使电网"自愈"成为可能。发展智能电网也是社会经济发展的必然选择。为实现清洁能源的开发、输送和消纳，电网必须提高其灵活性和兼容性。为抵御日益频繁的自然灾害和外界干扰，电网必须依靠智能化手段不断提高其安全防御能力和自愈能力。为降低运营成本，促进节能减排，电网运行必须更为经济、高效，同时需对用电设备进行智能控制，尽可能减少用电消耗。分布式发电、储能技术和电动汽车的快速发展，改变了传统的供用电模式，促使电力流、信息流、业务流不断融合，以满足日益多样化的用户需求。在绿色节能意识的驱动下，智能电网成为世界各国竞相发展的重点领域。

智能电网技术融合了多种现代技术，特别是智能物联网技术，通过计算机实现电力输送和分配的自动化管理，并为各种分布式电源提供稳定、可靠的接入点。智能电网正在改变我们的用电模式，确保了我们生产和生活中电力供应的稳定性和安全性。基于智能物联网的智能电网典型应用之一是输电线路的在线监测系统，该系统利用先进的传感器技术和通信技术实现对电网状态的实时监控和智能分析。

随着社会经济的高速发展，各行各业对电力供应的质量和数量提出了更高的要求。由于电网中输电线路所处环境的不确定性，线路运行是否安全已成为判断电网可靠性的一项重要指标。其中高压架空输电线路尤其容易受到气象环境和人为因素的影响而发生故障，从而导致输电线路设备损毁，影响输电线路的安全运行，严重时还会导致大面积电力供应瘫痪，给国民经济造成重大损失。

以前，输电线路检查主要依靠运行维护人员周期性巡视，虽能发现设备隐患，但由于本身的局限性，缺乏对特殊环境和气候的检测，在巡视周期也不能及时掌握线路走廊外力变化。并且我国地域广大，输电线路具有分散性大、距离长等特点，因此极易在下一个巡视周期未到之前因缺乏监测而发生线路事故。

因此，输电线路在线监测系统应运而生，其通过无线传输方式，对输电线路环境、通道环境、温度、湿度、风速、风向、杆塔倾斜等参数进行实时监测，提供线路异常状况的预警。通过对线路各有效参数的实时监测，能够提高输电线路安全经济运行管理水平，并为输电线路的状态检修工作提供必要的参考。输电线路在线监测系统由两部分组成，分别是数据采集前端（太阳能供电系统、数据采集系统、通信系统等）和后端分析处理系统。数据采集前端是一台高性能的数据采集主机，其主供电源为太阳能板，有些地域还可以根据实际情况加装风力发电机，实现全天候作业。通过预先设定的程序定时对周围的各种数据如温度、湿度、风向等进行收集，视频探头可以不间断对周围环境进行实时监测，前台系统对所收集数据进行处理后，通过无线传输方式可以及时传输至后台控制中心。后端分析处理系统可以对所收集的相关数据进行分析，根据分析结果有针对性地对相关杆塔采取防范措施，降低线路事故发生的可能性。输电线路在线监测系统基本架构如图 9-3 所示，主要包括：拥有各个相互独立的应用系统的数据接口（线路增容系统、视频在线监测系统、气象监测系统等）；对数据进行受理并将其封装成可用信息的状态信息平台，在此可将上层独立应用系统的数据纳入此平台，对内部的集控中心、管理者提供数据访问，对外则提供各类数据标准调用接口；进行数据融合及分析的高级应用，为用户提供预警管理、运行管理、状态评估、风险评估等。

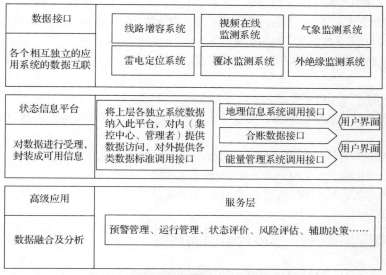

图 9-3　输电线路在线监测系统基本架构

部分系统说明如下。

（1）气象监测系统

输电线路由于其分散性大的特点，所处环境变化较大，极易由风偏、雷击、污秽等引起线路故障，对局部环境变化的及时掌握更需要在线数据的监测。气象监测系统主要对输电线路走廊微气象环境数据进行在线监测等，能对所测监测点温度、湿度、风速、风向、气压、雨量、光辐射等气象参数进行分析。通过定期数据传送，线路技术人员根据数据曲线及时掌握线路运行环境的气候变化规律，以便采取相应的措施（例如在雷区安装氧化锌避雷器、在污秽区采取调爬等），防止发生停电事故。

（2）视频在线监测系统

由于经济发展需要，各种建筑施工改造频繁。另外，处在荒郊野外的杆塔线路极易受到外力的破坏，由此引起的线路跳闸事故逐年增加，传统的巡视方式已不能满足现有的安全需求。因此，在电力行业，急需一种有力的监控、监测手段对输电线路周边状况及环境参数进行全天候监测，使输电线路可视、可控。视频在线监测系统采用先进的数字视频压缩技术，通过无线通信技术实时将线路周围情况传至后台监控中心，并可设置程序对危及线路安全的行为进行报警。采取红外探测技术对输电线路高危地区杆塔进行全天候监测，将事故隐患及时消除，有效地减少由于线路周围建筑施工等外力破坏引起的电力事故。在巡视人员不易到达的地区，可减少巡视次数，为输电线路的巡视及状态检修开辟了新思路。系统软件具有强大的查询、比较、分析功能，可及时了解设备及环境变化信息，为事故预防及事后分析提供事实依据。

（3）覆冰监测系统

通过在易覆冰区域的铁塔上安装覆冰监测系统，采用准确的监测分析方法和实用的数学模型，对输电线路覆冰状态进行实时监测，能够对在恶劣大气环境中运行的高压输电线路及变电站绝缘子的覆冰（雪）情况进行在线监测，适时检测垂直档距单元内等值覆冰厚度的变化，再根据线路设计标准，为用户提供预警值；能够对现场的覆冰情况进行拍照，通过无线通信网络将照片、环境参数传往监控中心，在监控中心即可随时掌握线路的覆冰情况。通过对照片的比较、分析可判断积冰速度，综合各种气象条件，采取相应的处理措施，防止大范围停电事故的发生。

输电线路在线监测系统通过在整套输电线路上部署多功能骨干节点、MEMS 加速度（陀螺仪）传感器节点，在高压杆塔上布设泄漏电流传感器节点、通信骨干节点等，构成一个传感器簇，多个传感器簇构成传感器网络，并通过通信骨干节点构成整个智能电网输电线路在线监测系统。杆塔和导线上安装的传感器以及实现的功能如下。

① 高清监控摄像头，实现高清视频图像采集，并通过杆塔上的光纤复合相线或宽带无线通信模块回传。

② 音频设备，实现塔上语音交互。

③ 风速传感器、风向传感器、温度传感器、湿度传感器以及气压传感器等，实现微气象监测。

④ 导线温度传感器，实现导线温度实时监测。

⑤ 泄漏电流传感器，实现泄漏电流实时监测和报警。

⑥ 振动传感器、红外线传感器、超声波传感器等，实现防盗报警。

9.5 智能环保——水质污染监测系统

随着经济的多元化迅猛发展，呈现出的环境问题日益错综复杂，地震、火山爆发、泥石流、海啸、台风、洪涝、干旱、地面沉降、病虫害等自然灾害大多与自然环境的恶化有着直接关系。环境问题成为阻碍人类经济发展的新问题，环境保护问题不断对环境信息的采集、管理、发掘和加工提出新的、更高的要求。因此，为了更好地促进国家工业化和城市化的发展，解决当前一系列环境问题对经济发展造成的困扰，进一步促进国家经济又快又好发展，需要将绿色发展理念与科技相融合，充分利用物联网和大数据技术，打造环保产业中的"智能环保"发展理念，用科技环保来有力推进生态文明建设。

智能物联网技术与传统环保产业的结合，实现了环保信息化，这有利于构建全方位的环境治理体系，加快我国环保信息化的进程，并推动"数字环保"向"智能环保"的快速转型。随着云计算、大数据等前沿技术的不断进步，智能环保已经将这些技术进行深度整合，以更有效地满足公众的需求，提升环保监测和管理的智能化水平。智能环保借助多种技术方案，构建高度感知的环保基础环境，实现对环境相关指标及时、互动、整合的信息感知、传递和处理，以促进污染减排、环境风险防范、生态文明建设和环保事业科学发展的先进环保理念发展。

在我国，环境问题形势十分严峻，主要表现为环境监测能力严重滞后，且环境监测水平地区差异十分明显，部分落后地区的环境监测站甚至不能正常开展工作。同时环境监测的广度及深度远远不够。而且，我国的环境监测网络体系并不完善，环境监测信息统一发布平台尚未建立，以点代面，存在很大的隐患。为了适应环境发展的需求，必须加强环境科技创新以提高环境监测和预警的技术支撑能力，提高监测装置的精度，扩大自动监测范围，提高所用设备长期运行的可靠性，加强对信息处理能力、控制技术的应用，实现环境质量变化的预报和环境质量的直接控制。

在智能环保系统中，智能物联网是实时获取、更新与管理数据的重要手段。对智能环保企业信息技术应用而言，大数据对其产生的影响促使数据获取与存储设备的应用更广泛，激发数据分析与挖掘技术的需求更强烈。物联网智能环保通过综合应用传感器、全球定位系统、视频监控、卫星遥感、红外探测、RFID 等装置与技术，实时采集污染源、环境质量、生态等信息，构建全方位、多层次、全覆盖的生态环境监测网络，推动环境信息资源高效、精准地传递；通过构建海量数据资源中心和统一的服务平台支撑，支持污染源监控、环境质量监测、监督执法及管理决策等环保业务，从而达到促进污染减排与环境风险防范，培育环保战略性新兴产业，促进生态文明建设和环保事业科学发展的目的。

物联网智能环保系统架构包含感知层、传输层、智慧层、服务层，感知层主要包含摄像机、RFID、各种传感器等，用于感知外界信息，并通过传输层的通信网络将数据传输至智慧层，在智慧层经由云计算平台、云存储、GIS 云服务、可视化技术等对数据进行数据处理，最终为用户提供服务，其中用户即服务对象可分为内网门户和外网门户，如图 9-4 所示。感知层集成了多种功能的传感器设备、定位设备以及音视频采集设备等，完成对环境数据以及污染监控现场各类信息的采集；传输层实现对各类环境数据以及污染监控现场状况数据的传输，通过多种网络方式实现互连；智慧层实现对感知层终端设备所采集的大量环境数据进行智能处理与分析，并实现持久化存储与形象化展示；服务层应用各类深度学习与云计算等技术，通过构建环保系统、环保信息门户网站、各类环保生态 App 等，为企业、政府部门以及广大公众提供各种环境信息服务，为管理者提供信息支持。

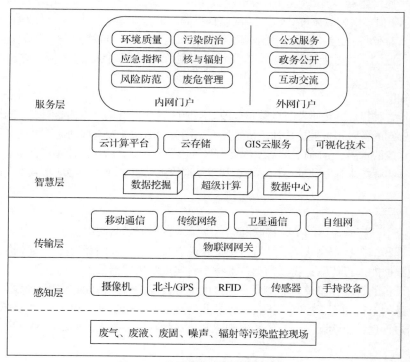

图 9-4　物联网智能环保系统架构

物联网智能环保系统的构建可以在很大程度上节省人力、物力等的投入，实现环境污染治理的成本最小化，其核心价值在于能助力生态环境建设，加速城市环境的网格化、智能化管理，从而加快环境信息化进程。

目前，我国在环保产业如环境监测、废危监管、工业污染治理、土壤修复等领域已有一定的物联网技术储备，同时也有一定的产业化基础。其中，应用十分广泛的是在线水质监测、空气质量监测和固废监管等。

淡水是一种世界性资源，对农业、制造业和人类的生活都很重要。目前，饮用水设施面临新的现实问题：有限的饮用水资源、密集的资金需求、不断增长的人口、农村地区的城市化以及过度使用海洋资源提取盐分等，使可用的水质正在显著恶化。制造业、建筑业和其他行业大量使用化学品，农场大量使用化肥，工业污染废水被直接排入附近水体，加快了全球水质恶化的步伐。传统的水质检测是在获取水样后将其送至实验室手动进行检查的，这是一个耗时、耗成本和耗人力资源的过程，不能实时提供数据。因此，迫切需要一个能进行实时数据采集和传输的水质监测系统，以满足水质的实时监测和预警的数据分析需求。由此，智能物联网水质污染监测系统被提出，如目前投入使用的太湖水质监测系统。

智能物联网水质污染监测系统结合传感器网络、移动通信网络，形成一套面向水质污染暴发监测和预警的可管理、可运营的总体技术解决方案。它一般由取样、测试和信号处理 3 部分组成。取样可通过采样器采集水样送检或将传感器与采样器一起直接安装在水体中完成。水质污染监测系统监测的参数通常有水温、流速、流量、pH 值、电导率、溶解氧浓度、铵离子浓度、氰离子浓度、硝酸根离子浓度、化学需氧量（Chemical Oxygen Demand，COD）、总有机碳（Total Organic Carbon，TOC）等。传感器随监测的参数不同而不同，如监测溶解氧采用隔膜式原电池或极谱式传感器，监测 pH 值采用玻璃电极传感器，监测氨离子和氰离子采用电极传感器等。测试部分包括水质传感器、多参数水质检测仪、紫外-可见光光度计等设备，用于检测水样中的各项指标，如 pH 值、溶解氧浓度、COD、氨氮含量等。信号处理部分主要完成数据处理、传输、显示、记录、存储等功能。水质污染监测系统分人工监测和自动监测两类。自动监测系统可连续、自动进行监测、信号处理和传输。水质污染监测系统技术架构分为 3 层：感知层、网络层和应用层。

（1）感知层

将可测量各种指标的传感器节点散布至被监测地区，并自组织为传感器网络，网络内所有传感器节点将感知的各种指标数据传递给传感器网络网关，由网关接入移动通信网络。可测量的指标包括不同水层的水温、pH 值、溶解氧浓度、氨氮含量、叶绿素含量、蓝藻素含量、风速、风向等。还可根据实际需求建立移动巡检单站点和双模巡检单站点等网元，实现水域重点区域的监测网络覆盖。

（2）网络层

建立或使用已有的通信网络、物联网运营支撑平台形成物联网信息中心，负责实现远程传输、远程管理和维护、安全认证、计费、用户管理以及信息的存储等功能。具体描述为：由通信网络实现数据的远程传输；物联网运营支撑平台实现对传感器节点、传感器网络网关、移动终端等通信设备的管理，以及对传感器、外接电源等设施的管理，同时实现传感器节点的加入与退出、信息的上行和下行控制、设备的维护和管理以及安全认证鉴权等，对系统业务使用进行计费及用户管理；由物联网信息中心实现感知信息的存储、查询、共享、安全控制以及数据挖掘等。

（3）应用层

建立监测预警应用平台、实时监测预警专家系统。监测预警应用平台可以直观地反映目前监测点的水质情况，对水质数据进行关联和分析处理，对水质状况进行评价；以图、曲线和数据列表的形式动态显示各种监测参数的变化值、水质评价类别以及数据的属性。实时监测预警专家系统在获得污染物浓度的空间分布基础上，实现对污染物浓度的预测和预报。

以太湖水质监测系统为例，感知层通过布设的传感器网络、智能设备等感知湖水信息，实现智能感知调度；网络层通过高速、可靠的传输网络将信息传输至网络层的信息中心，并提供支撑技术资源；应用层提供各项智慧管理服务，如水质水温监测、蓝藻湖泛监测、报警与应急等，如图 9-5 所示。

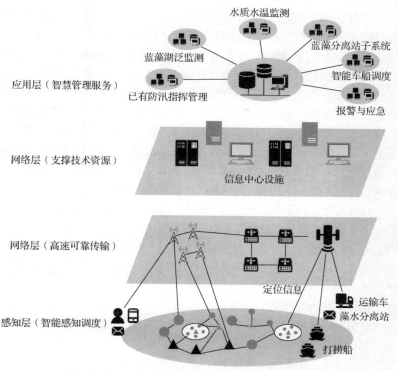

图 9-5　水质污染监测系统技术架构（以太湖水质监测系统为例）

9.6　智能医疗——物联网智能诊疗系统

医疗卫生体系的发展水平关系到人民群众的身心健康和社会和谐，一直是社会关注的热点之一。随着智能物联网技术的快速发展，许多国家和地区都在积极推动基于智能物联网技术的医疗信息化应用。这些应用包括利用智能物联网技术实现医学数据的高效交换和无缝连接，对医疗卫生保健服务状况进行实时动态监控和连续跟踪管理，以及辅助医护人员精准地做出医疗健康决策，这些应用统称为智能医疗。智能医疗通过构建健康档案和区域医疗信息平台，利用先进的智能物联网技术，促进患者与医务人员、医疗机构、医疗设备之间的互动，逐步实现医疗信息化的目标。通过这种方式，智能医疗能够提高医疗服务的质量和效率，为患者提供更加个性化和精准的医疗服务。在不久的将来医疗行业将融入更多人工智能、传感技术等，使医疗服务走向真正意义的智能化，推动医疗事业的繁荣发展。

早在 2004 年，物联网技术便应用于医疗行业。2008 年年底，IBM 公司提出了"智能医疗"的概念，设想把物联网技术充分应用到医疗领域中，实现医疗信息互连、共享协作、临床创新、诊断科学以及公共卫生预防等。2009 年，我国新医改方案出台，医疗信息化市场迅速发展起来。然而，我国的智能医疗还处于起步阶段，医疗卫生的现状与全面实现智能医疗之间还存在一定的差距。

如今，以智能物联网为载体的智能医疗以医疗数据为基础，以电子病历、居民健康档案为核心，以自动化、智能化为表现，综合应用物联网、RFID、嵌入式无线传感器、云计算等技术，构建便捷化的医疗服务、人性化的健康管理、专业化的业务应用、科学化的监督管理、高效化的信息支撑、规范化的信息标准以及常态化的信息安全等体系，打造高度集成的人口健康信息服务平台，使得医疗服务更加便捷可及，健康管理更加全面、及时，医疗工作更加高效、优质，监管决策更加科学、合理，使整个医疗"生态圈"中的每个群体均可从中受益。

在我国，一方面，医疗服务主要集中在疾病的诊断和治疗上，医疗机构提供的信息化服务也主要集中在医院管理信息系统的推广和应用上，智能医疗服务的种类非常有限。另一方面，社会经济发展不够协调，导致我国区域间的医疗服务发展不平衡，在一些落后和偏远地区，医疗卫生基础还很薄弱，医疗服务水平也远不能满足当地居民的需求，通过信息化手段建立医院间的资源共享系统，实现医疗服务资源的最优化整合和最大化协同效应就变得很难。而物联网智能医疗具有互连性、协作性、预防性、普及性、可靠性、创新性等特点，经授权的医生能随时查阅患者病历、档案等，患者也可自主选择更换医生或医院。智能医疗将个体、器械、机构整合为整体，将病患人员、医务人员、保险公司、研究人员等紧密联系起来，实现业务协同，增加社会、机构、个人的三重效益。同时，通过移动通信、移动互联网等技术，将远程挂号、在线咨询、在线支付等医疗服务推送到每个人的手中，很好地缓解了"看病难"的问题。

目前，智能医疗系统按照发展层次可以分为7个阶段，如图9-6所示。

第一阶段，业务管理系统，包括医院收费和药品管理系统。

第二阶段，电子病历系统，包括患者健康档案系统、诊断和用药记录等。

第三阶段，临床应用系统，包括计算机化医生医嘱录入系统（Computerized Physician Order Entry，CPOE）等。

第四阶段，慢性疾病管理系统。

第五阶段，区域医疗信息交换系统。

第六阶段，临床支持决策系统。

第七阶段，公共健康卫生系统。

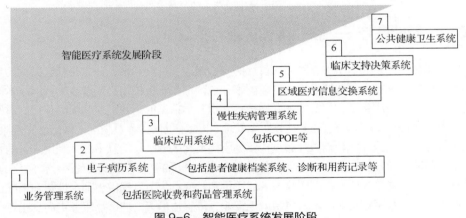

图9-6   智能医疗系统发展阶段

我国正处于从第一、二阶段向第三阶段发展的时期，还没有建立起真正意义上的 CPOE，并且目前智能医疗系统的发展也面临一些挑战。

在应用物联网之前，患者与医生的互动仅限于就诊、电话和文字交流，医生或医院无法持续监测患者的健康状况并据此提出建议。应用物联网之后，医疗保健领域的远程监控成为可能，发挥保护患者安全和健康的潜力，并使医生能够提供一流的护理；随着与医生的互动变得更加容易和高效，患者的参与度和满意度也会提高。物联网无疑正在改变医疗保健行业，例如物联网智能诊疗系统的出现。

物联网智能诊疗系统以物联网技术为依托，以电子健康档案和电子病历的医疗卫生行业"云协作"平台为基础，通过各种先进的集成电路测试（Integrated Circuit Test，ICT）能力的引入，构建丰富的"移动性、融合视频"业务体验，促进医疗卫生行业的全面协作。同时，构筑以面向医院的远程医疗、面向政府的区域卫生信息化、面向公众的健康管理三大单元为核心的协作平台。

物联网智能诊疗系统由硬件和软件两方面的内容组成。硬件方面涵盖医疗和服务系统中的所有智能设备和设施，一般专指对智能化起核心作用的系统元件。软件方面涵盖的内容非常广泛，包括系统构建标准、硬件组织协议、信息传输方式、数据处理模式、服务条款设定等，是物联网智能诊疗系统的"灵魂"。硬件和软件统一整合在物联网的应用框架中，最终实现高效、稳定、可靠的智能化通信和诊疗服务。

物联网智能诊疗系统主要包括医疗传感设备和健康监测设备。

① 医疗传感设备是物联网智能诊疗系统的特殊部分。根据特定的医疗要求而设计的医疗传感设备利用生物化学、光学和电化学反应原理，将生理信号转换为光信号或电信号，通过对信号进行放大和模数转换，测量相应的生理指数。医疗传感设备由生物分子识别部分（识别器）和转换部分（换能器）构成。生物分子识别部分是传感器实现选择性测定的基础，被测样品在该部分可以引起某种物理变化或化学变化。能够实现特异性识别目标分子的物质一般是抗体和酶，这些具有特异性功能的物质与被测的目标分子结合生成复合物，如抗体和抗原的结合、酶与基质的结合，复合物引起信号变化并被传感器处理。特异性影响医疗传感设备的可靠性，而对化学变化或物理变化敏感的换能器则影响传感器的灵敏性。敏感元件中光、热、化学物质的生成或消耗等会产生相应的变化量，以此反映被测物质信息。生物化学反应过程产生的信息是多元化的，微电子学和现代传感技术的成果已为检测这些信息提供了丰富的手段。医疗传感设备根据敏感元件的不同可分为 5 类：微生物传感器、组织传感器、细胞传感器、酶传感器和免疫传感器。显而易见，它们所应用的识别器依次为微生物、动植物组织、细胞、酶和抗体。

② 健康监测设备是物联网智能诊疗系统的重要组成部分。其主要对人体的关键生理参数进行监控，并将数据传送到通信终端上用于防护和提醒等。有别于医疗传感设备，健康监测设备监测的对象可以是患者，也可以是正常人。监测设备可以把测量数据传送到专用的监护仪器或者各种通信终端，如 PC、手机等。例如，在需要护理的中老年人身上，安装具有特殊用途的传感器节点，如心率、血氧水平、哮喘和血压等监测设备，通过无线网络，家人和医生可以随时了解其身体状况。利用实时监测的生理数据可以跟踪药物疗效，对新药开发具有重要意义。

物联网结合了物理世界和信息空间，将人类生活的环境网络化和信息化，是未来网络发展趋势的代表。基于物联网的医疗系统信息化建设，借鉴科学、先进的物联网技术和经验，将医疗和 IT 完美结合，可以优化医疗业务流程，提高工作效率，进而提高资源利用率，降低医疗过程中的物耗，减少医疗事故发生，提高医疗服务水平。

9.7　智能安防——深圳机场视频监控联网共享平台项目

随着科学技术的不断进步，数控技术的不断发展，智能物联网技术已经取得许多成就且应用越来越广泛。把智能物联网技术运用于智能安防系统是一项具有重大意义的工程，智能安防系统智能化、易于管理化、远程控制的特点较传统安防手段更方便用户的使用，同时也更能保证财物和人身安全。随着 RFID、视频监控、智能传感等智能物联网相关技术在安防行业快速渗透，智能物联网在安防行业的应用规模也日益扩大，应用层次进一步加深。这些技术的发展和集成，使安防系统更加智能化，提高了监控的效率和准确性，增强了安全防护的能力。

目前我国安防行业，尤其是视频监控领域，经过十几年的发展，已解决"看得见、看得清"问题，正在进入"看得懂、看得明白"阶段。要进入此阶段，仅仅通过视频手段很难达成，而借助物联网技术可大大提升识别结果的准确性。近年来，我国安防企业技术快速发展，出现了数据网络和电子安防产品，但大都功能较为单一，智能化程度较低，无法满足日渐多样化的安防需求。

总的来说，现有安防系统的不足可以归纳为以下几点。

（1）安防系统功能单一，各类专用安防子系统孤立运行，仅能捕获片面的现场信息；信息的处理与决策仍然需要安防人员参与，缺乏系统联动性。这使得现场勘查以及威胁行为鉴定仍需要人员参与，导致系统响应往往不够及时，错失了救援工作展开的最佳时机。

（2）安防设备普遍智能化不足，工作模式过于简单，容易造成大量的误报与漏报，尤其是视频监控设备，仅能进行简单的视频采集，缺少视频内容分析能力。在视频监控安防应用中，大量的现场视频、图像被传送至后方服务器，仍需要专人长期盯防，或者仅存储在本地供事后查证使用。

（3）由于安防系统采用集中式控制、集中式供电，系统的可靠性与抗毁性难以得到保障。一旦不法分子掌握安防系统的控制中枢，设法切断安防系统的供电，就可能使系统完全瘫痪，随后乘虚而入。

（4）安防网络基于有线网络架构通信，大大限制了系统的部署灵活性，并且提高了系统的扩展成本。基于有线通信的安防系统需要搭建专用通信线缆，在系统部署时需要考虑走线、取电等诸多因素，不仅存在大量的覆盖盲区，还无法适用于一些临时性的安防场合。

在智慧城市的发展带动下，安防行业逐步往智能化方向发展。智能安防是建设智慧城市的基础，其核心内容是对海量安防信息进行采集及智能分析，强化城市的智能感知能力，实现事前积极预防、事中实时感知和快速响应，以及事后快速调查和分析，从而有效保障居民日常生活和生产管理的可持续运转。智能安防系统以信息技术、传感技术和生物技术等新兴技术为手段，通过整合公共安全领域各系统的数据信息，构建多元化、智能化安全保障体系。除物联网外，人工智能在安防领域亦具有高适用性，能通过深度学习、计算机视觉等技术对安防终端设备生成的海量实时数据进行智能化分析，促进安防设备智能互连，有效解决安防物联网数据孤岛、"数据烟囱"、应用碎片化等问题。智能物联网安防应用专家指出，智能物联网通过人工智能等相关技术的赋能，在安防行业的协同应用对于推动安防行业向智能化、自动化、高效化发展具有重要意义。特别是在视频监控安防领域，智能物联网与其相应的人工智能算法结合使视频监控技术在生物识别、物体识别、视频结构化等方面得到了显著提升。最新一代蜂窝移动通信技术——5G 的出现大幅改善了网络传输速率、时延、连接量等。物联网具有感知技术广泛应用的显著特点，5G 具有高速率、低时延、大连接量的突出特点，物联网与 5G 在安防行业实现协同应用能进一步扩展安防监测范围，显著加快海量安防数据相互连通的速度，打造高效安防智能物联网。

近年来"平安城市""科技强警"的建设，中国电信"全球眼"等业务的推广，以及北京奥运会和上海世博会安保的带动，极大地推动了国内安防行业市场的快速发展和技术升级，安防的应用领域不断拓展，包括公共安全、金融、交通、煤矿、医院、学校、政府机关、企业生产、办公楼宇等，还有许多新的应用领域不断出现，安防应用逐步呈现行业细分化特征。典型应用案例有深圳机场视频监控联网共享平台项目。

海康威视公司是以视频为核心的智能物联网解决方案和大数据服务提供商。2016 年，海康威视针对深圳机场各区域视频监控系统缺乏融合应用、终端设备标准不统一、智能化水平不高等问题，为其提供视频监控联网共享平台解决方案。该解决方案从平台整合集成、接入标准化、系统运维等方面提升深圳机场视频监控系统的运行效率，进一步提高深圳机场的安防保障水平。海康威视助力深圳机场打造的视频监控联网共享平台如图 9-7 所示。

（1）平台整合集成：视频管理平台软件以视频管理为核心，包含视频应用、视频网管、电子地图、集成管理四大应用子系统。可对监控摄像机、编码设备、解码设备、存储设备、组织机构、用户及权限等进行统一管理，实现日常视频监控、存储管理、报警管理、视频上墙、设备监测、故障上报等功能。

图 9-7 海康威视助力深圳机场打造的视频监控联网共享平台

（2）接入标准化：深圳机场视频监控联网共享平台实现三层级联架构，第一层为深圳市公安局机场分局视频平台，第二层为机场视频联网平台，第三层为 13 套监控子系统。国标平台通过 GB/T 28181—2022 协议级联，非标平台通过网络控制组（Network Control Group，NCG）级联网关进行标准化改造后接入共享平台。

（3）系统运维：系统运维采用浏览器–服务器（Browser/Server，B/S）架构，具有设备和服务在线实时检测功能，可自动生成系统设备运行情况报表，便于运维人员操作。此外，系统还具有日志记录功能，可记录详细的系统运行日志和用户操作日志，有助于运维人员对系统故障进行预判以及系统安全审计。

深圳机场通过视频监控联网共享平台解决方案对多个独立视频监控系统进行整合，实现机场各区域 5000 多路视频监控资源的互连互通，满足各业务部门的应用需求。视频监控联网共享平台通过集群、热备等技术提高系统的可靠性、稳定性和安全性，支撑深圳机场安保业务开展，为未来实现智能视频应用打下良好基础。

目前，深圳机场又提出"未来机场"的概念，即以新技术、新理念为驱动，特别是基于新一代数字化信息技术的发展，对机场从规划设计到实际运行的全流程进行优化，以平安、绿色、智慧、人文为核心目标，使机场成为一个安全运行更有保障，生产管理智能、高效，旅客服务个性、精准，资源设备全面物联，内外环境绿色、和谐的温馨港湾，未来机场将通过"大运控""大安全""大服务"体系建设逐步推动落地。

（1）大运控："高效协同的机场运控"项目

深圳机场通过综合运用视频分析、物联网、大数据、人工智能等技术，提升运行数据收集的自动化程度、运行资源利用效率，实现对五大业务流的实时监测和追踪；实现全局态势感知、预测预警、协同运行和智能决策，缩短航班过站时间、提升资源利用效率、提升机场容量、提升员工和旅客体验，将机场航班放行正常率提升到 90%；以技术为驱动，强化业务能力，提升运行效率。

① 业务流全程可视：利用视频、物联网、大数据技术实现对航班保障节点数据的自动化采集，实现对飞机流、旅客流、货物流、行李流、交通流的实时监测。

② 全局感知：利用人工智能和大数据分析，实现机场态势全局感知，依托智能运营中心实现可视化。

③ 科学预警：利用大数据挖掘、分析，对未来趋势进行预测、预警，提前识别风险。

④ 数据决策：利用人工智能技术，实现对机场运行的决策支撑。

机场通过建立统一的运行资源管理平台、联席办公对核心资源进行统一管理，并利用人工智能技术对资源进行智能调配，从机位开始逐步推广，减少人工调配误差，提高资源利用效率。同时，通过大数据、人工智能技术，实现资产管理、采购、人力等部门之间的协同，为机场运行提供决策支撑，并对未来趋势进行预测预警。此外，机场还建立资源共享机制，推行车辆、设备等资源的共享运行，减少同类资源的重复配置，减少碳排放和空间占用，实现生态共赢。

（2）大安全："主动精准的安全保障"项目

综合运用智能视频分析、生物识别、物联网等技术，在加强风险隐患自动识别、提升风险管控能力的同时，进一步强化安全信息系统建设，实现机场内各相关单位的信息集成和共享，打造精准高效安检、立体化安防、一体化消防、自动化安全飞行区，不断提升安全保障能力。瞄准业务痛点，坚持问题导向，从升级安检系统、建设安保控制中心和消防监控中心、建设鸟情防范系统、建设跑道探测系统、建设飞行区交通安全监控系统等技术应用方面入手，通过流程、组织、IT 优化建设及创新技术应用，不断提高安全裕度。

（3）大服务："一张脸走遍机场"项目

聚焦本机场出行旅客中商务人士占比较大的特点，深圳机场联合驻场单位创新推出国内航班"一张脸走遍机场"（ONE ID）便捷出行项目。通过引入生物识别技术，全面推广"无纸化便捷出行"，实施差异化分类安检，规模化应用自助值机、托运、登机设备，辅以相应的旅客画像、数字化连接、商业服务转型、个性化服务等，变革旅客出行模式，实现旅客一张脸走遍机场，进一步改善旅客体验，助推旅客满意度提升。同时，在实现规模应用和旅客习惯培养后，将有助于提升机场内部管理水准和效能，从而释放更多人力资源为有需要的旅客提供个性化精准服务。

9.8　智能家居——家庭自动化控制系统

智能家居是以住宅为平台，利用综合布线技术、网络通信技术、安全防范技术、自动控制技术、音视频技术等将家居生活有关的设施集成，构建高效的住宅设施与家庭日程事务的管理系统，提升家居安全性、便利性、舒适性、艺术性，并实现环保、节能的居住环境。智能物联网的出现为智能家居引入了新的概念及发展空间。通过智能物联网，各种智能家居终端（如空调、热水器、电压力锅、电灯、自动炒菜锅等）以有线或无线的方式相互连接组成家庭网络，并延伸到公共网络，实现信息在家庭内部终端之间、家庭内部网络与公共网络之间的充分流通和共享。通过家庭网络，实现家庭安防、家庭智能控制、节能低碳、远程教育、远程医疗等功能，为用户提供更加高效、节能、舒适、便捷、人性化的服务。

所谓智能家居，简单理解就是借助人工智能和物联网技术，将家中的各种设备（如家电、照明、防盗等设备）连接到一起，形成以住宅为平台的家居生态体系，使各项家居设备拥有全方位的信息交互功能，包括监控、操作、分析等。物联网智能家居是智能家居单品和传统智能家居的"升级版"。智能家居单品只是家居生活用品的智能化，主要特点是设备安装简单、功能单一、运作独立，各设备之间不存在关联性，如单独的智能门锁、智能开关、智能插座、智能家电等。传统智能家居主要采用有线通信方式，前期安装和后期扩展复杂，即便是那些采用无线通信方式的简易智能家居系统（属于传统智能家居），虽已成系统且易于扩展，但因过于简单而功能有限。

物联网智能家居采用无线通信方式，不仅功能丰富，还给设备扩展留有足够空间，便于后续自由扩展。随着各种智能硬件的标准化，其相互之间的互操作性大大增强，物联网智能家居解决方案将更有市场前景。物联网智能家居通过统一平台对家居中的智能开关、智能插座、智能门窗、智能照明、智能家电、智能影音、智能健康等设备进行统一管理和控制，最大限度地实现这些智能设备之间的互连、互通、互控，营造更安全、健康、舒适、科学、和谐、高效、便捷的家居生活环境。

在智能家居未来的发展过程中，其必然会和物联网、云计算、5G、人工智能等技术进行融合，继而引发 IT 行业的发展新风潮。另外，智能家居系统在得到改进之后，能够在商业化的氛围中进行应用，从而拓宽其应用范围，这会使得智能家居的市场也随之出现大范围的扩展。未来，智能家居将成为人们生活必不可少的部分，其安全问题是首先要解决的重要问题。尽管已有一些可以在一定程度上解决安全问题的解决方案，但仍然有一些领域需要进一步的研究。智能家居应具有自动分析和检测威胁的能力，并在发现威胁后立即做出反应以阻止威胁，此类功能的实现需要机器学习和用户行为分析技术的支持。机器学习用于读取和分析智能家居中生成的大量数据，并确定设备的行为和使用方式，从而发现并防止异常活动和潜在的有害行为。安全威胁自动检测功能的实现依赖于云服务器终端设备的海量数据。因此，保障云服务器中用户数据的安全已成为未来必然的研究工作。同时，随着数据挖掘和机器学习技术在智能家居中的应用，恶意应用对不直接包含隐私信息的数据进行分析可能会带来隐私泄露的风险。基于隐私保护的更加实用的数据挖掘和机器学习方法是未来研究的另一项重要内容。

随着智能化浪潮的兴起，智能家居作为代表性项目推动着智能时代的到来，并逐渐融入人们的生活中。智能家居的主要应用领域有家庭自动化控制。

家庭自动化是指利用微处理器的电子技术，通过集成和控制家庭电子产品的系统，实现智能家居的自动化。家庭自动化控制系统中的中央处理器可以接收家电的信息，并通过智能家居的智能系统来控制和应用，从而推动智能家居在家庭电子产品中的应用，实现家居生活的自动化、便利化和智能化。举例如下。

① 手机远程控制。用户在下班前只需操作手机，就可让电饭锅煮饭、洗衣机洗衣服、热水器烧水等，也可以开启空调，调节室内温度至适宜人体的温度。例如要实现手机远程控制空调，就需要通过手机发出指令给智能家居的网关，由网关将指令传输到用于空调系统的、经过 ZigBee 网络化改造的无线控制模块，无线控制模块内嵌在空调系统中，通过无线网络对空调进行操纵。

② 智能照明。当用户走近光线昏暗的过道时，过道照明设备自动缓慢点亮，在人员离开入口区域后，该照明设备自动缓慢关闭。智能照明控制系统利用的是计算机、通信及数字调光技术，核心技术是集散控制。系统主要由智能控制面板、场景控制面板、开关控制模块、调光控制模块及相应传感器等组成，实现照明系统自动化、智能化。例如，可在室内布置多路照明回路，通过对每一回路亮度及可发出不同颜色光的灯具进行调整达到某种灯光气氛；可预先设置能营造出多种不同氛围的灯光的场景，及切换场景时的淡入、淡出时间，使灯光变化柔和，增加环境艺术效果，进而营造出舒适的环境。人体及移动传感器可通过开关控制模块对人体进行红外线检测，达到人来灯亮和人走灯灭的自动控制效果。亮度传感器可通过调光控制模块根据室外光线的强弱来调整室内光线，用户也可用红外遥控器对灯光直接进行控制。

家庭自动化控制系统是由多个系统组成的，具体包括以下三大系统。

（1）家庭安全系统

家庭安全系统主要用于家庭防火、防煤气泄漏、防盗、防水泄漏等，由传感器、计算机和相应的控制系统组成。传感器对家庭的光线、温度、气味等参数进行检测，发现有危险情况时就会将有关信息传送给计算机，计算机根据提供的信息进行判断，从而采取一定的措施，必要的时候则会报警。

（2）自动控制系统

自动控制系统对空调、洗衣机、冰箱、清洁器等电器进行集中管理，由家用计算机和控制器两大部分组成。例如，系统能够自动控制空调，根据不同的天气环境来自动调节室内的温度和湿度，从而让用户时刻处于舒适的环境中。

（3）家用信息系统

家用信息系统主要包括计算机控制的电话、电视机等，其通过通信线路与社会信息中心相连接，从而获取各种信息。可以利用家用信息系统进行健康管理，例如测体温、测血压、测脉搏等。家用信息系统还可实现在家办公，真正让用户体验到信息时代带来的便利。

9.9   智能物流——仓库管理系统

智能物联网的出现为物流业带来了新的发展机遇。为了应对物流领域中出现的各种挑战，物流业开始积极采用智能物联网技术，构建智能化的物流管理网络。智能物流通过整合先进的智能化技术，使物流系统能够模仿人类智能，具备思维、感知、学习、推理判断的能力，并能够自主解决物流过程中的某些问题，从而提高物流效率和准确性。智能物流的未来发展将会体现出几个特点：智能化，一体化和层次化，柔性化与社会化。即在物流作业过程中的大量运筹与决策的智能化；以物流管理为核心，实现物流过程中运输、存储、包装、装卸等环节的一体化和智能物流系统的层次化；更加突出"以顾客为中心"的理念，根据消费者需求变化来灵活调节生产工艺，实现柔性化；促进区域经济的发展和世界资源优化配置，实现社会化。

智能物流在功能上要实现 6 个"正确"，即正确的货物、正确的数量、正确的地点、正确的质量、正确的时间、正确的价格；在技术上要实现物品识别、地点跟踪、物品溯源、物品监控、实时响应等。

现行的物流运输系统借助卫星导航系统、GIS 等技术已经可以实现某种程度上的可视化智能控制。随着物联网系统的推广，运输的智能化管理将进一步升级，运输线路中的某些检查点将能够实现车辆自动感应、货物信息自动获取，并实时传输给管理平台，让企业实时了解货物的位置与状态，实现对运输货物、运输路线与运输时间的可视化跟踪管理，并可以根据实际情况实时调整行车路线，准确预知货物的运达时间，在提高运输效率的同时为客户提供更有质量的服务。物联网技术的应用将极大地提高配送中心的运行效率，降低配送中心的管理成本。进入配送中心的每一个货物或托盘都附有感知节点，其间所记录的与货物或托盘唯一对应的相关信息将成为该货物或托盘在整个物流配送环节的身份标志。借助各类传感器所形成的无所不在的传感器网络，配送中心可实现出入库的一体化智能管理。

智能物流涉及所有物流类型，包括海陆空物流、特种装备物流、军事物流等，以及物流的整个过程，通过综合运用物联网技术，可以形成一体化的运营及服务网络平台。智能物流的应用案例如下。

随着业务和技术的不断变化，仓储管理变得越来越复杂和关键。现在，通过物联网技术，仓库空间的利用率得到了优化，仓库环境得以更好地监控，产品管理流程得以改进。智能仓储系统分为网络层的云网络、应用层的智能设备、控制层的 WCS（Warehouse Control System，仓库控制系统）和管理层的 WMS（Warehouse Management System，仓库管理系统），并将 WMS 和 WCS 进行整合，实现了 WMS 和 WCS 的无缝对接。其中，WMS 综合了入库管理、出库管理、物料对应、库存盘点、虚仓管理、库存统计等诸多功能，能有效控制并跟踪仓库的物流，实现完善的企业仓储信息管理，并可以与 MRP（Material Requirement Planning，物料需求计划）、MRP II（Manufacturing Resources Planning，制造资源计划）、WCS 等多种软件系统对接，更好地扩大企业管理的深度和广度。WMS 借助云服务实现自动化仓储、电商存储、快消品仓储、园区仓储、统仓统配仓储和制造业仓储等，通过对货物的动态管理、业务的精细化管理，解决传统仓储中的痛点问题，提升仓储作业效率、管理水平和服务水平。同时使 WMS 从管理层衍生到了应用层，为 WMS 的智能管理、智能运行提供了更多的信息。智能仓储总体架构如图 9-8 所示。

图 9-8　智能仓储总体架构

介于 WMS 和智能硬件系统之间的 WCS，可以协调各种物流设备如输送机、堆垛机、穿梭车，以及机器人、自动导引小车等物流设备的运行。通过任务引擎和消息引擎，优化分解任务、分析执行路径，为上层系统的调度指令提供执行保障和优化，实现对各种设备系统接口的集成、统一调度和监控。

智能仓储系统以库位管理、波次作业策略、拣货路径优化等智能作业为支撑，结合商品码、箱码、托盘码、库码四码合一的管理标准，实现管理精细化。系统可依据不同的订单结构和订单量进行排序，快速创建波次分配出库，便于用户根据分析结果选择最佳的作业流程。拣货库存出现异常时，系统根据补拣策略，快速推荐最优库位完成拣货，从而提高订单满足率，同时自动调整异常库存。此外，系统可外接硬件设备、三方平台、标准接口，实现系统数据互连互通；还可根据客户具体业务需求进行定制开发，保证系统的专属性、唯一性。

9.10　军事应用——战场态势感知系统

军事领域一直是高新技术创新与应用的聚焦地，智能物联网的出现也引发了新的军事变革。而在新一轮军事变革的背景下，信息化战争成为未来战争的主导形态，作战目标精准化、作战行动实时化、作战过程可视化、后勤保障敏捷化是信息化战争的主要特征。随着物联网军事化应用的日渐成熟，让武器装备能"看见"、可"交流"、会"思考"、听"指挥"成为可能。军事智能物联网在作战领域覆盖了侦察、指挥、控制、火力打击等所有环节，在非作战领域覆盖了物流、医疗、环境监测等环节，正在成为未来战争新模式的重要保障。

智能物联网覆盖了从信息获取、传输、存储、处理到应用的整个链条，涉及众多技术领域，包括以人工智能技术为基础的感知、通信、计算、数据处理、网络管理等技术。在这些技术中，负责物体标识的自动识别技术（如 RFID 技术）、感知物体动态信息的传感器技术、实现信息传递的通信技术和网络融合技术以及实现信息处理的智能技术，被认为是智能物联网的四大关键技术。智能物联网的智能化特性在军事领域的应用前景广阔，势必会对军事作战、装备管理等军事活动产生重大影响，从而显著提升作战效能。

用于军事领域的物联网称为军事物联网（Military Internet of Things，MIoT），它连接的是各种军事要素。每个军事要素（如单兵、武器装备和相关物资）都是一个网络节点，具有感知、定位、跟踪、识别、静态图像与动态视频传输以及智能管理和控制等功能，是实现人与武器装备、设备、设施结合的重要支撑手段。军事物联网可以成倍地提高武器装备的效能，在更高层次上实现战场感知的精确化、敏捷化和智能化。随着物联网技术的发展和广泛运用，在未来战争中，军事物联网将真正实现自适应性强、精确化程度高的后勤与装备保障。

（1）利用智能物联网技术将有效避免后勤与装备保障行动的盲目性，大幅度提高后勤与装备保障效益；也可以实现向作战部队在准确的地点和时间提供数量适当的装备与后勤补给，避免多余的物资涌向作战地域；同时，能够准确感知、实时掌握特殊物资运输和搬运力量的限制，对操作人员技能、工具和设施的要求，货品更换和补充时间等，并根据战场环境变化，有预见地做出决策，自主地协调、控制、组织和实施保障行动。如在各类军用物资中使用读写电子信息标签系统，通过读写器自动识别和定位分类，实施快速收发作业，并实现从生产线、仓库到前线作战人员的全程动态监控；在物流系统中，利用 RFID 与卫星定位技术，可以完成重要物资的定位、寻找和管理作业。智能物联网的运用将彻底改变以往战争中粗放式的后勤与装备保障状态，实现后勤与装备保障的根本性变革。

（2）通过军事物联网可以实现战场"无缝隙"感知，提高战场透明度。军事物联网的应用主要围绕战场态势感知、智能分析判断和行动过程控制等环节，全面提升基于信息系统的体系作战能力。军事物联网使得普通、低成本的器材也能有效获取战场信息，并通过网络进行实时传送。如美军开发的"智能微尘"，其体积虽只有沙砾大小，但具备从信息收集、处理到发送的全部功能。这给信息获取带来新的革命：一方面可以消灭侦察盲区，实现战场无缝隙感知，提高战场透明度；另一方面，军事物联网能把战场上的所有人员、武器装备和保障物资都纳入网络之中，处于网络节点上的任一传感器，均可与设在卫星、飞机上的各种侦察监视系统相连接，获取对目标的空间定位能力，从而实现感知即被定位。军事物联网还能实现战场感知的精确化。即建立战场"从传感器到射手"的自动感知→数据传输→指挥决策→火力控制的全要素、全过程综合信息链，实现对敌方兵力部署、武器装备配置、运动状态的侦察，对作战地形、防卫设施等环境的勘察，对己方阵地防护和部队动态等战场信息的精确感知，以及对大型武器平台、各种兵力兵器的联合协同等，实现全面、精确、有效的控制。

物联网体系是一个庞大、复杂、精细的系统，涉及嵌入式系统、网络技术、安全算法、软件开发、数控技术等，将它和军事应用结合起来可以实现海、陆、空、天多维空间的信息互连，形成"智能化战场"，从而将以"武器平台"为核心的战争模式转变为以"网络平台"为中心的新型信息化战争模式。随着军事物联网技术的发展，在未来信息化战场上，军事信息网将与军事物联网融为一体，为信息获取与处理提供崭新的手段。军事物联网具有无限潜力，在后勤保障领域的推广应用将有助于实现"动态精确化"保障：提升动态自适应性后勤保障能力、加强对作战物资的精确掌控、提高补给线的安全性等。目前，许多国家的军队都正抓住发展机会，大力发展军事物联网，打造未来战场"传感神经"。我国应做好规划设计，结合我国的国情、军情，以军事需求为牵引，在单兵作战、联合一体化作战、战场监测等系统中选择重点方向，引入物联网信息服务系统，开展有关实质性技术研究与开发。

随着智能物联网在军事领域的应用，尤其受到信息化战场联合作战需求的强力牵引，智能物联网在军事领域的建设也得到重点发展。

战场态势感知系统通常采用无人机或火炮抛掷方式，向敌方重点目标地域布撒声、光、电磁、震动、加速度等微型综合传感器，以近距离侦察感知目标地区的作战地形、敌军部署、装备特性及部队活动行踪和动向等；并可与卫星、飞机、舰艇上的各类传感器有机融合，形成全方位、全频谱、全时域的全维侦察监视预警体系，从而提供准确的目标定位与效果评估。

9.11　水下应用——养鱼场应用系统

全球约有 3/4 的面积覆盖着水资源，可以说水环境覆盖全球大部分的区域，其中 96% 的水环境为海洋环境。随着人类科技发展以及日益增长的资源需求，对海洋的开发利用日趋增多，而水下环境的复杂性为人们探索与开发海洋资源带来了困难，水下物联网（Internet of Underwater Things，IoUT）可为海洋的利用开发提供新的手段。水下物联网可定义为通过数字实体将水下物体智能互连的全球范围网络。它是计算与通信领域的一项技术革命，为探索水下世界提供了一种崭新的方式。通过融合网络技术、跟踪技术、嵌入式传感器技术等先进技术，水下器件可有效地实现对水下环境的感知、监测和快速反应，并且使水下物体与陆地物体之间的互连互通成为可能。

水下物联网是一类新型的物联网，水下物体可以是不同类型的水下传感器、自主水下航行器、自主水面航行器、浮标、船只等。对水下物联网来说，水下无线传感器网络（Underwater Wireless Sensor Network，UWSN）被认为是一个很有前途的网络系统，而 UWSN 与传统的区域性无线传感器网络（Territorial Wireless Sensor Network，TWSN）有所不同，UWSN 的独特特性，如长传播时延、窄带宽和低可靠性，将对水下物联网的构建构成巨大挑战。近年来人类已经创造了许多智能水下物体，如自治式潜水器（Autonomous Underwater Vehicle，AUV）、遥控潜水器（Remote-Operated Vehicle，ROV）、自主水面航行器等。通过这些水下物体，UWSN 得以部署，并且已经成为一个非常成功的网络系统。在这个网络系统中，水下传感器是其主要组成部分；使用的传感器带有声学调制解调器，这些传感器通过节点连接水下的智能对象，并通过声学调制解调器传递水质、温度和压力等信息。

水下物联网架构可以分为感知层、网络层和应用层，如图 9-9 所示。其中感知层用于识别水下物体并收集信息，各类水下传感器、水下航行器、标签等设备组成水下传感器网络，各个水下节点负责感知数据，水下传感器网络负责将各节点感知到的数据汇聚至智能网关节点；网络层通过智能网关节点将水下传感器网络与岸基网络互连，其中涵盖网络管理、云计算平台等多方面内容，主要用于处理与传输感知层获取的数据；应用层是一系列智能应用解决方案的组合，运用水下物联网技术满足用户的实际需求。水下物联网与陆地物联网最大的区别在于感知层，由于水下环境的特殊性，水下原始数据的获取主要依赖于水下传感器网络，通过水下传感器网络感知与收集水下数据，再经过智能网关节点中继连入岸基网络。这里我们主要针对感知层中的水下传感器网络的结构开展进一步的分析。水下传感器网络的结构不同于普通陆地传感器网络，水下环境具有深度的因素，使得水下环境成为一个三维环境，因此水下传感器网络拥有三维的网络结构。根据智能网关节点的位置可以将水下传感器网络分为两类：水面汇聚型和水底汇聚型。由于水底汇聚型网络具有隐蔽性，一旦智能网关节点出现故障，其维修将会十分困难。因此水面汇聚型网络的应用更为广泛。水面汇聚型网络根据其节点的移动性，可分为静态网络、混合网络、移动网络以及异质网络 4 种。

水下物联网全面运行时有如下一些功能。

（1）水下物联网将实现彻底的水下环境监测，包括实现水质监测、污染监测和控制、油气管道监测等多方面功能。

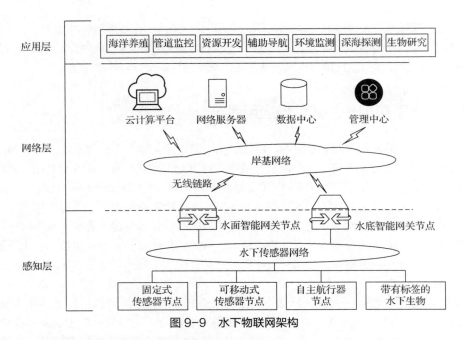

图 9-9　水下物联网架构

（2）水下物联网将通过监测海啸和其他自然灾害的早期迹象，实现灾难预防。

（3）水下物联网也可用于教育部门的研究，在水上教育、水下数据收集和考古探险等方面提供更好的经验。

水下物联网应用可分为科学应用、工业应用，以及军事和家庭安全应用。科学应用与环境监测有关，即监测海底地质过程、水特征和海洋生物；工业应用为监控商业活动；军事和家庭安全应用涉及保护外国港口的港口设施或船舶、扫雷，以及与潜艇和潜水员的通信。水下物联网应用案例如下。

养鱼场的主要任务是在封闭区域养鱼以满足人们的食用需求，并实时监测水质，为养鱼提供更好的环境（见图 9-10）。每条鱼都有一个无线标签，即有唯一的代码用于识别它。养鱼场的员工有一个监测站（如智能手机），可以扫描无线标签。也可以在水槽/池塘中设置接收器，接收器接收标签标识串，并使用蓝牙或 ZigBee 将其转发给监测站。随后，标签信息从监测站发送到无线服务器，无线数据库记录鱼类信息，如种类、产地、水的条件、养殖时间、幼虫的起源，以及每天的摄食和服药活动等，直到鱼类完全成熟的信息。该信息与无线标签的鱼类识别号相关联，查询数据库后，员工的监测站上会显示详细的鱼报告，这些数据在鱼出售和运输时非常有用。通过这种方式，可以对无线数据库中的一般信息（物种名称和栖息地）进行有关鱼类具体细节的补充，例如它们被收集的时间和地点、性别、年龄、体长、体重和生长历史等。这些具体细节对追踪每条鱼的个体病史和治疗记录非常重要，对开展鱼的实时管控、保障食品安全不可或缺。无线标签价格昂贵，如果需要更便宜的解决方案，可以在渔场用个人识别标签（Personal Identification Tag，PIT）代替，PIT 的检测范围有限（在淡水中约为 20cm），但价格便宜得多。在鱼从渔场运到买方之前，所有鱼的数据都可以使用 RFID 技术直接写入 PIT 中，此外，渔场的水质也需要监测，因为它容易受到农药、化肥等污染的影响。水下传感器感知水温、溶解氧浓度、pH 值和电导率（盐度）等水质变量，感测到的实时数据被传输到地面水槽。地面水槽将其转发到水质监测服务器，该服务器分析这些数据，并在出现异常值时，通过发送到监控站的文本或音频消息向利益相关者发出警告。例如，如果溶解氧浓度达到了预定的可接受限度，那么它就是水质状况的良好指标。水质数据库应该存储包括异常值的参数值。利益相关者可以使用他们的监测站实时获取这些值，并获得完整的数据分析报告，以便了解特定储罐/池塘中的警报。2021 年，电子科技大学发明了一种基于大数据的水产养殖水质监测系统，系统包括应用检测层、数据应用层和数据技术层：应用检测层将采集到的数据输送到数据技术层进行转换；数据应用层基于大数据对数据技术层传来的数据进行分析，并根据分析结果控制应用检测层对水体进行相应的调整，能结合天气对未来几天水产养殖水质状态进行预测，让水产养殖人员更加方便地管理养殖鱼塘。

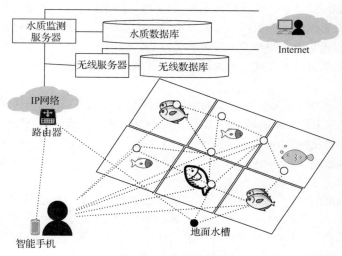

图 9-10　养鱼场场景

9.12　天空地海一体化——海洋立体通信外场（荆门）试验项目

自 1957 年世界上第一颗人造卫星发射之后，人类已经向太空发射了几千颗人造卫星。这些人造卫星有的专用于地球资源勘探，有的长于军事侦察，有的帮助人们预报气象，有的使现代通信更便捷。然而，这些卫星同在太空，对彼此之间的"了解"却甚少，几乎所有"沟通"都要依赖地面基地。功能单一、结构规则、运行依赖地面、相互之间孤立的卫星网络系统已经不能满足人们实时、综合的服务需求，具有多种功能、轨道互补、智能程度高、可自主运行、便于扩展的异构卫星组网成为新的发展方向。与此相似，海洋物联网体系也面临着一样的局面，由此，天空地海一体化物联网显得格外重要。

文字阅读、图片查看、影音播放、下载传输、游戏、即时聊天……网络的快速发展给人们的生活带来了极大的便捷。然而，网络发展到今天仍没有实现随意接入和时时畅通，许多文艺作品都形象地展示了网络时代的另一面：死角和盲区无处不在，网络服务能力仍有待提高。

网络覆盖死角的存在，从侧面反映了地基通信设施的局限，建设宽带卫星将有助于解决此类问题。然而，即使地面上的网络覆盖能在卫星的帮助下做到无缝连接，人类足迹所至的地方仍有网络不及的地方，例如飞机、卫星、空间站等地方。传统的陆地通信设施与传输体制已满足不了纷繁复杂的信息需求，必须利用空间高度传输、处理信息的优势。空间信息传输相比于陆地信息传输，在覆盖面积、接入速度、效率、实时性、精度等方面都具有明显的优势。我们应充分利用空间信息传输的这些优势，建设天空地海一体化的信息网络，满足日益复杂的信息需求。天空地海一体化技术指运用多种监测手段，从"天""空""地""海"四域实现对监测目标的多维度监测，旨在解决单一手段监测不全面及信息反馈不及时等问题。空、天领域监测影像以及地面调查采集的各类数据，合称天空地海一体化大数据。

天空地海一体化网络中节点类型众多，在天、空、地、海运行的不同节点的功能、接入传输能力迥异，使得网络变为一个高度异构、动态复杂的"巨系统"。这就给一体化网络的构建带来了方方面面的问题。

① 组网技术是保障一体化网络信息安全、可靠传输的关键基石。尽管采用"骨干+接入"的机制得到了普遍认同，但是对天空地海一体化网络这样一个复杂、异构的"巨系统"来说，骨干网和接入网如何设计，网络协议体系如何设计，系统安全如何保障，系统如何管理等仍然是建设的难题。这需要在顶层设计中充分考量，体系结构设计的好坏对系统的可靠性、抗毁性、服务能力、通信效率等都会产生重大的影响。而高轨骨干卫星需要多少颗，卫星之间有没有链路，采用激光还是微波，地面网络处于什么地位及网络的可扩展性等都要进行深入的分析和论证。

② 对于网络协议体系，是采用 IP 交换还是采用其他的交换方式，这不仅要考虑现有的系统，更重要的是要兼顾未来的发展。传输协议、路由协议和接入机制都要进行有针对性的设计和开发。目前，天空地海一体化网络路由协议正处于"百家争鸣"阶段，普适性较差；现有传输协议主要面向深空段、空间段或邻近空间段的星际间或星地间通信。针对未来大量用户的按需接入机制还没有一个完整的解决方案。

③ 安全问题同样重要。从网络的物理层到应用层，天空地海一体化网络都存在安全隐患，并呈现出与地面网络不同的安全特征，信息安全保障的任务艰巨。天空地海一体化网络的无线传输特性、复杂组网结构、软硬件设计和实现缺陷、空间环境恶劣等特点，使得它更容易受到窃听、假冒、信息重放、物理损伤等的攻击和破坏。

④ 由于地面设备、卫星和其他航天航空设备距离较远，相互之间通信时延较大，通信链路也容易受到来自外界的干扰（如宇宙射线、电磁信号等），可能会加大信号传输中的错误率。

⑤ 对于一体化网络的管理问题，首先要明确管理对象。地面网管关注的是资源，一体化网络不仅要对整个系统的资源进行管理，还应具有对系统的控制能力、服务的管理能力以及接入用户的管理能力。这是一个非常复杂的过程。

以上这些问题在没有实际网络平台可供测试的情况下，只能通过仿真以及概念演示进行相应解决方案的研判，并在逐步开展的实际工作中慢慢摸索。未来随着联合考虑陆地、远洋、天空、空间与深空资源的大时空尺度空间信息网络仿真测试平台的逐步完善，以及局部天地互连系统的搭建，理论研究与实际应用之间的差距将越来越小，一体化网络建设中出现的问题将逐步得到解决。

由多种异构网络共同构成的天空地海一体化网络一旦实现互连互通和互操作，将会引发前所未有的信息革命。这种高度综合性的异构网络系统打破了各自独立的网络系统间数据共享的壁垒，空、天、地跨维度服务将成为未来全方位服务的主要形式，能够有效地综合利用包括轨道资源、传感器资源、通信资源等各种资源，不仅可以为作战提供一体化的侦察、导航、作战指挥等服务，也可以为海陆空通信、海洋气象预报、导航、农林牧渔、应急救援等提供全方位的支持。这就需要一体化网络具有充分的信息统筹获取、快速的信息传输、高效的任务协同等能力。此外，智慧城市、物联网、车联网等概念的提出和具体项目的实施，将极大地促进我国一体化信息基础设施的高速发展。

天空地海一体化通信系统如图 9-11 所示，浮空平台网络突破了传统的地面组网模式，具有重大的创新意义，为运营商解决地面 5G 网络成本高、覆盖受限的问题提供了新的思路，为海洋、沙漠以及偏远地区实现 5G 广覆盖提出了新的解决方案。

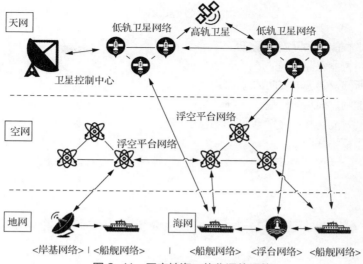

图 9-11　天空地海一体化通信系统

目前天空地海一体化技术已被用于各个领域。例如，利用遥感卫星监测、无人机监测和地面传感器实时监测构建天空地海一体化尾矿库监测预警方法，实现实时、动态监测预警；基于互联网+、遥感技术、GIS 等形成天空地海一体化环水保监控系统，实现对环水保的全过程精细化管控；将现场地面监测、小微型无人机数字化地形建模、卫星大尺度遥感影像相结合，形成天空地海一体化水土保持监测；将天空地海一体化技术应用于河湖水域岸线监管；通过天空地海一体化技术获取重大危险源现状数据并应用于综合风险管理；利用天空地海一体化技术形成环境空气监测网络等。

2020 年，湖北荆门两艘搭载着 5G 基站、传输设备及激光通信设备的飞艇升空。飞艇达到预定高度后，现场视频监控大厅同时接收到 3 个摄像机位通过 5G 试验网络回传的实时采集视频，画面清晰、流畅。这标志着"海洋立体通信外场（荆门）试验项目"空中 5G 网络试验取得成功。此次试验是国内外首次 5G 基站空中动态组网试验，5G 试验网络空中基站水面覆盖半径超过20km，下载速率超过 500Mbit/s，自研激光和 5G 天线设备的性能指标良好。利用飞艇搭建的空中平台，对 5G 空中组网和通信性能进行了多次科学测量，获取了不同场景信道特性、模拟高速下的移动终端通信性能等大量实验数据。

海洋立体通信项目旨在探索 5G 在中高空场景下的动态组网技术、研究"天空岸海舰"一体化立体通信网络体系结构，实现地面公众高速移动通信网络向空间的延伸拓展。该项目率先提出了将移动通信网络向多维度拓展的新思路，为国家天空地海一体化立体通信做出了贡献。

本章小结

通过智能物联网，数据不仅被收集，还能通过高级分析和人工智能技术进行深度处理，从而实现更高层次的智能化和自动化。智能物联网的应用和服务连接了现实与数字世界的物体、系统和人，实现了万物间的数据收集和互连。国家发展战略也为智能物联网的发展提供了强大的机遇和推动力，促进了技术的进步和产业的升级。本章介绍了智能物联网产业的一些应用领域，包括智能工业、智能农业、智能交通、智能电网、智能环保、智能医疗、智能安防、智能家居、智能物流、军事应用、水下应用以及天空地海一体化等方面的相关知识以及应用案例，帮助读者更好地认识智能物联网的应用领域及发展前景。

习题

1. 简要列举智能物联网应用场景。
2. 简要介绍智能农业出现的原因及发展前景。
3. 简述你所知道的智能安防的应用实例。
4. 简述智能物流面临的挑战。
5. 简要列举智能物联网在军事方面应用的实例。
6. 什么是水下物联网?